ro
ro
ro

Pamela Ann Tabbert, US-Amerikanerin, und Uwe Kreisel, Linguist und Amerikanist, leben abwechselnd in den USA und Deutschland. Ihre Bücher umfassen Kurse für Anfänger (Englisch von Anfang an, rororo 60481) und Fortgeschrittene (Flüssiges Englisch, rororo 61183) und machen dort weiter, wo andere Englischbücher oft aufgeben: Alltagssprache, Redewendungen und Slang.

Uwe Kreisel Pamela Ann Tabbert

Smarte Sprüche USA

Witz und Slang für alle Lebenslagen

Rowohlt Taschenbuch Verlag

4. Auflage April 2012

Originalausgabe
Veröffentlicht im Rowohlt Taschenbuch Verlag GmbH,
Reinbek bei Hamburg, September 2002

Umschlaggestaltung Notburga Stelzer
(Illustration: Gerd Huss)
Satz Adobe Garamond und Thesis
PostScript, QuarkXPress 4.11
Gesamtherstellung CPI – Clausen & Bosse, Leck
Printed in Germany
ISBN 978 3 499 61410 1

Inhalt

Vorwort

Intelligente Menschen geben nicht zwangsläufig die besten Fremdsprachenlerner ab; vor allem in Anfängerkursen wird die Geduld kluger Menschen auf eine harte Probe gestellt. Die Texte der Lehrbücher orientieren sich konsequent am Niveau einer Fibel für Erstklässler, was nur dann freut, wenn man Sätze wie «Peter ruft Flocki. Flocki kommt nicht» auch in einer Fremdsprache interessant findet. (Bei Flocki, am Rande sei's bemerkt, handelt es sich um einen weiß braunen Cockerspaniel.)

Wenn Sie der Flocki-Langweilomatik entkommen wollen, machen Sie einen weiten Bogen um alle Anfängerkurse, vergessen Sie den albernen Vorsatz, «nochmals gründlich von Anfang an alles durchzuarbeiten», dem wir als Sprachbuchautoren zwar reichlich Tantiemen verdanken, der Ihnen aber nur zähe Langeweile beschert. Stattdessen: Geben Sie Ihrer natürlich angeborenen Intelligenz das Futter, das sie braucht – und das Sie in diesem Buch in reichlicher Fülle angeboten bekommen. So wie im richtigen US-Leben auch, denn dort hüpfen Ihnen in nicht abreißender Folge die schönsten Sprüche vor die Augen. Schon auf der Fahrt mit dem Mietwagen vom Flughafen zum Hotel bemerken Sie die vielen *bumper stickers* (wörtlich: Stoßstangen-Aufkleber), die eigentlich dazu da sind, Ihnen ein Schmunzeln ins Gesicht zu locken; dumm nur, dass Sie weder Witz noch Weisheit des Stickers verstehen.

Wenn Amerikaner Spaß daran finden, ihren Sinn für Humor über Autoaufkleber einer breiteren Öffentlichkeit kundzutun, dann sollte es niemanden überraschen, dass sie auf ihren Freizeit-T-Shirts ebenfalls wenig Zurückhaltung üben. Auch hier reicht das *textbook English* unserer Schulzeit zum Dechiffrieren selten aus. Was nicht immer nur am Wortschatz liegen muss. Zuweilen sind wir dicht an der Lösung, doch fehlt uns der passende kulturelle Hintergrund oder das Wissen um einen doppeldeutigen Slang-Begriff.

Diesen Hintergrund liefert «Smarte Sprüche USA» nach. Die Alltags- und Populärkultur hat ihre eigenen Regeln, ihr eigenes Bezugssystem und ihren eigenen Wortschatz – Phänomene, denen wir hier auf die Spur kommen. Doch nicht nur zu schlauen T-Shirt-Sprüchen oder cleveren Aufklebern geben wir Hilfestellung, sondern auch zu Zitaten aus Fernsehserien und Filmen, zu Büroweisheiten auf Kaffeetassen, zu vergilbten Kopien mit Witzen und zu frisch eingetroffenen Scherz-Faxen.

Dabei lassen sich nicht nur die Feinheiten der englischen Sprache bewundern, auch für den eigenen Gebrauch fällt einiges ab: Wortschatz, Grammatik und Satzbau werden einer Frischzellenkur unterzogen, der Sinn für angelsächsischen Humor wird geschult, und ganz zuletzt tut sich dann auch noch der tiefere Sinn so mancher Sentenz auf, die bei erster Betrachtung lediglich ein verblüfftes Stirnrunzeln hervorgerufen hatte.

Mit «Smarte Sprüche USA» erfahren Sie eine ganze Menge über die USA und die Mentalität der Amerikaner. Das Einzige, was Sie mitbringen müssen, ist ein echtes Interesse an den Themen, die auch die Amerikaner beschäftigen. Lassen Sie sich ein auf Land und Leute. Jedes Zitat, jeder Spruch, der seinen Weg in dieses Buch gefunden hat, ist den Autoren in den USA tatsächlich auch begegnet. Selbst die krassesten Sprüche sind keine Erfindungen, sondern Mitschriften aus dem amerikanischen Alltag, ganz gleich ob *one-liner, bon mot, witticism* oder *snappy return* (Einzeiler, Bonmot, schlauer Spruch, schlagfertige Erwiderung). Wie alltagstauglich die hier versammelten Sprüche sind, merken Sie spätestens dann, wenn ein Gespräch ins Stocken gerät: Ein gutes Repertoire an schlauen Sprüchen hilft schnell über peinliche Pausen hinweg und rettet so manches Mal auch die verfahrenste Situation.

Einige Hinweise zur Lektüre

Es gibt nur eine Art, dieses Buch zu lesen: langsam. Zuerst nur den Spruch lesen. Dann lange überlegen. Was verstehen Sie? Was ahnen Sie? Amerikanische Pädagogen sprechen hier gern von einem *educated guess*, einem auf Vorwissen beruhenden Rateversuch.

Nur nicht immer gleich auf die Erklärungen oder die Übersetzung schielen. Wenn Sie sich Ihrer Sache ganz sicher sind, ersparen Sie sich unsere Erläuterungen und gehen Sie gleich zum nächsten Spruch über. Andererseits ist es auch nicht ehrenrührig, nichts oder nicht alles zu verstehen. Schließlich haben wir's hier nicht mit «runtergedummtem» *(dumbed down)* Lehrer-Englisch zu tun, sondern mit *the real thing*. Und das ist naturgemäß anspruchsvoller als unser Schulenglisch.

Ihre Lektüre stellen wir uns so vor: Sie sitzen im Flugzeug oder im Zug, lesen sich einen Spruch durch, lassen mit einem tiefsinnigen Seufzer das Buch in ihren Schoß gleiten und überlegen nun erst einmal, mit der konzentrierten Kraft Ihres luziden Intellekts, was in drei Teufels Namen das Ganze bedeuten soll. Erst nachdem Sie gebührlich lange gegrübelt haben, lesen Sie weiter und vergleichen Ihre Lösung mit unserer. Für jeden richtigen Tipp dürfen Sie sich belohnen, wahlweise mit einem Stückchen Schokolade, zwei gelatinefreien Gummibärchen oder drei hart gekochten Eiern.

Bei all den vielen amüsanten Sprüchen wird eines nicht vergessen: Grammatik satt. Doch keine Sorge, die Grammatik kommt nicht in Gestalt trockener Lehrsätze, sondern wird ganz pragmatisch auf den smarten Spruch bezogen, den es zu besprechen gilt. Grammatik ganz ohne Ballast, kurz auf den Punkt gebracht und mit Beispielen illustriert: Warum steht hier die Zukunft, weshalb gibt's hier *-ing*, warum brauche ich *-ly* für das Adverb? Markiert sind alle grammatischen Ausführungen mit **Tipp!** .

Auslassungen werden durch drei Punkte (...) gekennzeichnet, Hinzufügungen sind in eckige Klammern [ ] gefasst. Meist handelt es sich dabei um kleine *flavoring particles* wie «denn», «mal» oder «ja», die für das Deutsche so typisch sind, im Englischen aber meist keine direkte Entsprechung haben. Falls ein Wort eine zweite oder dritte Bedeutung haben sollte, wird diese bei Übersetzungen in runde Klammern gesetzt. Ansonsten gilt für die Übersetzungen: Nicht selten sind sie wortwörtlich, was zwar wenig sprachliche Eleganz bietet, dafür aber die Möglichkeit, sprachliche Zusammenhänge besser nachzuvollziehen. Zuweilen wagen wir eine Nachdichtung, die Sie aber *cum grano salis* nehmen sollten, *with a grain of salt.* Zu finden sind die Übersetzungen meist am Ende eines Eintrags. Nur in seltenen Fällen finden sie sich in den laufenden Text eingestreut.

Überschriften werden im Englischen oft großgeschrieben. Das kann man, muss man aber nicht machen. Wir machen es meistens nicht – einmal abgesehen vom ersten Wort. Man käme sonst auf die irreführende Idee, dass im Englischen mehr großgeschrieben wird, als man denkt. Richtig ist, es werden immer *die* Wörter großgeschrieben, von denen man es nicht erwartet hätte, beispielsweise aus geographischen Namen abgeleitete Adjektive: *the German reunification, American ingenuity* oder *the euro, our common European currency.* Achten Sie mal darauf, wenn Sie englischsprachige Zitate in Ihrer Zeitung oder Ihrem Nachrichtenmagazin lesen: In der Hälfte aller Fälle patzen auch renommierte deutschsprachige Publikationen und schreiben diese Wörter klein.

Offenkundige Grammatikfehler im englischen Originaltext – in den Aufklebern nahezu immer absichtlich und um des lieben Humors willen – haben wir mit einem (!) gekennzeichnet.

The bumper sticker
Der Kleber über dem Auspuff

And driving down that road I get a feeling
That I should have been home yesterday, yesterday.

John Denver, Country Roads

One of the great things about being an American, aside from the constitutionally guaranteed freedom to have obscene bumper stickers, is that so many foreign people speak our language.

Einer der Vorteile, Amerikaner zu sein, ist es, einmal abgesehen von dem in der Verfassung garantierten Recht auf den Besitz von unanständigen Autoaufklebern, dass so viele Ausländer unsere Sprache sprechen.

Dave Barry

Autos und Amerika, das passt gut zusammen. Nichts scheint den Lebensstil der Amerikaner stärker geprägt zu haben als das Automobil. Tatsächlich wären ohne Auto viele Auswüchse des amerikanischen Alltags gänzlich unmöglich: Kaum vorstellbar, dass die Amerikaner mit dem Fahrrad raus zur *shopping mall* strampeln oder sich mit dem Rad einen Hamburger am *drive-through* holen würden. Oder gar den Bus nähmen, um zum Vergnügungspark zu gelangen. Dort angekommen, stehen sie freilich brav Schlange, bis sie endlich den *roller coaster* (Achterbahn) ihrer Wahl besteigen können: auch eine Art öffentlicher Nahverkehr.

Der öffentliche Nahverkehr in den USA hat sich über die Jahre hinweg tatsächlich auf das Achterbahnniveau reduziert; allein in der Achterbahn fahren Amerikaner noch miteinander. Das bisschen Bus und Bahn, was noch geblieben ist, konzentriert sich auf einige wenige Metropolen, im Rest des Landes haben die Automobilindustrie und ihre politischen Freunde in Washington dafür gesorgt, dass Straßenbahnen und Busse systematisch heruntergewirtschaftet und vielerorts gleich ganz abgeschafft wurden.

Diesem an sich traurigen Umstand verdankt «Smarte Sprüche USA» seinen ersten Teil. Autos gibt's in jeder Familie mindestens zwei, und auf einem der beiden findet sich garantiert ein witziger Aufkleber. Wenn hierzulande ein Auto angeblich individuell gestaltet wird, bekommt das Gefährt Zierlinien in den offiziellen Farben eines Aldi-Trainingsanzuges – Lila, Giftgrün und Pink – oder aber einen PVC-Aufkleber in Klecksform. In den USA wird man derartige Deko-Kleber vergeblich suchen, dort genügt zur Verschönerung ein schlichter Aufkleber am Heck des Fahrzeugs, der so genannte *bumper sticker*. *Bumper sticker* deswegen, weil die Aufkleber ursprünglich für die chromglänzenden Stoßstangen *(bumpers)* amerikanischer Straßenkreuzer gedacht waren.

USA-Besucher profitieren von diesem kulturellen Unterschied: Auch in Verkehrsstaus und bei Ampelstopps hat man etwas zu lesen. Gut, dass es die *bumper stickers* gibt.

Traffic advisory

Horn broken. Watch for finger.

Unser authentischer Autoaufkleber warnt, dass die «Hupe kaputt» ist: *Horn broken.* Deswegen: «Auf Finger achten.» Mit «Finger» sind keineswegs verkehrsrelevante Fingerzeichen gemeint, sondern einzig und allein der *finger*, der in Phrasen wie *to give someone the finger* den einsam ausgestreckten Mittelfinger bezeichnet.
Diesen Stinkefinger beherrschen die Amerikaner virtuos: Elegant halten sie den gekrümmten Mittelfinger mit dem Daumen zurück, um ihn dann bei Bedarf kraftvoll hervorschnalzen zu lassen. Deswegen auch die Verwendung des Wortes *to flip*:

- *He flipped me a birdie!* Er hat mir den Stinkefinger (hier als «Vögelchen» verharmlost) gezeigt!
- *He flipped me off!* Ebenfalls: Er zeigte mir den Finger!

Hupe kaputt. Auf Stinkefinger achten.

Couldn't afford to fix my brakes, so I made my horn louder.

Tipp!

Das schillerndste Wort in diesem Spruch ist das unscheinbare *so.* In der Schule haben Sie für «deshalb» bestimmt tolle Worte wie *therefore* gelernt, doch im Alltag regiert das *so.* Mit «also» übersetzt, kommen Sie meistens gut hin:

- *I forgot my keys at home, so I had to go back.* Ich hatte meine Schlüssel zu Hause vergessen, also musste ich wieder zurück.

Auch die Verwendung von *to fix* anstatt *to repair* ist durchaus gängig. Etwas anders allerdings sieht es aus in dem Satz: *We have to get the cat fixed.* Deutsch: «Wir müssen die Katze kastrieren lassen.»

Konnte es mir nicht leisten, die Bremsen zu reparieren, also habe ich meine Hupe lauter gemacht.

Bad-ass boys drive bad-ass toys. Chevrolet.

Die Wort-für-Wort-Übersetzung offenbart einen wüsten Charme – «Schlechtarschige Jungs fahren schlechtarschige Spielzeuge» –, kommt aber der eigentlichen Bedeutung nicht näher. Dazu sollte man einen Blick auf ein gängiges Slang-Verfahren werfen: Im Slang werden Wörter, die in der Standardsprache negativ besetzt sind, oft positiv umgedeutet. So heißt *Man, I'm bad!* plötzlich «Mann, bin ich toll». Auch *bad-ass* ist ein solcher Begriff, der von «fiesärschig» zu «ultracool» aufgewertet wurde.

Dass Autos zu den Spielzeugen ihrer Besitzer mutieren, ist bekannt: deshalb *toy* für den Chevy.

Ultrakrasse Jungs fahren ultrakrasses Spielzeug. Chevrolet.

Trish's Toy

Nur dann ein Wortspiel, wenn man weiß, dass Patricia (kurz *Trish*) einen Toyota fährt, den sie als *toy* (Spielzeug) und *Toy* (kurz für Toyota) bezeichnet. Gesehen als Nummernschild an einem Toyota-Sportwagen.

If you can read this, I've lost my trailer!

Bitte ganz genau lesen. Hier steht *I – have – lost my trailer.* Nicht einfach nur *I lost my trailer.* Diese Zeitform, das *present perfect*, hat (unter anderem) eine ganz besonders interessante Funktion; sie sagt uns, dass eine Sache einen echten Neuigkeitswert besitzt, dass etwas, was vor kurzer Zeit passiert ist, einen *news value* hat. Wie sagte Neil Armstrong, kurz nachdem der *lunar lander* im Meer der Stille aufgesetzt hatte: *The Eagle has landed.* Nicht: *The Eagle landed*, das wäre die Erzählzeit für zeitlich weiter Zurückliegendes, für abgeschlossene Storys: *24 hours ago the Americans landed on the moon.*

Am Rande bemerkt: Im Deutschen benutzen wir das Perfekt als Erzählzeit, durchsetzt mit einem Quäntchen Präteritum bei bestimmten Hilfsverben: «Dann bin ich runtergegangen, habe 'ne Packung Kippen geholt. Es war schon halb acht.» Zweimal Perfekt, einmal Präteritum. Diese Dominanz des Perfekts lässt uns beim Erzählen auf Englisch immer wieder in die falsche Zeit rutschen: *Yesterday I have (!) bought a new car* klingt für unsere Ohren verführerisch richtig, obwohl ein *have* zu viel darin steckt. Schon das *yesterday* sollte uns verraten, dass hier die Erzählzeit Präteritum nötig ist: *Yesterday I bought a new car.*

Ebenfalls korrekt wäre *I've just bought a new car* – vorausgesetzt, die Sache ist frisch passiert und hat damit einen echten Neuigkeitswert.

Andererseits: In den USA hören Sie sehr oft *I just bought a new car.* Das geht völlig in Ordnung, das *just* übernimmt hier die Rolle des *present perfect* und transportiert den Neuigkeitswert. Auch unseren Spruch könnten wir so umformulieren:

- *I just lost my trailer.*

Tipp!

Wenn Sie also ganz auf Nummer Sicher gehen wollen, benutzen Sie im Gespräch lieber die einfachere *past tense.* Im Alltag kommt man – gerade in den USA – ohne *present perfect* prima über die Runden. Durch die Vermeidung des *present perfect* umschiffen Sie so die Gefahr, versehentlich die falsche Zeitform zu erwischen. Dieser Trick bedeutet nicht, dass Ihr Englisch dadurch ungebildet klingt. Selbst der Grammatiker Bryan Garner muss das zugestehen: *[A large] number of educated speakers of English are at least mildly hostile to perfect tenses.* «Eine große Zahl gebildeter Englischsprecher ist gegenüber den Perfektzeiten zumindest leicht feindlich eingestellt.»

Wenn Sie das lesen können, habe ich meinen Anhänger verloren.

Baby on board.

«Luca und Selina an Bord.» Es interessiert mich nicht, dennoch muss ich das und Ähnliches hierzulande immer wieder lesen. Auf Fahrzeu-

gen, die mich ausnahmslos alle überholen. Einmal ganz abgesehen von den befremdlichen Vornamen, die diese Kinder ein Leben lang tragen müssen, verwundert mich vor allem der Aufwand, den die Eltern betreiben, um mit Klebebuchstaben selbst den absonderlichsten Namen noch auf den Metallic-Lack ihres Minivans zu pappen. Vom Mangel an Schamgefühl einmal ganz zu schweigen.
In den USA musste ich, dem Himmel sei's gedankt, noch kein einziges Mal den Namen des An-Bord-Zöglings lesen, dort beschränkt man sich auf den generischen Klassiker *Baby on board.* Wohl auch deshalb, weil die Polizei immer wieder davon abrät, die Namen der Kinder publik zu machen: Das helfe vor allem denen, die ihnen Böses wollen.

Baby an Bord.

Baby, I'm bored.

Das Gegenmittel für *Baby an Bord.* Der gewiefte Ausspracheexperte bemerkt sofort: *Board* und *bored* werden gleich ausgesprochen.

Baby, mir ist langweilig.

Old fart aboard.

Auch an die *senior citizens* (Senioren) denken die Aufkleberproduzenten. Ein alter Knacker ist im Slang ein *old geezer*, gelegentlich auch ein *old fart*.

Alter Furz an Bord.

Honk if you have herpes.

Die erste Aufforderung zum Hupen *(to honk)* in Aufkleberform lautete: *Honk if you're happy.* «Hupe, wenn du glücklich bist.» Weil derartig gutmenschige Gutfühlaufkleber auf die Nerven gehen können, entstanden sehr schnell die ersten Parodien:

Hupe, wenn du Herpes hast.

I drive way too fast to worry about cholesterol.

Eine realistische Einschätzung des eigenen Fahrverhaltens führt meist dazu, dass man zu viel Cholesterin im Blut für weit weniger gefährlich hält als den Automobilverkehr. Unser Sticker formuliert das so:

Ich fahre viel zu schnell, um mir wegen Cholesterin [noch] Sorgen zu machen.

Tipp!

Way too fast entspricht in jeder Hinsicht dem altvertrauten *much too fast*, ist aber deutlich slangiger. *Way* wird in dieser Konstruktion genau wie *much* verwendet:

- *She has way too much money.*
- *He is way too old for her.*

Bitte nicht verwechseln mit dem meist ironisch gebrauchten Ausdruck *Way to go.*

- *Way to go!* So muss man's machen! Gut gemacht, toll hingekriegt!

In der freien Wildbahn wird das immer hingenuschelt und ohne nennenswerte Pausen zwischen den einzelnen Wörtern gesprochen: *Waydego!*

Drive it like you stole it.

Eine eindeutige Aufforderung, schneller zu fahren.

Fahr es, als ob du es gestohlen hättest.

Tipp!

Das *like* ließe sich auch durch ein *as if* (als ob) ersetzen. Bei hypothetischen Aussagen brauchen Sie die passende Konjunktivform, die glücklicherweise mit der *simple past* identisch ist:

- *She acted as if she liked it.* Sie tat so, als ob es ihr gefiele.
- *He behaves as if he were* (*was* in Umgangssprache möglich) *king.* Er benimmt sich, als wäre er König.
- *Jay drove as if there was no tomorrow.* Jay fuhr, als gäbe es kein Morgen.

Let's not meet by accident.

We met by accident ist eine Redewendung, die rein gar nichts mit Unfall *(accident)*, wohl aber mit Zufall *(accident)* zu tun hat: «Wir haben uns zufällig kennen gelernt.» Unser Aufkleber ist aber trotzdem doppeldeutig:

Wir wollen uns doch nicht durch einen Zufall (Unfall) kennen lernen.

Tipp! *Let's*-Aufforderungen sind kurz, praktisch und im Alltag allgegenwärtig:

- *Let's go shopping.* Lass uns einkaufen gehen.
- *Let's eat out.* Lass uns im Restaurant essen.
- *Let's go!* Auf geht's, gehen wir.

Fukengrüven

Dazu fällt sofort die US-Eiskremmarke *Häagen Dasz* ein. Oder *Motörhead.* Amerikanisches Spaßskandinavisch oder Spaßdeutsch hat immer auch einen Umlaut. Bei der Aussprache sollten Deutsch- und Schwedischsprecher dennoch sorgfältig jeden Anklang an ihre Muttersprachen vermeiden. Auf keinen Fall «ä» sagen, wenn irgendwo «ä» steht, das würde zu katastrophalen Missverständnissen führen. Meist genügt die Dehnung eines As, um schlimme Patzer zu vermeiden: *Haaaahgendass* kommt in etwa hin. Die gleiche Dehnung hilft auch bei philosophischen Diskussionen, etwa in solchen, in denen Immanuel Kant vorkommt, der in den USA als «Kaaaaahnt» (Torwartname plus t) wieder

auflebt. Die für uns korrekte Aussprache «Kannt» klingt für amerikanische Ohren wie *cunt*, was nicht nur eine Bezeichnung für die weibliche Scham ist, sondern auch noch extrem vulgär: Die deutsche Übersetzung von *cunt* reimt sich mit «motze». *Need I say more?*
Unser Aufkleber war Mitte der Neunziger ein Knüller auf Amerikas Auto-Hinterteilen. In Anlehnung an *Volkswagen of America's* Werbekampagne aus den Mitt-Neunzigern: «Fahrvergnügen» hieß es da, original und unübersetzt. Als Variante existiert auch *Fahrfenäked.*

I may be dumb but I'm ahead of you.

Der Ausdruck *may be* lässt sich mit «mag ... sein» fürs Erste ganz ordentlich übersetzen: «Ich mag ja dumm sein, aber ...»
Aufpassen müssen Sie, dass Sie das getrennt geschriebene *may be* nicht mit *maybe* über einen Kamm scheren: *Maybe* heißt «vielleicht», so wie in *Not today, but maybe tomorrow.*

Ich mag (ja) blöd sein, aber ich bin (fahre) vor dir.

If you can read this, you're too damn close.

Dieser Aufkleber ist wahrscheinlich so alt wie das Automobil selbst.

Wenn du das lesen kannst, bist du verflixt zu nahe.

If you get any closer, I'll fart.

Neuere Spielarten des Du-bist-zu-nah-Aufklebers sind derber, aber auch lustiger.

Wenn du noch ein bisschen näher kommst, furze ich.

Das erinnert ein wenig an Steve Martins kleines Tischgespräch im Restaurant:

Gast: *Do you mind if I smoke?* Stört es Sie, wenn ich rauche?

Martin: *Do you mind if I fart?* Stört's Sie, wenn ich furze?

Tipp! Aufmerksame Leser haben bereits bemerkt, dass aus dem *I'll fart (I will fart*, ich werde furzen) in unserer Übersetzung ein einfaches «ich furze» geworden ist. Unsere deutsche Gegenwartsform kann automatisch auch auf Zukünftiges verweisen, die englische bringt dies nicht fertig. Deutschsprecher tappen deswegen reihenweise in dieses Sprachfettnäpfchen und sagen dauernd *go, come, visit*, wenn sie eigentlich *will go, will come* und *will visit* sagen sollten. Faustregel: Wenn etwas in der Zukunft stattfindet, nehmen Sie die *future tense*. Ausnahmen und andere Arten, über Zukünftiges zu sprechen, finden Sie in diesem Kapitel auf Seite 82: *When I become …*

- *I'll take care of it tomorrow.* Ich kümmere mich morgen darum.
- *She'll do that first thing in the morning.* Sie macht das morgen früh gleich als Erstes.

Don't tailgate me or I'll flick a booger on your windshield.

Klebe mir nicht am Heck, oder ich schnipse einen Popel auf deine Windschutzscheibe.

Aus Hauptwörtern machen Amerikaner gerne Tätigkeitswörter. Die Ladeklappe am Ende der Pritsche eines Pick-ups, das *tailgate* (wörtlich: Schwanztor), dient als Ausgangspunkt für die Wendung *to tailgate somebody*, jemandem zu dicht auffahren.

Tipp! Beachtenswert die Verwendung der *future tense*: *I will flick a booger.* Auf Deutsch wäre die Verwendung des Futurs eher seltsam: «Ich werde einen Popel schnipsen.» Wir begnügen uns – wie oben in der Übersetzung – mit Präsens. Im Englischen führt für Handlungen, die in der Zukunft stattfinden, meist kein Weg an der *future tense* vorbei. *I will flick* ist deshalb Pflicht. Genau wie *I will take care of that!* (Das erledige ich! Wörtlich: Ich werde das erledigen!) Würden Sie das futurige *will* weglassen, entstünde beim Englisch-Muttersprachler der Eindruck, dass es nicht um eine demnächst stattfindende Handlung geht, sondern um etwas, was grundsätzlich und immer so ist. Ergänzungen wie *always* und *every day* verstärken das noch und erzwingen den Gebrauch der *present tense.*

- *I always flick boogers on windshields.*
- *I go to work every day.*

Weg von der Grammatik, hin zur Alltagskultur. *Tailgating* muss nicht immer nur ein dichtes Auffahren bezeichnen, *tailgating* kann auch ein Picknick auf und an der Heckklappe sein. Vor allem an den Spieltagen der amerikanischen Baseball-Liga. Schon Stunden vor Spielbeginn erscheinen die Fans auf dem Stadionparkplatz, lassen die Klappe am Pick-up herunter, packen die Campingstühle aus – einen Campingtisch brauchen sie nicht, dafür gibt's ja das *tailgate* – und fangen an, die mitgebrachten Hähnchenbeine zu verzehren. Andere bauen den *barbecue grill* zusammen und grillen Hot Dogs und Hamburger – so wird eine richtige *tailgaiting party* daraus. Wer's ganz einfach mag, greift zu Chips mit Dip oder Salsa. Gut gesättigt kann auch ein langweiliges Baseballspiel erträglich sein. Und glauben Sie mir: Für einen Europäer sind Baseballspiele immer langweilig, auch wenn das gegen einen der schlauesten Sprüche von T. S. Eliot verstößt: *Nothing is intrinsically boring.* «Nichts ist von sich aus langweilig.»

Variante: *Don't honk or I'll flick a booger on your windshield.*

Nicht hupen, oder ich schnipse einen Popel auf deine Windschutzscheibe.

TLG8ER

Kein *bumper sticker*, sondern ein Kennzeichen der Kategorie *personalized license plate.* Wem ein Aufkleber nicht genügt, um sein Auto optisch aufzuwerten, der zahlt ein paar Dollar mehr für ein *personalized license plate*, ein Wahlkennzeichen, das im Volksmund als *vanity plate* (Eitelkeitskennzeichen) belächelt wird. Doch *vanity plates* künden nicht immer nur von der Eitelkeit ihres Besitzers, oft demonstrieren sie auch dessen Vorliebe für Wortspielereien. Zu den bekannt gewordenen Nummernschildsprüchen gehört beispielsweise *2FAST4U.* Im Klartext: *Too fast for you*, zu schnell für dich.

Mit ein bisschen Phantasie kommt man auch hinter den Sprachtrick von *TLG8ER*, aus dem sich *tailgater* machen lässt. Das können Sie einmal als Anklage an den Hintermann auffassen – Hey, du Zu-dicht-am-*tailgate*-Klebender – oder als Statement eines überzeugten Sportfans, der vor jedem Spiel dem *tailgating* frönt.

I brake for tail-gaters.

Ein derart doofer Sticker wie «Ich bremse für Tiere» (wahlweise auch Kinder, Kröten und andere Lebensformen) verdient alle nur denkbaren Parodien. Beispielsweise diese:

Ich bremse für Zu-dicht-Auffahrer.

I brake for garage sales.

An Sommerwochenenden nimmt der Verkehr in den Wohnvierteln zu, nicht ab. Jetzt drehen die Autos ihre Runden, um nach *garage sales* Ausschau zu halten. Schon drei Kreuzungen vorher sind die ersten handgemalten oder computergedruckten Schilder zu sehen: *Garage sale, 721 E. Mulland Drive.* Nix wie hin. Oft machen die Nachbarn mit, sodass gleich zwei oder drei Garagen mit Trödel und Tinnef zu durchwühlen sind: *Three-family garage sale.* Gelegentlich gibt es auch einen *city-wide garage sale*, wobei die *city* hier eher einen überschaubaren Stadtteil oder ein Dorf umfasst. Die Preise sind unterstes Flohmarktniveau, und Schnäppchen finden sich zuhauf. Als Student habe ich mir vom Fernseher bis zur Bettwäsche die gesamte Grundausstattung auf *garage sales* zusammengekauft. *Dirt cheap*, schweinebillig.

Ich bremse für Garagenflohmärkte.

Unless you're a hemorrhoid, get off my ass.

Gemeinhin finden sich Nebensätze mit *unless* erst im zweiten Teil eines Satzgefüges: Get off my ass, unless you're a hemorrhoid.

Geh mir vom Arsch weg, es sei denn, du bist eine Hämorrhoide.

Weitere *Unless*-Konstruktionen:

- *Let's eat at Pizza Hut, unless you want to go somewhere else.* Lass uns bei Pizza Hut essen, es sei denn, du willst woanders hin.
- *I'll graduate in May, unless I screw up the finals.* Ich mache im Mai meinen Abschluss, es sei denn, ich verpatze meine Abschlussprüfungen.

Pass quietly. Driver sleeping.

Leise überholen. Fahrer schläft.

Tipp!

Achtung Adverb! Einer der dicksten Brocken für jeden Englischlerner. Und dann gibt's hier noch eine *-ing*-Form, die, das haben Sie sicher gleich bemerkt, ihres Hilfsverbs *to be* beraubt wurde: *Driver is sleeping* lautet die vollständige Fassung. Dass diese Form eine Handlung bezeichnet, die nicht abgeschlossen ist (noch immer andauert), wissen Sie auch: Jetzt gerade, im Moment, schläft der Fahrer.

Schwieriger ist zu erklären, warum «Leise überholen» nicht einfach *Pass quiet* heißt. Das angefügte *-ly*, das aus dem Adjektiv ein Adverb macht, muss aber leider sein. Holen wir dazu ein wenig weiter aus. Nehmen wir an, Sie kennen jemanden, der

a) ein flotter Lerner ist und

b) flott lernt.

Auf Englisch könnten Sie ihm zuflüstern:

a) *You are a quick learner.*

b) *And you learn quickly.*

Wenn sich das Adjektiv *(quick)* auf ein Hauptwort *(a learner)* bezieht, passiert rein gar nichts. *Quick* bleibt *quick.* Soll das Adjektiv aber ausdrücken, wie die im Verb ausgedrückte Handlung *(to learn)* ausgeführt wird – nämlich schnell –, dann brauchen Sie die Adverbform *(quickly)*, meist an ihrem *-ly* zu erkennen. Als Deutschsprecher haben wir Probleme bei der Unterscheidung von Adverb und Adjektiv, weil beide meist exakt gleich aussehen. Aber auch im Deutschen gibt es reine Adverbformen: «Erledigen Sie das schnellstens!» *Take care of that quickly.* Dass «schnellstens» ein reines Adverb ist und nicht – wie «schnell» – gleichzeitig auch als Adjektiv fungieren kann, zeigt der Austauschtest: «Du bist ein schnellstenser (!) Lerner.» «Schnellstens» ist damit als reines Adverb entlarvt.

Noch ein Beispiel fürs Englische: Sie kennen einen guten Koch, der gut kocht. Sie loben ihn mit *You are a good cook. You cook – well.* Ja, Pech gehabt, wenn Sie auf *goodly* oder einfach nur *good* getippt haben. Das Adverb von *good* ist unregelmäßig. Komischerweise verzichten nicht wenige Amerikaner auf das Adverb *well* fast vollständig und benutzen *good.* In bestimmten Gegenden des Landes und in bestimmten Bevölkerungsgruppen hören Sie *well* höchstens als Verlegenheitswort im Sinne von «äh, na, nun ja». Die Adverbform *well* wird dort fast ausnahmslos durch das nackte *good* ersetzt: *I'm doing good,* mir geht's prima, sagen im Mittleren Westen mehr Leute als *I'm doing well.*

Shaggin' wagon

Man muss schon ein einziger Hormonsturm sein, um sein Auto mit dem Aufkleber Pimper-Kombi zu verzieren. *To shag*: vögeln, pimpern. *Wagon* (kurz für *station wagon*): Kombi.

Dem *station wagon* längst den Rang abgelaufen hat das *SUV, sport(s) utility vehicle.* Im Grunde sind *SUVs* nichts weiter als Kombis, allerdings kommen sie auf größeren Rädern daher und wirken eher wie Geländewagen. Reine Kombis sieht man in den USA nur noch sehr selten.

It's bad enough driving sober. Don't drive drunk!

Raten Sie einfach mal, was das Gegenteil von *drunk* (betrunken) ist. *Hint* (kleiner Hinweis): Das Wort steckt im ersten Satz.

Es ist schon schlimm genug, nüchtern zu fahren. Fahrt (fahre) nicht betrunken!

Tipp!

-ing-Form ist nicht gleich *-ing*-Form. Als Verbform steht *-ing* für eine Handlung, die gerade stattfindet *(I'm driving)*. Daneben gibt es noch das *gerund*, ebenfalls gebildet mit *-ing*, das aus jedem Verb ein Hauptwort macht. Die Frage ist für Nicht-Muttersprachler jedes Mal: Wann steht *-ing*, wann *to + infinitive?*
Angewendet auf unseren Aufkleber: Warum heißt es nicht *It's bad enough to drive sober*? Der Fall liegt hier ziemlich klar: Wird ein Verb zum Subjekt eines ganzen Satzes gemacht, führt an *-ing* kein Weg vorbei:

- *Driving a car can be exhausting.* Autofahren kann anstrengend sein.
- *Driving from the airport to the city is easy.* Das Fahren vom Flughafen in die Stadt ist leicht.
- *Driving while intoxicated is illegal.* Fahren unter Rauschmitteleinfluss ist verboten.

Unser Stickerspruch hat zwar formal *it* als Subjekt, mit einer kleinen Umstellung merkt man aber, dass *driving* das eigentliche Subjekt ist: *Driving sober is bad enough.* Erfragen lässt sich das Subjekt mit wer oder was: Wer oder was ist *bad enough?* Antwort: das nüchterne Fahren, *driving sober.*
DWI, DUI und *MADD.* Drei Kürzel, die zum Thema (und zum Wortschatz jedes Amerikaners) gehören:

- *DWI, driving while intoxicated.* Offizielle Bezeichnung für das Fahren unter Alkohol- und Drogeneinfluss.
- *DUI, driving under the influence.* Fahren unter dem Einfluss (Alkohol und Drogen).
- *MADD, mothers against drunk driving.* Mütter gegen das Fahren un-

ter Alkoholeinfluss. Name eines sehr regen Vereins, der die Kids davor bewahren will, sich alkoholisiert hinters Steuer zu setzen. Keine schlechte Idee, immerhin gehen jährlich rund 16 000 US-Verkehrstote auf das Konto Trunkenheit am Steuer. Rein numerisch gesehen, macht ein *war against drunk driving* deutlich mehr Sinn als ein *war against terrorism.*

If you drink like a fish, swim, don't drive!

Glasklarer *If*-Satz: «Wenn du trinkst, dann schwimme.» Beide Verben stehen im *present simple (drink, swim)*, einfacher geht's nicht. Hier wird eine Anweisung gegeben, fast schon ein Befehl erteilt. Ein weiteres Beispiel für diesen Befehl mit *If*-Einleitung finden Sie auf Seite 44.
Weitaus üblicher sind jedoch drei andere *If*-Satz-Baupläne:

Tipp!

- *If you push the button, the engine will start. (If + present,* gefolgt von *will.)* Wenn du die Taste drückst, springt der Motor an. Wichtig: Das Zukünftige wird betont *(will start);* das Englische ist da gnadenlos logisch: Erst Knöpfchen drücken, dann erst wird der Motor anspringen.
- *If I was in charge, I would give myself a raise. (If + past,* gefolgt von *would.)* Wenn ich die Zuständigkeit hätte, würde ich mir eine Gehaltserhöhung geben. Ein rein hypothetischer Sachverhalt. Weiter unten (Seite 30) findet sich ein Aufkleberspruch, der ebenfalls unter diese Kategorie fällt: *If this car were a horse, I'd have to shoot it.* Und: *Even if you were broke,* hieß es mal bei Jennifer Lopez, *my love don't* (*doesn't* wäre grammatisch okay) *cost a thing.*
- *If I had known that, I wouldn't have waited so long. (If + past perfect,* gefolgt von *would have.)* Wenn ich das gewusst hätte, würde ich nicht so lange gewartet haben. Spekulation über Vorgänge, die in der Vergangenheit liegen beziehungsweise begonnen haben.

Merken sollten Sie sich, dass Sie bei normalen *If*-Sätzen («Wenn du das machst, dann ...») in der zweiten Satzhälfte unbedingt die *future tense* mit *will* benutzen. Auf Deutsch machen wir das höchst selten mit Futur – und deswegen läuft es auf Englisch fast immer verkehrt:

- *If you cheat, I'll leave you.* Wenn du [mich] betrügst, verlasse ich dich.

Wenn du säufst wie ein Fisch, schwimm [nach Hause] und fahr nicht noch!

As a matter of fact, I DO own the road.

Dreierlei: Erstens ist es auch auf Englisch üblich, sich lauthals über den Fahrstil des Vordermannes zu beschweren: *He's driving like he owns the road*, der fährt, als ob ihm die Straße gehören würde (als ob er allein wäre).

Zweitens kann man mit einem zusätzlich *do* – auch wenn es grammatisch gesehen eigentlich gar nicht nötig ist – seinem Satz jede Menge Nachdruck *(emphasis)* verleihen:

- *I have the money.* Mit Nachdruck: *I do have the money!*

Und drittens ist es im Land des allmächtigen Dollars durchaus möglich, der Besitzer einer Straße zu sein.

Es ist tatsächlich so, mir gehört WIRKLICH die Straße.

If you don't like my driving, then get off the sidewalk!

Gehweg, Fußweg, Bürgersteig, Gehsteig, Trottoir – wie reich unsere Sprache doch ist, wenn es um *sidewalks* geht.

Wenn dir mein Fahrstil nicht passt, dann verschwinde [gefälligst] vom Gehweg.

No radio, already stolen.

Tipp!

Dieser Sticker führt vor, wie sich ein langer Passiv-Satz auf vier Wörter reduzieren lässt. Die Urfassung hatte noch neun: *No radio, it has al-*

ready been stolen by Jim. Doch dann wird gnadenlos gestrichen: Der Täter *(by Jim)* fällt weg, das Pronomen *it* und die Hilfsverben *has been* fliegen raus. Und trotzdem versteht noch immer jeder, was gemeint ist.

Kein Radio, [es wurde] bereits gestohlen.

My other car is a limo.

Wer eine Rostlaube fährt oder einen Kleinstwagen (*a subcompact*: nach US-Verständnis etwa ein 3er-BMW), braucht diesen Aufkleber, um zu suggerieren, dass er auch noch anders kann. Die Bezeichnung *limo* steht für Luxus-Limousine. Immer wieder zu sehen sind die *stretch limos*, schwarz verglaste Luxuskarossen mit verlängertem Radstand, die vermeintliche oder tatsächliche VIPs durch die Gegend kutschieren. Wenig luxuriös hingegen sind die so genannten *airport limos.* Dabei handelt es sich um schlichte Busse, die einem vom Flughafen in die Stadt oder zum Hotel bringen.

Mein anderes Auto ist eine Luxus-Limousine.

My other car is also a piece of junk.

Die Wendung *piece of something* tritt einem meist als feste Wendung entgegen:

- *Piece of cake!* Kinderspiel!
- *This guy is a real piece of shit.* Dieser Typ ist ein echtes Stück Scheiße.
- *My computer is a piece of junk.* Mein Computer ist ein Stück Schrott.

Mein anderes Auto ist auch ein Stück (Haufen) Schrott.

I don't give a damn what your other car is.

Es interessiert mich einen Scheiß, was dein anderes Auto ist.

My other car is stolen.

Tipp!

Quizfrage: Warum steht hier *is stolen* und nicht *was stolen?* Antwort: wegen des feinen Bedeutungsunterschieds.

Mit *is stolen* lautet die Übersetzung: **Mein anderes Auto ist ein gestohlenes (Auto).**
Heißt es aber *was stolen,* wird daraus ein langweiliges «Mein anderes Auto wurde geklaut».

I don't care what your other car is, what you love, or what you'd rather be doing.
Dieser Antiaufkleber zielt auf drei bekannte Aufkleber:
- *My other car is a (Mercedes, Jaguar, Rolls Royce).*
- *I love (New York, fishing, bicycling ...).*
- *I'd rather be (bowling, fishing, cycling).*

Merken sollten Sie sich die Wendung *I'd rather be + -ing,* «ich würde lieber ...».

Es ist mir egal, was dein anderes Auto ist, was du magst oder was du lieber machen würdest.

My other wife is beautiful.

Meine andere Ehefrau sieht gut aus.

Don't laugh. It's paid for.

Lach nicht. Abbezahlt.

PAID4

Four klingt wie *for*, deswegen wird dieses Nummernschild auf Anhieb verstanden:

Abbezahlt.

If this car were a horse, I'd have to shoot it.

Tipp! Wieder ein *If*-Satz, in dem eine Bedingung aufgestellt wird, die ganz offensichtlich der Realität entgegenläuft: *conditions contrary to fact*. Ein Auto ist kein lahmendes Pferd, das in Wildwestmanier erschossen wird, der ganze Satz ein so genannter Irrealis.

Wenn dieses Auto ein Pferd wäre, müsste ich es erschießen.

Nicht ganz einfach ist die Aussprache von were, das deutlich anders als where klingt. Where klingt eher wie «wer», were mehr nach «wör».
Ein weiteres typisches Beispiel für diesen Satztyp:
- *If I were you, I would quit smoking.* Wenn ich du wäre, würde ich das Rauchen aufgeben.

Unattended children will be sold as, slaves.

Kein *bumper sticker*, sondern ein Schild in einer Bar in Arkansas, einem Bundesstaat, in dem der Sklavenhandel einst ein wichtiger Wirtschaftsfaktor war. Auch wenn es sich hier ausnahmsweise mal um keinen Autoaufkleber handelt, der Spruch darf ob seines pädagogischen Wertes hier nicht fehlen.

Tipp! Denn grammatisch haben wir hier Wertvolles: *future passive.* Wörtlich übersetzt müsste aus *will be sold* ein langatmiges «werden verkauft werden» entstehen. Glücklicherweise kann man im Deutschen einfach nur die Gegenwartsform wählen, wo im Englischen das Futur stehen muss:

Unbeaufsichtigte Kinder werden als Sklaven verkauft.

I'm only driving this way to piss you off.

To piss someone off, jemanden verärgern.

- *I'm so pissed off (at Joe).* Ich bin stinksauer (auf Joe).

Tipp!

Grammatisch richtig erklärt der Aufkleber, dass jetzt im Moment (augenblicklich, gerade in diesem Augenblick) jemand fährt: *I'm driving.* Diese Form nennt sich Verlaufsform der Gegenwart oder *present continuous.* Diese Verlaufsform kann allerdings auch in der Vergangenheit als *past continuous* stehen. Das *past continuous* betont, dass eine Handlung bereits über einen längeren Zeitraum hinweg ausgeführt worden war, als plötzlich ein zweites Moment hinzukam:

- *I was walking home when I noticed something strange.* Ich war gerade auf dem Nachhauseweg, als ich etwas Seltsames bemerkte.
- *I was only driving that way to piss you off.* Ich bin (die ganze Zeit) nur so gefahren, um dich zu ärgern.

Ich fahre nur so, um dich zu ärgern.

Cover me. I'm changing lanes.

Eine meiner frühesten Fernseherinnerungen ist der Satz: «Joe, gib mir Feuerschutz!» Es hat ein paar Jahre gedauert, bis mir klar wurde, dass im Original nichts weiter als *Joe, cover me!* gebrüllt wurde, bevor sich der Krimi- oder Westernheld auf den Weg in die Gefahr machte. Noch heute betrachte ich, voll Dankbarkeit dem Schicksal gegenüber, diese Erkenntnis als eine der größten Erleuchtungen meines Lebens.

An diesem Aufkleber nicht ganz unbeteiligt ist das Phänomen *road rage,* wörtlich: «Straßenzorn». Es gibt immer wieder Fälle, in denen Konflikte beim Überholen oder Wechseln der Spur tödlich enden – nicht in einer Kollision, sondern durch den Racheakt eines ausgerasteten Autofahrers, der zur Waffe im Handschuhfach greift und seinen Konkurrenten mit einem gezielten Schuss erledigt. Dies erklärt dann auch, weshalb Feuerschutz im Straßenverkehr zuweilen durchaus sinnvoll sein kann.

Tipp! Die Erkenntnis, dass die *-ing*-Form nicht immer nur auf gerade Stattfindendes verweisen muss, ist nicht ganz so weltbewegend, soll aber dennoch nicht verschwiegen werden. Ein fester Plan, der ja zwangsläufig in die Zukunft weist, lässt sich ebenfalls mit *-ing* ausdrücken – sofern er in absehbarer Zeit umgesetzt wird:

- *I'm visiting Milwaukee in the spring.* Ich besuche im Frühling Milwaukee.

Auch unser Aufkleber drückt ein festes Vorhaben für die unmittelbare Zukunft aus: *I'm changing lanes.* Ich wechsle [jetzt gleich] die Spur.

Gib mir Feuerschutz. Ich wechsle die Spur.

Watch out! I drive like you do.

Die verschiedenen Inkarnationen von *like* sind auf dem Papier leicht auseinander zu halten. Das *like* im obigen Satz ist ein vergleichendes «[so] wie» und gehört damit zu der gutmütigsten Kategorie.
Ebenfalls gut bekannt ist *like* als «mögen, gern haben»:

- *I like my new car.* Mir gefällt mein neues Auto.

Tipp! Doch dann gibt es da noch ein *like*, das nur in Gesprächen vorkommt:

- *I'm, like, totally wasted.* Ich bin irgendwie total besoffen.

Dieses *like* steht für «irgendwie» und gehört zur Gruppe der Verlegenheitswörter *(spacefillers).* Die Kommas, in die das *like* eingebettet ist, spiegeln die zwei kurzen Pausen wider, die nicht fehlen dürfen: *I'm* – [Pause] *like* [Pause] – *totally exhausted,* ich bin echt total erschöpft. So muss es klingen, und so klingt vor allem der amerikanische Teenager. Besonders wenn er berichtet, was ihm andere erzählt haben: *And I was, like, «Yes, I do». But he was, like, «No, you don't».* Mit «irgendwie» dürfen Sie das *like* nun nicht mehr ersetzen, lassen Sie's einfach weg und nehmen Sie's als gesprochenen Doppelpunkt: «Und ich dann: Ja, mach ich. Aber er dann: Nein, machste nicht.»

Pass auf, ich fahre [genauso schlecht] wie du.

Enough with the bumper stickers already!

- *Enough already!* Jetzt reicht's aber!

Hier hat jemand die Nase gestrichen voll und klebt sich deswegen diesen Spruch ans Heck:

Jetzt reicht's mir aber mit den Autoaufklebern!

Bumper stickers suck!

Eines der wichtigsten Slang-Wörter überhaupt ist *to suck*:

- *This sucks!* Das ist ganz übel. Das taugt nichts.

Wörtlich heißt *to suck* zwar «saugen», doch in der Wendung *something sucks* lautet die Übersetzung «etwas ist wertlos, taugt nichts».

Autoaufkleber sind scheiße!

When the first [Lemon-Aid] guides were written, […] Ford was selling biodegradable pick-ups. Phil Edmonston

Alle paar hundert Meilen war die Kiste kaputt. Für Nick Verburg gab's nun kein Halten mehr: Aus gelbem Karton schnippelte er sich eine Zitrone, beschriftete sie mit den Worten *This Dodge is a lemon*, heftete die Kartonzitrone ans *tailgate* seines Pick-ups und fuhr fortan als Antiwerbung durch Kalifornien.

Als *lemon* bezeichnen die Amerikaner all die Autos, die nichts taugen. Wer in den USA nach einem Gebrauchtwagen sucht, tut gut daran, Bücher wie *Lemon-Aid* (wörtlich: Zitronen-Hilfe) zu konsultieren, um nicht versehentlich eine jener unzuverlässigen Mühlen zu erstehen, wie sie sich der arme Mr. Verburg gekauft hatte.

Unser Zitat übt harsche Kritik an den frühen Baureihen der Marke Ford:

«Als die ersten [Lemon-Aid-]Einkaufsführer geschrieben wurden, […] verkaufte Ford biologisch abbaubare Pick-ups.»

Tipp! Sprachlich gibt es zwei bemerkenswerte Erscheinungen. Da wäre einmal das Passiv der Vergangenheit, das vom Deutschen her gut in den Griff zu kriegen ist:

- *The book was written by Phil Edmonston.* Das Buch wurde von Phil Edmonston geschrieben.

Für die zweite Person Singular *(you)* muss das Hilfsverb *were* lauten:

- *You were tricked by the car salesman.* Du wurdest vom Autoverkäufer reingelegt.

Dann bietet unser Zitat noch eine Verlaufsform, genauer: ein *past tense continuous (Ford was selling ...)*:

- *Ten years ago, I was selling cars.* Vor zehn Jahren verkaufte ich Autos.

Also nicht *Ten years ago, I sold cars*, sondern *I was selling cars.* Warum? Es geht um das Fortdauern eines Vorgangs, in unserem Fall den des Verkaufens: Zu diesem Zeitpunkt in der Vergangenheit verkaufte ich gerade Autos, und zwar über einen längeren Zeitpunkt hinweg – und nicht bloß ein einziges Mal.

Sie kennen Ähnliches im Deutschen aus Sätzen wie: «Ich war gerade *am Überlegen*, als er die Tür reinkam.» Auf Englisch hieße das: *I was thinking when he opened the door.*

Geht es freilich um einen einzigen, einmaligen Verkauf, genügt die *simple past*:

- *A few years ago, I sold my old VW.* Vor ein paar Jahren habe ich meinen alten VW verkauft.

Have you driven over a Ford lately?

«Zu spät» heißt *too late.* Doch *lately* hat nur indirekt mit «spät» zu tun, es heißt einfach «in letzter Zeit»:

- *I haven't seen him lately.* Ich habe ihn in letzter Zeit nicht gesehen.

Tipp! Das *present perfect (have seen)* wird nötig, da der Vorgang als *still relevant for the present* gilt, als noch immer wichtig für die Gegenwart. Das Schlüsselwort *lately* legt das ja schon nahe. Auch bei anderen Schlüsselwörtern wie *yet, still* oder *already* sollten Sie *present perfect* einsetzen. Der Bezug zur Gegenwart wird besonders deutlich bei Vorgängen, die in der Vergangenheit begonnen haben und noch immer andauern. Beispielsweise Ihre Arbeit. Seit 10 Jahren arbeiten Sie für GM. Wenn Sie das jemandem erzählen, benutzen Sie dabei die Verlaufsform des *present perfect*:

- *I've been working at GM for ten years.* Ich arbeite seit zehn Jahren bei GM.
- *I've been working for a small marketing firm for about five years.* Ich arbeite seit ungefähr fünf Jahren für eine kleine Marketing-Firma.

Die Dauer wird mit *for* ausgedrückt, nicht mit *since. Since* kommt dann zum Einsatz, wenn ein bestimmter Zeitpunkt erwähnt wird:

- *I've been working at GM since May 2003.* Ich arbeite seit Mai 2003 bei GM.

Passen Sie auf, dass Sie wirklich nur Verben ins *present perfect continuos* setzen, die tatsächlich auch einen lang andauernden Sachverhalt ausdrücken können. *I have been marrying for three years* ist falsch, denn das würde heißen, dass ich seit drei Jahren am Heiraten bin. Absurde Vorstellung. Richtig hingegen: *I have been married for three years.* Sachverhalt noch relevant für die Gegenwart: bin immer noch verehelicht.

Unser *Bumper*-Spruch parodiert einen bekannten US-Werbespruch der Marke Ford: *Have you driven a Ford lately?* «Sind Sie in letzter Zeit mal Ford gefahren?» Spaßvögel machten daraus:

Sind Sie in letzter Zeit mal über einen Ford drübergefahren?

69 MPG

Geoffrey Swain aus Grafton, Wisconsin, fährt einen Honda Insight mit Hybridtechnologie. Dank der Kombination von E- und Benzinmotor kommt er auf einen Verbrauch von 3 Litern auf 100 km. Was sein Kfz-Kennzeichen aller Welt kundtut: *69 MPG.* In den USA berechnet niemand den Benzinverbrauch in Litern pro 100 km. Stattdessen errechnen Amerikaner, wie weit man mit einer Gallone Sprit kommt. Im Falle von Geoffs Honda sind das immerhin 69 Meilen *(mpg = miles per gallon).* Nicht schlecht, wenn man sich die Pick-ups und SUVs anschaut, von denen einige kaum mehr als 12 Meilen aus einer Gallone Treibstoff herausholen.

Jetzt, da Sie wissen, was es mit den *mpgs* auf sich hat, sollten Sie auch gleich noch *gpf* kennen lernen. *Gpf* gibt an, wie viel Wasser eine Toilette verbraucht. *Gpf, gallons per flush*, Gallonen pro Spülvorgang. Kein Witz! Jedes Mal, wenn ich das Urinal meiner US-Lieblingsbibliothek besuche, lese ich ganz oben links – knapp 10 cm vom Drücker – die Zeile *«3.8 lpf, 1 gpf»*. Zu Deutsch: «3,8 Liter pro Spülvorgang, 1 Gallone pro Spülvorgang». So umweltbewusst können Amerikaner sein. Wahrscheinlich drückt jeder, der das liest, gleich ein Dutzend Mal, damit sich's auch lohnt. Das macht dann 45,6 Liter pro Pinkeln – eine Wassermenge, mit der eine mittlere Kleinstadt in Somalia gut drei Wochen lang auskäme.

Words of wisdom

Never play leapfrog with a unicorn.

Die ebenso wörtliche wie falsche Übersetzung für *leapfrog* lautet «Sprungfrosch».

Spiele niemals Bockspringen mit einem Einhorn.

I'm always in trouble, but it's so much fun.

Ich stecke immer in Schwierigkeiten, aber das macht ganz doll Spaß.

The probability of someone watching you is directly proportional to the stupidity of your actions.

Auch bekannt als: *The number of people watching you is directly proportional to the stupidity of your action.*

Die Wahrscheinlichkeit, dass dich jemand beobachtet, steigt direkt proportional zur Dummheit deiner Handlungen.

Time flies like an arrow; fruit flies like a banana. Groucho Marx

Tipp!

Der Seufzer *Time flies like the wind!* (wörtlich: Die Zeit fliegt wie der Wind!) entspricht unserem «Kinners, wie die Zeit vergeht!». Groucho Marx bemüht jedoch lieber einen Pfeil *(arrow)* für seinen Vergleich. Mit *time flies* etabliert dieser Spruch, dass *flies* von *to fly* kommt und *like* ein vergleichendes «wie» ist. Nur hilft diese Einsicht bei *fruit flies like a banana* rein gar nicht weiter: «Obst fliegt wie eine Banane.» Das kann's ja wohl nicht sein. Erst intensives Nachdenken kommt dem wahren Sachverhalt auf die Spur. *Fruit flies* ist ein Hauptwort: Fruchtfliegen! Und *like* ist hier das Verb «mögen». Damit ist die grammatikalische Mehrdeutigkeit aufgelöst:

Die Zeit fliegt wie ein Pfeil; Fruchtfliegen mögen eine Banane.
Die Zeit fliegt wie ein Pfeil; Obst fliegt wie eine Banane.

Time's fun when you're having flies Kermit the Frog

Ein cleverer Verdreher, der in dieser Form allerdings nur von einem Frosch stammen kann. Die altbekannte Redewendung, auf der unser Spruch basiert, heißt: *Time flies when you're having fun*, die Zeit vergeht wie im Flug, wenn man Spaß hat. Das Sesamstraßen-Fröschlein macht daraus:

Die Zeit macht Spaß, wenn man Fliegen hat.

Life's a bitch; and then you die.

Ich weiß nicht, ob ich während meiner US-Studienjahre einen Spruch öfter gehört habe als diesen hier. Nach einer Prüfung, nach einem verlorenen Basketballspiel, nach dem Ende einer Beziehung:

Das Leben ist ein Miststück; und dann stirbst du.

Das hört sich schlimmer an, als es ist. Im Grunde zuckt der Sprecher nur mit den Achseln und sagt sich, dass es nichts bringt, sich gegen die Macht des Schicksals aufzulehnen. *So what!* «Was soll's!» – und das Leben geht weiter.
Bitch ist ein schillernder Begriff. In dem Fluch *son of a bitch* bedeutet er «Hündin». Was nicht heißt, das *s.o.b.* (wie man gerne vornehm abkürzt) mit «Hundesohn» gut übersetzt wäre. «Arschloch» trifft den Bedeutungskern besser. *Bitch* selbst steht für eine Xanthippe, ein böses, zänkisches Weibsbild. Die «Zicke», die uns auf heimischen T-Shirts öfter mal über den Weg läuft, wäre in den USA bereits eine *bitch.* Vor allem «Miststück» kommt ganz gut hin.

Life's a bitch; then you marry one.

Variation on a theme, Variation eines Themas:

Das Leben ist ein fieses Weib; und dann heiratest du eins.

Don't take life too seriously, you won't get out alive.

Tipp! Wenn Sie «Nimm das Leben ernst» mit *Take life serious* (!) übersetzt hätten, hätten Sie die Sache mit dem Adverb noch nicht ganz verdaut. Wie nehmen Sie das Leben? Ernst. Das Nehmen ist ernst, nicht das Leben selbst. Zumindest grammatisch. Ein Adverb beschreibt das Verb – deswegen heißt es auch Ad-Verb, zum Verb hinzutretend. Also muss es heißen: *Take life seriously.*

Nimm das Leben nicht so schwer, du kommst da [ohnehin] nicht mehr lebend heraus.

Time is the best teacher; unfortunately it kills all its students!

In Amerika sind alle Schüler *students* und nicht etwa *pupils*, wie das früher in unseren Schulbüchern stand. Nach der *high school* wird man dann *college student* oder einfach nur *undergrad* (kurz für *undergraduate*). Hat man nach vier Jahren College den ersten Abschluss in der Tasche (etwa einen *B.A.* oder *B.Sc.*), besucht man die *graduate school* und ist damit *grad student*.
Unfortunately lässt sich leicht merken, steckt doch *Fortuna*, die Glücksgöttin, darin. Klasse Wort. Ideal auch als Satzanfang:

- *Unfortunately, there was a fly in my soup.* Leider war eine Fliege in meiner Suppe.

Das Komma steht für eine kurze Sprechpause: *Unfortunately* – …

Die Zeit ist der beste Lehrmeister; unglücklicherweise tötet sie alle ihre Schüler.

Suicide in Kansas is redundant.

Da mag jemand Kansas nicht. Verständlich, denn Kansas gilt nicht gerade als Bundesstaat, in dem des Lebens Wogen hoch und höher schwappen. Was soll man auch erwarten, wenn als einer der beliebtesten Zeitvertreibe in Kansas das *cow tipping* gilt, das Umkippen von im Stehen schlafenden Kühen. Denn Kühe hat Kansas reichlich.
Unser Spruch betont, dass die Bewohner von Kansas ohnehin schon tot sind. Jede weitere Aktivität in diese Richtung hieße, es zu gut zu meinen.

Selbstmord in Kansas ist (wäre) doppelt gemoppelt.

The trouble with this country is too many Americans, not enough Texans.

Was ist nur los mit Amerika? Die Einwohner des *Lone Star State* (so der offizielle Beiname von Texas) kennen die Antwort:

Das Problem in diesem Land ist: zu viele Amerikaner, nicht genug Texaner.

Yesterday never was, tomorrow never will be and today is forever.

Gäbe es diesen Aufkleber nicht, hätte ein Englischlehrer ihn erfinden müssen. *Simple past*, *future tense* und *simple present*, alle harmonisch vereint in einem Merksatz. Vom *yesterday* muss in *past* erzählt werden, vom *tomorrow* mit *will* und vom Heute, da es auf immer *(forever)* fortdauert, in *present.*

Gestern gab es nie, morgen wird niemals kommen, und heute ist für immer und ewig.

Smile, they will think you're up to something.

- *He's up to something.* Er führt was im Schilde.

Tipp! Auch hier haben wir wieder das Futur *(will think)* zur Beschreibung zukünftiger Geschehnisse. In der deutschen Übersetzung ersparen wir uns das Futur: Mit «dann» fährt man auf Deutsch besser:

Lächle, sie denken dann, dass du was im Schilde führst.

Instant swimmer. Just add water.

Das Wort *instant* war so verführerisch, dass es, kaum war es in den USA gang und gäbe, sich schnell auch im deutschen Sprachschatz wieder

fand. Wer weiß heute noch, dass Haferflocken früher vor dem Verzehr zweieinhalb Jahre lang eingeweicht werden mussten? Niemand, denn schließlich gibt es seit Jahrzehnten *Instant*-Haferflocken. Oder dass Suppe früher – *horribile dictu* – gekocht und nicht einfach mit Wasser aufgegossen werden musste?
Der Scherz mit dem Sofort-Schwimmer – Instant-Schwimmer. Lediglich Wasser hinzufügen – kann, wie der nächste Aufkleber zeigt, noch ausgebaut werden.

Instant fool. Just add beer.

Instant-Idiot. Lediglich Bier hinzufügen.

I'd rather be fishing.

I would rather be ist eine praktische Phrase für all die Momente, in denen wir mitteilen möchten, was wir lieber wären oder lieber tun möchten.

- *I'd rather be single.* Ich wäre lieber ledig.
- *I'd rather be playing poker.* Ich würde lieber pokern.
- *I'd rather be a humor column writer.* Ich wäre lieber der Verfasser einer Humorkolumne.

Ich wäre lieber beim Angeln.

Get a life!

Eher ein Stoßseufzer als ein Imperativ ist dieser Spruch. Wörtlich heißt er: «Krieg ein Leben!» Sinngemäß:

Hast du nichts Besseres zu tun?

Boycott shampoo! Demand the REAL poo!

An *sham* hängt das Verständnis dieses *witticism.*

- *Sham marriage.* Scheinehe.
- *It's a sham!* Das ist Betrug, Verarschung.

Mit *poo* wird zugleich ein wenig Baby-Englisch vorgeführt:

- *I gotta go poo-poo.* Ich muss mal Kack-kack machen.

Indem er das *sham* vom *poo* abtrennt, konstruiert unser Autor seinen Scherz:

Boykottiert Mogel-Poo (Shampoo)! Verlangt das echte Poo (den echten Kack)!

Nice perfume. Must you marinate in it?

Nettes Parfüm. Aber musst du dich gleich darin marinieren?

Show me a man with both feet firmly on the ground, and I will see a man who can't get his pants off!

Zeig mir einen Mann, der mit beiden Beinen fest auf dem Boden (fest im Leben) steht, und ich sehe einen Mann, der seine Hosen nicht ausziehen kann.

If God had meant us to go around naked, we would have been born that way.

Tipp! Skurriler Humor im Konjunktiv. Weiter oben hatten wir über *if + past*, gefolgt von *would*, gesprochen:

- *If I had money, I would buy a car.* Wenn ich Geld hätte, würde ich ein Auto kaufen.

Hier haben wir's eine Zeitstufe nach hinten versetzt, mit *if* + *past perfect*, gefolgt von *would* + *past perfect*:

- *If I had had money, I would have bought a car.* Wenn ich Geld gehabt hätte, hätte ich ein Auto gekauft.
- *If I had paid better attention, this wouldn't have happened.* Wenn ich besser aufgepasst hätte, wäre das niemals passiert.

Wenn Gott gewollt hätte, dass wir nackt herumlaufen, wären wir [auch] so geboren worden.

If you choke a smurf, what color does it turn?

Wer keine Luft bekommt, wird blau im Gesicht. Was aber, wenn, wie bei einem Schlumpf *(smurf)*, die natürliche Hautfarbe ohnehin schon blau ist?

Wenn man einen Schlumpf stranguliert, welche Farbe bekommt er dann?

Das Wort *to choke* (ersticken, würgen) wird auch dann benutzt, wenn man sich beim Essen verschluckt. Sollte sich tatsächlich ein festes Objekt in der Luftröhre verfangen haben und zu einem Erstickungsanfall führen, hat man in den USA eine bessere Chance als anderswo, mit dem Leben davonzukommen. Das in den USA schon bei Kindern bestens bekannte *Heimlich maneuver* sorgt seit 1974 dafür, dass praktisch jeder weiß, wie durch einen gezielten Griff mit Pressdruck unterhalb der Lunge die Luftröhre wieder vollständig frei gemacht wird. In TV-Serien und Filmen taucht das Heimlich-Manöver, benannt nach seinem Erfinder, dem amerikanischen Chirurgen Henry J. Heimlich (gesprochen *Heim-lick*), immer mal wieder auf, sehr zum Entsetzen unserer Übersetzer, die mit dem Begriff «Heimlich» rein gar nichts anfangen können.

If one synchronized swimmer drowns, do the rest have to drown too?

Synchronschwimmen ist eine wahrhaft bizarre Sportart.

Wenn ein Synchronschwimmer ertrinkt, müssen die anderen dann auch ertrinken?

You look like shit. Is that the style now?

Du schaust scheiße aus. Ist das jetzt modern?

3 kinds of people: those who can count & those who can't.

Drei Arten von Leuten: solche, die zählen können, und solche, die's nicht können.

Tipp! *People*, bitte schön, ohne Plural-s. *Three people*, drei Leute. *Three peoples* wären nämlich «drei Völker».

5 out of 4 people have a problem with fractions.

Tipp! *Fractions* sind Brüche (auch bei Knochen: *a fractured bone*), *factions* sind (politische) Fraktionen.

Fünf von vier Leuten haben Probleme mit dem Bruchrechnen.

Change is inevitable, except from a vending machine.

Die erste Bedeutung von *change*, die sich bei einem Muttersprachler ganz zwangsläufig durch den hier eingeführten Kontext einstellt, ist «Veränderung». *Change is inevitable*, «Veränderung ist unausweichlich / unvermeidbar». Dummerweise stürzt diese Bedeutung durch den Nachsatz in sich zusammen, denn plötzlich bedeutet *change* «Wechselgeld, Kleingeld». In den USA finden Sie in jedem Motel, an jedem Badestrand, in jeder Mall ein reiches Angebot an Getränkeautomaten, die allesamt brav verkünden: *Change given*, «Wechselgeld wird herausgegeben». Dummerweise lügen die Automaten manchmal und spucken keinen roten Heller aus. Ließe sich die Energie des kollektiven Zorns einfangen, der ob solcher Automatentricks durch die Seele des amerikanischen Volkes faucht, könnten davon mehrere Großstädte mit Strom beliefert werden.

Wechselgeld (Veränderung) ist unausweichlich, außer von einem Automaten.

Sofa King. What!?

Einer der enigmatischsten *Bumper*-Sprüche. Zwei Vorstufen braucht's zur Entschlüsselung.

- *So what?!* Was soll's! Ganz egal.
- *Where the fucking hell are my keys?* Wo zur gottverfluchten Hölle sind meine Schlüssel? *Fucking* wird hier ebenso seiner sexuellen Obertöne beraubt wie unser Lobeswörtchen «geil». *Fucking* verstärkt lediglich den Standardfluch *hell* (auch, euphemistisch, *heck*).

Wenn Sie nun dem Ausdruck *So what?!* Nachdruck verleihen wollen, schieben Sie ein dezentes *fucking* ein: *So fucking what!* Ist doch scheißegal!

Und jetzt lesen Sie einmal laut und ohne allzu lange Pausen die Worte *Sofa King. What!?* Aha, der Spruch ist einfach nur eine Tarnform für *So fucking what!* Fantastisch.

Ist doch völlig scheißegal!

The time not to become a father is eighteen years before a world war. E. B. White

Die [beste] Zeit, nicht Vater zu werden, ist achtzehn Jahre vor einem Weltkrieg.

Isn't Disney World a people trap operated by a mouse?

Mausefallen, *mouse traps*, werden gemeinhin von Menschen aufgestellt. Was aber, wenn eine Maus namens Mickey eine Falle installiert?

Ist Disney World nicht einfach eine Menschenfalle, bedient von einer Maus?

Consciousness: that annoying time between naps

[Bei vollem] Bewusstsein: die nervige Zeit zwischen den Nickerchen

Das Bei-vollem-Bewusstsein-Sein kann tatsächlich nervig sein. Vor allem dann, wenn im Fernsehen der *Annoying Man* läuft. Sein larmoyantes Dauergeknödel war Woche für Woche in der Comedy-Sendung *Saturday Night Live* zu hören. Für alle, die bis dahin das Wort *annoying* nicht kannten, war nach den Auftritten des *Annoying Man* alles klar: wahrhaft nervig. Für den Hausgebrauch sollten Sie sich einen Satz merken:

- *You're annoying me!* Du gehst mir auf die Nerven!

We the unwilling led by the unknowing are doing the impossible for the ungrateful.

Wir, die Unwilligen, geführt von den Unwissenden, tun das Unmögliche für die Undankbaren.

I used to be disgusted, now I'm just amused.

Tipp!

Grammatik-Klassiker: *used to.* Hat nichts mit *use* (benutzen, gebrauchen, ausnutzen) zu tun. Oft mühsam mit «pflegen zu» übersetzt, weil so die grammatische Struktur auch auf Deutsch nachgebildet werden kann: *I used to live here.* «Ich pflegte hier zu leben.» Besser: «Ich hab hier mal gewohnt.» In *used to* steckt der Gedanke, dass etwas einmal so war («einst»), und zwar über einen längeren Zeitraum hinweg.

Ich war früher immer nur angewidert, jetzt bin ich [einfach] nur amüsiert.

The Hunchback of Notre Dame's secret mantra: Oh mommy pat my hump.

Der Glöckner von Notre Dame – sein englischer Name *hunchback* heißt «Buckliger» – muss für ein etwas gequältes Wortspiel herhalten. Der tibetische Buddhismus leider auch. Das tibetische Mantra «Om mani padme hum» klingt, mit etwas phonetischer Fantasie, wie *Oh mommy pat my hump*, oh, Mama, tätschel meinen Buckel.

Des Glöckners geheimes Mantra: Oh, Mama, tätschel mir meinen Buckel.

Do they sterilize the needles for lethal injections?

Werden die Nadeln für die Todesspritzen sterilisiert? Und weist man Todeskandidaten auf die Gesundheitsgefährdung durch Rauchen hin, bevor sie ihre letzte Zigarette schmauchen? In 38 Bundesstaaten der USA gibt es die Todesstrafe, in 37 wird mit der Todesspritze hingerichtet. Aus humanitären Gründen.

Das *they* ist ein sehr unpersönliches «sie», das im Deutschen mit Passiv oder «man» gut zu übersetzen ist.

Does the name Pawlow ring a bell?

Ausgangspunkt ist eine bekannte Redewendung:

- *Does this ring a bell?* Kommt dir das bekannt vor? Klingelt's bei dir?
- *Does the name Fred Adaire ring a bell?* Kommt dir der Name Fred Adaire bekannt vor?

Der Name des russischen Reflexforschers Pawlow macht in diesem Zusammenhang besondere Freude, ließ er doch regelmäßig ein Glöckchen läuten *(to ring a bell)*, wenn der Hund sein Fressi bekam. Nach einer Weile genügte der Klang der Glocke, um dem Hund das Wasser im Munde zusammenlaufen zu lassen.

Klingelt's bei dir, wenn du den Namen Pawlow hörst?

Don't sweat the petty things, and don't pet the sweaty things.

Dieser Schüttelspruch klingt leider nur auf Englisch witzig. *Petty things* sind Nebensächlichkeiten, derentwegen es sich nicht lohnt zu schwitzen. *Sweaty things* hingegen sind verschwitzte Sachen.

Komm wegen Nebensächlichkeiten nicht ins Schwitzen und streichele keine verschwitzten Sachen.

A flashlight is a case for holding dead batteries.

Eine Taschenlampe ist ein Gehäuse zur Aufbewahrung leerer Batterien.

Shit happens.

Zusammen mit *Life's a bitch and then you die* wohl einer der populärsten Sprüche in Amerika.

In einer konkreten Situation bedeutet *Shit happens* «Pech gehabt, dumm gelaufen», soll *Shit happens* aber als philosophische Aussage zur Beschaffenheit unserer Welt dienen, lautet die Übersetzung:

Dumme Sachen passieren [eben immer wieder].

Doch die Amerikaner wären keine Amerikaner, wenn sie's bei so viel Pessimismus beließen: Jedes *Shit happens!* wird gedanklich fortgesetzt mit einem *Don't worry, life goes on!* «Mach dir keine Sorgen, das Leben geht weiter.» Man hüte sich davor, dem Spruch zu viel Bedeutung unterzuschieben. Er ist – trotz des derben *shit* – kaum mehr denn ein Achselzucken: «Was soll's?!»

Doo-doo occurs.

Die vornehme und zugleich witzige Umschreibung von *Shit happens.* Statt «Scheiße passiert» heißt es jetzt:

Ein Hundehäufchen kommt mal vor.

Dog doo ist eine erste deutliche Abschwächung des derben *dog shit.* Mit *doo-doo* wird's dann noch braver. Der Begriff entstammt jener seltsamen Art von Babysprache, die komischerweise nicht für Menschenbabys – bei denen heißt es *poo-poo* – gedacht ist, sondern für das Gespräch zwischen Herr und Hundetier.
Auch außerhalb des Hundeexkrements sorgt sich der öffentliche Sprachgebrauch sehr um Ausdrucksformen, die nirgends anecken: Aus der *toilet* wird der *bathroom* oder *restroom*, aus *to die* macht man *pass away. Dirty words* (schmutzige, vulgäre Wörter) sind ebenso tabu wie alles, was politisch nicht korrekt ist. Doch unter der sprachlich regulierten Oberfläche brodelt es gewaltig: Der soziale Regelverstoß beim privaten Fluchen wird insgeheim sehr genossen. In Filmen ergötzt man sich an der zuweilen recht derben Sprache – selbst wenn Oma sich später natürlich nicht mehr an ihre wohligen Schauer erinnern mag und über die vielen schlimmen *f-words* schimpft. Ein bisschen Doppelmoral ist eben doch ein ungeheurer Spaßfaktor.

I make shit happen.

Ich sorge dafür, dass hier was abgeht.

He who laughs last thinks slowest.

Spielt an auf *He who laughs last laughs longest.* «Wer zuletzt lacht, lacht am längsten (besten).»

Tipp! Der Relativsatz mit *who* ist für Personen reserviert – unser Spruch zeigt das sehr schön. Für Gegenstände, aber auch für die Katze im Haus, sollten Sie *which* oder *that* benutzen: *The cat which catches mice …*

Wer zuletzt lacht, denkt am langsamsten. Wörtlich: **Er, der zuletzt lacht, denkt am langsamsten.**

After I cook the vegetables, what do I do with the wheelchairs?

Erst wenn wir bei *wheelchair* angekommen sind, bemerken wir, dass *vegetable* hier nicht Gemüse heißen kann. Gemeint sind vielmehr die müde Dahinvegetierenden, Menschen, die nach Unfällen oder (Schlag-)Anfallen ihrer mentalen Fähigkeiten so weit gehend beraubt sind, dass sie bestenfalls noch als Bundesligatrainer einer geregelten Arbeit nachgehen könnten. Ein bitterböser Spruch also, der uns da begegnet ist:

Nachdem ich das Gemüse (behinderte Volk) gekocht habe, was soll ich dann mit den Rollstühlen machen?

So many pedestrians, so little time.

Tipp! Man beachte, dass «wenig» hier mit *little* übersetzt werden muss. So wie *many* und *much* stehen auch *few* und *little* in einem grammatischen Wechselverhältnis, das auf Zählbarkeit achtet. Deshalb:

- *I have very little time/money/patience* (Geduld). Nicht zählbar: *little.*
- *I have a few minutes/dollars.* Sehr wohl zählbar: *few.*

So viele Fußgänger, so wenig Zeit [, um sie alle umzufahren].

Education

If you can read this, thank your teacher.

Lehrer werden in den USA viel gelobt für ihren aufopferungswürdigen Einsatz, durften 1986 zur Belohnung mit dem *Space Shuttle* ins All fliegen (dumm nur, dass das Gefährt auf dem Weg dorthin explodieren musste) und bekommen regelmäßig *awards* (Auszeichnungen, Preise) verliehen. All das nur, um über eines hinwegzutäuschen: Die meisten Lehrer werden wirklich mies bezahlt. Darüber kann auch unser Aufkleber nicht hinwegtäuschen:

Wenn du das lesen kannst, danke deinem Lehrer.

Mr. President, Declare war on Afganastan! (!)
NY's Heroe's (!)

Zwei handgeschriebene Schilder, die direkt nach dem Terroranschlag auf das World Trade Center in New York zu sehen waren. Die oft zitierte amerikanische Psyche, die am 11. September 2001 einen ähnlichen Knacks erhalten hat wie die japanische am Tag des Bombenabwurfs über Hiroshima, suchte an diesem und den folgenden Tagen vor allem – und das ist ebenso menschlich wie doof – nach zweierlei: nach Schuldigen, an denen man sich rächen wollte, und nach Helden, an denen man sich moralisch wieder aufrichten konnte. Gefunden wur-

den dabei die eigenen Unzulänglichkeiten, vor allem in der Rechtschreibung.
Für die Rache steht Schild eins:

Mr. Präsident, erkläre Affkaniestan (!) den Krieg.

Afghanistan wäre die korrekte Schreibweise gewesen, doch im Mahlstrom der Gefühle achtet wohl niemand auf die Orthographie. Aber auch ohne emotionale Wirrungen liegen viele mit der Rechtschreibung im Clinch. So kommt es, dass wir armen Nicht-Muttersprachler immer wieder Probleme haben, schriftliche Äußerungen von Muttersprachlern zu verstehen. Manche Amerikaner neigen etwa dazu, gleich klingende Wörter miteinander zu verwechseln – ähnlich wie wir im Deutschen «seit» und «seid» oder «dass» und «das» vertauschen. Beispiel:

- *I went to there* (!) *house.*

Hier möchte jemand sagen: «Ich fuhr zu ihrem Haus.» Korrekt wäre folglich *their* (ihr) statt *there* (dort). Der Gleichklang führt zu diesem Patzer. Manche schreiben gar *they're* (kurz für *they are*), denn das klingt ebenfalls wie *their* und *there.* Man sieht: Wer eine Fremdsprache wirklich beherrschen möchte, muss auch um die Fehler der Einheimischen wissen.

Das zweite Schild trennt ein s von *heroes* ab, das nicht abzutrennen ist: das Plural-s. *One hero, two heroes.* Allerdings, Gott sei's geklagt, habe ich auch schon Deutsche gesehen, die «drei Foto's» geschrieben haben. Oder einen Laden in Mutterstadt, der sich «Dies und Da's» nannte.
Damit wir uns richtig verstehen: Alle Schreibfehler in diesem Buch gehen natürlich auf das Konto des Satzstudios.

i souport publik edekasion (!)

Um den Ruf der amerikanischen Schulen steht es nicht zum Besten, dafür sorgen, unter anderem, auch Schreibfehler wie die oben angeführten. *Public transportation* und *public education* – öffentlicher Personen(nah)verkehr und staatliche Ausbildung – gelten nicht gerade als Symbole robuster Qualität. Fast schon alltäglich sind Berichte von College-Absolventen, die sich durch ihre vier Hochschuljahre gemogelt haben, ohne vernünftig lesen zu können, dafür aber als Stütze der Basketball- oder Footballmannschaft unverzichtbar waren. Die Colleges drücken gerne mal ein Auge zu – solange der lese- und rechenschwache Zögling die Basketball- oder Footballmannschaft von Sieg zu Sieg führt.

Wer das Geld hat, schickt seine Kinder deshalb lieber auf private Schulen oder Hochschulen, betrachtet das als Investition in die Zukunft und kümmert sich nicht weiter um die Misere des öffentlichen Bildungswesens.

Den Aufkleber sollten Sie inzwischen entziffert haben: *I support public education.*

isch understühtze dass schtaatlische Bilduncksssystem.

Huked ON Fonix Reely wurkz fur me.

Dass die englische Rechtschreibung nicht ganz problemlos ist, war schon von G. B. Shaw zu hören. Wie schreibt man *fish?* Ganz einfach: *ghoti. Gh* wie der F-Klang in *rough* oder *cough, o* wie in *women, ti* wie in *station.* Linguisten, die ob solcher Absonderlichkeiten behaupten, dass schriftliche Formen den Blick auf eine Sprache verstellen, liegen offensichtlich nicht ganz daneben.

Für Kinder können die englischen Schreibkonventionen albtraumartige Dimensionen annehmen. Gut erinnere ich mich an einen Kinderaufsatz, in dem *illegal* frei nach Gehör als *eeleagle* wiedergegeben wurde. Was sich ganz drollig als «Aal-Adler» übersetzen lässt.

Mit *Hooked on Phonics,* einer Lehrmethode, die zum Lesenlernen eine stets eindeutige Lautschrift verwendet – alles wird gelesen, wie es dasteht –, sollen die Schwierigkeiten traditioneller Unterrichtsansätze vermieden werden. Kritiker freilich behaupten, *Hooked on Phonics* verschlimmere alles nur noch. Den Kids werde der Blick auf die richtige Schreibung verstellt, am Ende könnten sie nur noch in *phonics*, der Lautschrift, schreiben. Genau dies legt unser Sticker nahe:

Di fonetische Mähtode hatt bei mihr priema geklabpt.

To be hooked, auf etwas sehr versessen sein, lässt sich von *hook*, Haken, ableiten. Wer am Haken hängt, kommt von ihm nicht mehr so leicht los. *Hooked on Phonics* heißt also sinngemäß: Ich komme von der Lautschrift nicht mehr los, ich bin ganz verrückt danach, finde *phonics* ganz klasse.

- *I'm hooked on video games.* Ich bin süchtig nach Videospielen.
- *Once I tried gummi bears, I was hooked.* Kaum hatte ich Gummibärchen probiert, war ich ganz versessen [nach ihnen].

My kid beat up your honor student.

Stolze US-Eltern pappen sich gerne einen Aufkleber aufs Auto, der verkündet, was für eine Kanone der Sprössling in der Schule ist. Nahezu alle amerikanischen *high schools* haben zu diesem Zweck den passenden Aufkleber parat: *My child is an honor student at Jefferson High School.* (In den USA werden auch Schüler als *student* bezeichnet.) *Honor student* (wörtlich: Ehren-Schüler) wird, wer sich durch gute Noten und durch aktive Teilnahme an Projekten *(extracurricular activities)* vom Gros der Durchschnittsschüler abhebt. Der obige Aufkleber hat freilich nichts übrig für strebsame *honor students* und noch weniger für prahlerische *Honor-student*-Aufkleber:

Mein Kind hat deinen Ehren-Schüler verprügelt.

Wer's deftiger mag, greift zu den bösartigeren Varianten:

- *My kid sold drugs to your honor student.* Mein Kind hat deinem *honor student* Drogen verkauft.
- *My kid fucked your honor student.* Mein Kind hat deinen *honor student* gebumst.

- *My son knocked up your honor student.* Mein Sohn hat deine *honor student* geschwängert.

My child was inmate of the month at county jail.

Die erste Vorlage für diesen schönen Sticker, den es auch als T-Shirt gibt, kennen Sie bereits: *My child is an honor student.* Nun kommt ein zweites Element hinzu: *student of the month,* Schüler/in des Monats. Wer diesen Ehrentitel 20 Werktage lang trägt, darf auf dem Lehrerparkplatz parken (unter einem Schild mit der Aufschrift *Student of the month*) und sich freuen, dass er so schneller im Schulgebäude ist als seine Mitschüler. Dass US-Schüler mit dem Auto zur Schule kommen, ist ab dem 16. Lebensjahr die Regel. Mit der entsprechenden *permit* (Genehmigung) darf man schon mit 15 üben, vorausgesetzt, ein Führerscheinbesitzer sitzt auf dem Beifahrersitz und die Fahrübungen finden bei Tageslicht statt. Der Beifahrersitz, um auch das gleich anzufügen, hört in Schülerkreisen auf den schönen Slang-Namen *shotgun,* Schießgewehr. Wer zuerst *Shotgun!* ruft, reserviert sich den Platz vorne, die Mitfahrer müssen grummelnd hinten einsteigen.
Der *student of the month* erinnert verdächtig an den *employee of the month,* der oder die Angestellte des Monats, wie Sie ihn beispielsweise bei McDonald's an der Fotowand finden können.

Mein Kind war Sträfling des Monats im Kreisgefängnis.

I'm the guy your parents warned you about.

Tipp!

I'm the guy [that/whom] your parents warned you about. Das Relativpronomen *that* fehlt einfach. Passiert sehr oft, so oft, dass wir uns noch ein paar Beispiele anschauen sollten. Achtung, *that* kann nur wegfallen, wenn das Subjekt im Nebensatz steht:

- *He's the person [that/whom] I talked to.* Er ist derjenige, mit dem ich gesprochen habe. Subjekt ist *I*, deswegen kann das Relativpronomen entfallen.

- *The letter [that] you sent us last week, hasn't arrived.* Der Brief, den Sie uns letzte Woche geschickt haben, ist [noch] nicht angekommen.

Grammatik-Hardliner bestehen oft auf *whom*, schließlich haben wir es ja mit dem Objektfall zu tun:

- *He's the person whom I talked to.* Er ist derjenige, mit dem ich gesprochen habe.

Wir sind da großzügiger. Tun Sie, was Ihnen Spaß macht. Den Amerikanern jedenfalls macht *that* mehr Spaß.

Ich bin der Typ, vor dem euch eure Eltern gewarnt haben.

Religion

TV evangelists do more than lay people.

Das Wort *layman* (ein Nicht-Geistlicher oder ganz allgemein ein Laie) wird gewöhnlich als ein Wort geschrieben, so wie auch *laypeople* (Laien). Damit der Scherz funktioniert, werden *lay* und *people* separiert, und schon wird's doppeldeutig: Die erste, ernsthafte Übersetzung lautet:

Fernsehprediger tun mehr als Laien.

Steht aber das *lay* allein, lässt es sich als *to lay* und damit auch als «flachlegen, vögeln» verstehen:

Fernsehprediger tun mehr, als [einfach] nur die Leute flachzulegen.

Televangelists: the Pro Wrestlers of religion

Der Begriff *televangelists* ist eine übliche Verkürzung für *television evangelists.* Seit Lewis Caroll, dem Autor von *Alice in Wonderland,* nennen sich derartige Wortverschmelzungen *portmanteau words,* und die englische Sprache ist voll von ihnen. Am bekanntesten sind wohl *motel,* gebildet aus *motor* und *hotel,* und *smog* (*smoke* und *fog*).
Televangelists sind TV-Prediger, die im Rahmen ihrer Fernsehauftritte ein derartiges Theater veranstalten, dass man, was die Showeffekte angeht, sich durchaus an die Einsätze der Profi-Catcher (oder -Wrestler) erinnert fühlen kann: Was die *World Wrestling Federation (WWF)* veranstaltet, hat mit Ringen ebenso wenig zu tun wie das Gehabe der *televangelists* mit Religion.

Fernsehprediger: die Profi-Ringer der Religion

John 3:16. Accept no substitutes.

John 3:16 ist bereits ein *running gag* geworden. Auf irgendeiner Stadiontribüne – sei es in der Realität oder in TV-Serien wie den *Simpsons* – sitzt immer ein frommes Sektenmitglied mit einem *John-3*:16-Schild und verweist damit auf das Johannes-Evangelium, drittes Kapitel, Vers 16. Was da genau steht, interessiert eigentlich keinen. Witzig ist allein, dass da wieder so ein Frömmler meint, er müsse das Wort Gottes ausgerechnet während eines Footballspiels unters Volk bringen. Inzwischen ist es so weit, dass auf jeden echten *John-3:16*-Träger ein Dutzend Scheinheilige kommen, die nur aus Jux einen Aufkleber oder ein T-Shirt mit *John 3:16* durch die Gegend führen.
Der Zusatz *Accept no substitutes* kann sowohl ernst als auch ironisch gemeint sein. Ursprünglich stammt er aus der Werbung und heißt sinngemäß: «Greifen Sie zum Originalprodukt.»

Johannes 3:16. Akzeptieren Sie keine Imitationen.

As long as there are tests, there WILL be prayers in public schools.

Solange es Tests gibt, wird es auch Gebete in öffentlichen Schulen geben.

Die Übersetzung hilft dem Verständnis nur wenig. Vollends verwirrend wird es, wenn man weiß, dass in den öffentlichen Schulen sämtliche Gebete verboten sind. Was also will uns dieser Aufkleber sagen?
Beginnen wir mit dem Thema *separation of church and state.* Die verfassungsrechtlich vorgeschriebene «Trennung von Kirche und Staat» verhindert bis dato jegliche Form von Schulgebet in den *public schools*, den öffentlichen Schulen. Kruzifixe haben im Klassenzimmer nichts verloren, ebenso wenig wie morgendliche Gebete. Zwar drängen konservative Politiker immer wieder auf die Einführung eines *school prayer* (Schulgebet), liberale Kräfte beharren jedoch darauf, Gebete in Heim, Hof und Kirche zu belassen. So sind amerikanische Schulen auch kein Ort fürs Religiöse. Religionsunterricht gibt es nicht, wer ihn dennoch braucht, geht in die *Sunday school*, die von den Kirchen eingerichteten sonntäglichen Unterweisungsstunden für Kinder.
Neben den *public schools* gibt es in den USA zahlreiche *private schools*: Anders als die öffentlichen Schulen dürfen private Schulen, von denen viele einen kirchlichen Träger haben, ihre Schützlinge durchaus zum Schulgebet antreten lassen. Das gilt dann als Privatangelegenheit.
Damit wird die konservativ-christliche Stoßrichtung unseres *bumper sticker* deutlich: Gerne sähe er ein offizielles Schulgebet, doch nach Lage der Dinge muss er sich mit den stillen Gebeten zufrieden geben, die bei Prüfungen gen Himmel geschickt werden. Immerhin, so freut sich unser Sticker, kann uns der böse weltliche Staat das nicht verbieten.
Unsere europäische Nachlässigkeit beim Kirchgang ist für viele Amerikaner verblüffend. Die 8000-Seelen-*town* im Bundesstaat Wisconsin, in der wir vor einigen Jahren wohnten, hatte ein Dutzend bestens besuchter Kirchen. Baptisten, Apostolen, Zeugen Jehovas, Lutheraner, Katholiken haben ihre eigenen Gotteshäuser, eine kollektenfreudige Klientel und damit auch Geistliche mit guten Einkommen.

I don't attend. «Ich besuche [den Gottesdienst] nicht» ist meine liebste Antwort, wenn – was selten vorkommt – in den USA nach meinen religiösen Präferenzen gefragt wird. Austauschschüler, die in die USA wollen, sollten sich diesen Satz merken. Denn dann können sie sonntags länger schlafen.

Salvation. Don't leave earth without it.

Exakte Replika eines klassisch gewordenen Werbespruchs von AmEx: *American Express. Don't leave home without it.* Gehen Sie nicht ohne sie [die American-Express-Reiseschecks / -Kreditkarte] weg. Im Dienste christlicher Missionierungsarbeit heißt es dann:

Erlösung. Gehen Sie nicht ohne dieselbe von dieser Erde.

Geez if you believe in Honkus.

Das fromme Original lautet *Honk if you believe in Jesus.* «Hupe, wenn du an Jesus glaubst.» Die Parodie ergibt nur wenig Sinn, klingt aber dank des Laut- und Buchstabenverdrehers ausgesprochen drollig. *Geez!* ist nichts weiter als *Jesus!* und damit das Gegenstück zum süddeutschen «Jessesmaria!», also eine Gottesanrufung vom Kaliber «Himmel hilf!». Ausgesprochen wird *Geez!* weich wie in «Jeans», dazu wird es noch schön lang gezogen: *Geeeeez!* Mit *Geez* erschöpfen sich dann aber auch die erklärbaren Wörter. Entsprechend fällt die deutsche Fassung aus:

Jesusse, wenn du an Hupus glaubst.

Heck is where people go who don't believe in Gosh.

Wer *Geez!* kennt, kennt auch *Gosh!* So wie *Geez!* für Jesus steht, steht *Gosh!* für Gott. Freilich nur in Stoßseufzern und Flüchen:

- *Oh my Gosh!* Um Gottes willen!

Gosh, Geez und *heck* (von *hell,* Hölle) verdanken ihre Popularität dem Gedanken, dass es Sünde ist, den Namen Gottes zum Fluchen heranzuziehen. So wird aus *Oh my God!* ein verhüllendes *Oh my Gosh!* Ähnlich wird aus *damned* ein *darn,* im Deutschen aus «verflucht» ein «verflixt». Andererseits fluchen anständige, gottesfürchtige Menschen ja ohnehin nicht, deswegen ist – so die theologische Begründung – jedes *Gosh* und *Geez* an sich schon Sünde.

Unser Sticker macht sich einen Jux aus alldem und übernimmt *Gosh* und *heck* in ein theologisches Bekenntnis. Übersetzen lässt sich das nur sehr annähernd:

Verflixte Hölle ist da, wo die hingehen, die nicht an Herrgott noch einmal glauben!

God's last name is not Dammit!

Fast glaube ich, der Aufkleber könnte ernst gemeint sein: Die durchaus verbreiteten Flüche sakraler Provenienz werden von gläubigen Christen vehement abgelehnt: Ist einem mal ein *Goddamnit!* (Gottverflucht!) herausgerutscht, muss man sich belehren lassen, den Namen Gottes bitte nicht unnötig in den Mund zu nehmen: *Do not take the name of God in vain.*

Dennoch muss mit folgenden Flüchen gerechnet werden:

- *Goddamnit!*
- *Jesus fucking Christ!*
- *Where are the goddamn keys?*

Auf Formularen stößt man gelegentlich auf *surname* für «Nachname», doch niemand wird Sie je nach Ihrem *surname* fragen. Die Frage lautet ausnahmslos: *What's your last name?*

Gottes Nachname ist nicht Verflucht!

Born-again pagan

Eine Reaktion auf die grassierende Wiedertäuferei, die aus gottlosen Gesellen ratzfatz fundamentalistische Super-Christen vom Schlage eines Cliff Richard macht. *Born-again Christians*, wiedergeborene Christen, sind, wie alle Konvertiten, in ihrer übermäßigen Beseeltheit ähnlich unerträglich wie frisch gebackene Nichtraucher und verdienen deshalb die obige Verhöhnung ohne Wenn und Amen:

Wiedergeborener Heide

If there is no God, who pops up the next Kleenex?

Gottesbeweise sind, nicht erst seit Leibniz und Kant, eine vertrackte Sache. Dieser hier aus *God's own country* macht es uns einfach.

Wenn es [wirklich] keinen Gott gibt, wer schiebt dann immer das nächste Kleenex nach?

Um diese Argumentation zu verstehen, braucht man weniger theologische denn landeskundliche Kenntnisse. Oder man muss Kleenex-Kunde sein. Dann weiß man, dass die 20 auf 10 cm großen Kartons derart geschickt gefaltete *tissues* (Papiertücher) enthalten, die immer schön nacheinander in der Öffnung erscheinen. Kaum hat man eins herausgezogen, lugt schon das nächste hervor.

Coffee: Still legal in Utah.

Von Autoaufklebern darf man keine differenzierten Aussagen zum Thema Religion erwarten – wohl aber zum Kaffeegenuss. Während Polygamie auch im Mormonenstaat Utah offiziell verboten ist, steht dem Genuss von Kaffee nichts im Wege – vorausgesetzt, man ist kein Mormone. Nicht-Mormonen können eine ganz normale, koffeinierte *Coke* trinken, Mormonen müssen auf die koffeinlose Variante *Coke free* ausweichen.

Religions of the World
Taoism: **Shit happens.**
Hinduism: **This shit happened before.**
Confucianism: **Confucius say «Shit happens.»**
Buddhism: **If shit happens, it really isn't shit.**
Zen: **What is the sound of shit happening?**
Islam: **If shit happens it is the will of Allah.**
Jehovah's Witnesses: **Knock, knock, «Shit happens.»**
Atheism: **There is no shit.**
Agnosticism: **I don't know whether shit happens.**
Protestantism: **Shit won't happen if I work harder.**
Catholicism: **If shit happens, I deserved it.**
Judaism: **Why does shit always happen to us?**

Die Wendung *shit happens* hatten wir bereits ausführlich besprochen. Dieser etwas längere Text knöpft sich einige Glaubensrichtungen vor und überprüft sie auf ihren *Shit*-Faktor. Das ist nicht schwer zu verstehen. Nur das *knock, knock* der Zeugen Jehovas sollte kurz erläutert werden. Während die Zeugen bei uns eher zum Inventar schwach belebter Fußgängerzonen gehören, setzen sie in den USA überwiegend auf Hausbesuche: «Klopf, klopf.»

Jesus loves you, but everyone else thinks you're an asshole.

Jesus liebt dich, aber alle anderen denken, du bist ein Arschloch.

How much sin can I get away with and still go to heaven?

- *He got away with murder.* Er ist trotz Mordes ungestraft davongekommen.
- *You think you can get away with it, but your boss will eventually find out.* Du denkst, das merkt keiner, aber dein Chef wird es schließlich doch herauskriegen.

Mit wie viel Sünde kann ich ungestraft davonkommen und noch in den Himmel gelangen?

My husband and I divorced over religious differences. He thought he was God, and I didn't.

Mein Mann und ich haben uns wegen religiöser Differenzen scheiden lassen. Er dachte, er sei Gott, und ich [dachte das] nicht.

Get your rosary off my ovary.

Schön, dass sich Rosenkranz und Eierstöcke im Englischen so gut reimen, sonst wäre dieser antikatholische Spruch nur halb so schön. Der Ausdruck *get off (of) something/someone* kann durchaus praktisch sein:

- *Get your hands off me.* Lass deine Finger von mir. Verbale Verteidigung, wenn man angegrabscht wird.

Nimm deinen Rosenkranz von meinen Eierstöcken.

If you can't trust me with a choice, how can you trust me with a child?

I'm Pro-Life lautet die Kurzformel, mit der sich die Gegner der Abtreibung schmücken, gedacht als Replik auf den Namen, den sich die Abtreibungsbefürworter gegeben haben: *Pro-Choice*, für eine Wahlmöglichkeit. Beide Blöcke und ihre Organisationen befehden sich seit Jahrzehnten unerbittlich, kein Amerikabesucher entgeht ihrer Propaganda. Hier nun die kluge Frage einer *Pro-Choice*-Abtreibungsbefürworterin:

Wenn du mir nicht [einmal] zugestehst, eine Wahl zu treffen, wie kannst du mir [dann] ein Kind anvertrauen?

Make it idiot-proof and someone will make a better idiot.

Mal wieder ein Ausdruck, der ganz wie im Deutschen funktioniert: *idiot-proof*, narrensicher. Auch *fool-proof* geht, das kommt dem Deutschen dann noch näher.

Mach's narrensicher, und jemand wird einen besseren Narren machen.

Okay, who stopped the payment on my reality check?

Dieser kleine Satz hat's in sich. Zuerst einmal erfordert er einen Ausflug ins amerikanische Bankwesen. Mit Überweisungen *(direct deposits)* haben die Amerikaner meist wenig am Hut. Man zahlt mit Schecks, egal ob Strom-, Kreditkarten- oder Handwerkerrechnung. Dumm wird's, wenn ein Scheck nicht gedeckt ist. *My check bounced*, mault man dann. Wörtlich: «Mein Scheck ist zurückgehüpft.» Die Bank sag-t's formeller: *We had to stop payment on your check*, wir mussten die Zahlung Ihres Schecks einstellen. Und verlangt dafür satte Strafgebühren. Das Überziehen *(to overdraw)* eines Girokontos *(checking account)* ist grundsätzlich nicht vorgesehen, für den Kreditrahmen sind allein die Kreditkarten zuständig.

Als Nächstes muss erwähnt werden, dass ein *reality check* nichts mit einem Scheck zu tun hat, sondern mit der Überprüfung der Realität. Wer traumtänzerisch durchs Leben schwebt oder durch eine unbedachte Äußerung den Anschein erweckt, die Bodenhaftung verloren zu haben, den rufen wache Amerikaner mit *Reality check, please!* wieder in die wirre Wirklichkeit zurück.

Um Menschen auf den Boden der Realität zurückzuholen, gibt es im Englischen noch mehr vorzüglich geeignete Mittel:

- *Huh-loh!* Ein lang gezogenes «Hallo», in tiefer als normaler Stimmlage, mit lang gezogenem *-loh.*
- *Hello, Earth to Mars.* Fast so gut wie *Houston, we've got a problem.* «Erde an Mars» soll zeigen, dass die Kommunikation arge Probleme

bereitet, weil Mars – in Träumen versunken – mal wieder nicht antwortet.

- *Get real!* Wörtlich: «Werde wirklich!», jetzt komm mal wieder auf den Boden der Tatsachen zurück. Auch möglich als Ausruf mit der Bedeutung: «Mach Sachen! Das gibt's ja wohl nicht!»
- *Which planet are you living on?* Auf welchem Planeten lebst du denn?

Die Bedeutung unseres Aufklebers spielt mit der Doppelbedeutung von *check* als «Scheck» beziehungsweise «Überprüfung». Oder anders: *Reality* wird frech als Währung angenommen, auf die ein Scheck ausgestellt ist, der dann nicht eingelöst wird. Der Aufkleber erklärt uns – wenngleich etwas kompliziert –, dass sein Besitzer den Bezug zur Wirklichkeit verloren hat.

Also, wer hat die Zahlung meines Realitäts-Schecks eingestellt?

Sex, the other sex, and carpenters

Women have to be in the mood. Men just have to be in the room.

Mood: «Stimmung, Laune». *To have to:* «müssen». Ja, *to have to* heißt wirklich nicht «haben», sondern «müssen».

- *I have to use it.* Wörtlich: Ich muss es benutzen. Sinngemäß: Ich muss es (das Kloschüsselchen) mal benutzen.
- *I have got to use it.* Wie oben, nur noch dringlicher: Ich muss mal dringend (aufs Örtchen).

I'm not in the mood kann in den verschiedensten Situationen eine willkommene Ausrede abgeben. Wer nicht mit ins Kino mag, der redet sich so raus:

- *Thanks but no thanks. I'm just not in the mood.*

Unser Aufkleber nutzt dieses Vokabular, um einen zentralen Unterschied zwischen Mann und Frau festzustellen:

Frauen müssen in Stimmung sein. Männer müssen einfach nur im [selben] Zimmer sein.

Sorry, I don't date outside my species.

Dating, mit jemandem ausgehen, ist ein in den USA relativ fest gefügtes Ritual mit zahlreichen, wenn auch unausgesprochenen Regeln. Etwa der, dass der Mann zahlt – es sei denn, man hat zuvor *Let's go Dutch* vereinbart. «Holländisch gehen» heißt, dass jeder seine eigene Zeche zahlt. Eine weitere unausgesprochene Regel heißt, dass spätestens nach dem dritten Date die Intimitätsrate dramatisch ansteigt (bis hin zum gemeinsamen Bettbesuch). Der Aufkleberspruch hilft immer dann, wenn ein Rendezvous erst gar nicht stattfinden soll:

Tut mir Leid, aber ich gehe nicht mit jemandem außerhalb meiner eigenen Spezies aus.

Real feminists go Dutch!

Übrigens scheint etwas dran zu sein, dass ausgerechnet die Holländer so sparsam sind. Die Bibel aller Sparstrümpfe – «Wie werde ich ein echter Geizhals? So knausern Sie sich reich» – stammt von zwei Holländern.

Echte Feministinnen zahlen ihre eigene Rechnung.

Sex is like pizza. Even when it's bad it's still pretty good.

Dass mit *pretty* hier nicht das Adjektiv «hübsch» gemeint sein kann, ist offensichtlich. Unser *pretty* heißt «ziemlich» oder «recht»:

- *Today I feel pretty good.* Heute fühle ich mich ziemlich gut. (Das könnte ein Kranker sagen, dem es wieder besser geht.)

- *Try again. You're doing pretty well.* Probier's nochmal. Du machst das schon recht gut. (Die ermutigenden Worte einer Lehrerin zum unbedarften Schüler.)

Sex ist wie Pizza. Auch wenn er/sie schlecht ist, ist er/sie noch ziemlich gut.

Sex is the most fun you can have without laughing.

Sex ist der größte Spaß, den man haben kann, ohne zu lachen.

I gave up bowling for sex. The balls are lighter and I don't have to change my shoes.

Die Doppelbedeutung von *ball* (Ball, Kugel, Eier – im Sinn von Hoden) sorgt für den halben Witz:

Ich habe Bowling zugunsten von Sex aufgegeben. Die Kugeln (Eier) sind leichter, und ich muss keine anderen Schuhe anziehen.

Women! Can't live with them, can't live without them.

Frauen! Mit ihnen kannst du nicht leben, ohne sie auch nicht.

Women! Can't live with them, can't haul off and shoot them.

Dass man diesen Brutalo-Scherz gelegentlich an Pick-ups sehen kann, stimmt nachdenklich. Gehen wir einmal davon aus, dass es dem Besitzer nur um den Schockwert geht:

Frauen! Du kannst nicht mit ihnen zusammenleben, du kannst sie [aber auch] nicht fortschleppen und erschießen.

According to my wife I'm very happy.

Laut meiner Frau bin ich sehr glücklich.

It used to be wine, women and song; now it's beer, the old lady and TV.

Einst war es Wein, Weib und Gesang; jetzt ist es Bier, die Alte und Fernsehen.

I still miss my ex. But my aim is improving.
I still miss my ex-wife, but my aim is getting better.

Auf den ersten Blick stellt sich Rührung ein: *I still miss my ex.* «Mir fehlt mein Ex noch immer.» Doch zu dieser Bedeutung mag der zweite Satz nicht so recht passen: «Aber ich ziele schon viel besser.» Also wieder einmal eine Doppelbedeutung: *I miss him*, er fehlt mir. *I miss him*, ich verfehle ihn, ich treffe ihn nicht (beim Schießen).

Mir fehlt mein/e Ex noch immer. (Ich verfehle meine/n Ex noch immer). Aber ich ziele schon viel besser.

Divorce: The screwing you get for the screwing you got.

Selbst wer im US-Slang nur über Grundkenntnisse verfügt, weiß, dass *to screw* nicht nur für das Tätigkeitswort «schrauben» steht, sondern auch für «vögeln», «mausen» oder auch «pimpern».
Neu hinzu kommt nun noch die Bedeutung «übers Ohr gehauen werden» oder «über den Tisch gezogen werden». Wer *I got screwed* sagt, will damit nicht auf zuvor genossenen Geschlechtsverkehr hinweisen, sondern sagen, dass er «die Arschkarte gezogen» hat, kurz: dass er – und das geht wohl auch auf Derbdeutsch – «gefickt» wurde.

Unser Aufkleber will den Begriff Scheidung *(divorce)* definieren. Auf Deutsch klingt das etwa so:

Scheidung: Jetzt wirst du gefickt für das Ficken, das du (einst) gekriegt hast.

Sure, I'll respect you in the morning. What was your name?

• *What was your name again?* Wie war Ihr Name gleich wieder?
Eine praktische Nachhakefrage, wenn man mal den Namen nicht richtig verstanden hat. Jeder Ausländer in den USA, wenn er nicht gerade Thomas oder Frank heißt, dürfte des Öfteren mit dieser Frage konfrontiert werden. Auch ein *Come again!* (Nochmal!) oder ein *Excuse me?* sind möglich, wenn man etwas nicht richtig verstanden hat.
In der Situation, die unser Aufkleber suggeriert, ist die wiederholte Frage nach dem Namen natürlich ein schlimmer *faux pas.* Das Feuer der männlichen Fleischeslust verzehrt wieder einmal jedes Zartgefühl. Er will sie so schnell wie möglich in die Kiste kriegen, sie hat – bei so viel Triebwerksgeschwindigkeit – Angst, er werde sie am nächsten Morgen nur als *easy lay* (leicht Flachzulegende) und folglich ohne jeden Respekt behandeln. Doch da hat sie ihn unterschätzt:

Klaro, ich werde dich auch morgen noch respektieren. Wie heißt du gleich wieder?

Framers can bang all day.

Handwerk hat goldenen Boden. Ein *framer* (Zimmermann, der das Innengerüst amerikanischer Holzhäuser baut) «kann den ganzen Tag lang hämmern». So die unverfänglichste Art, diesen Aufkleber zu übersetzen. Doch *to bang* (auch: knallen) hat eine sexuelle Nebenbedeutung, etwa in *a gang bang*, Gruppensex-Orgie.

Rahmenbauer können den ganzen Tag lang nageln (bumsen).

Woodworkers make the best studs.

Mit *make* ist nicht immer nur ein einfaches «Machen» gemeint:

- *He will make a good father.* Er wird einen guten Vater abgeben.

Ein *woodworker* liegt bedeutungsmäßig irgendwo zwischen Schreiner und Zimmermann. Dass Zimmerleute die besten Pfosten, Ständer oder Holznägel – alles Bedeutungen von *stud* – machen, glauben wir unbesehen.

Nun kommt aber hinzu, dass ein *stud* auch ein Zuchthengst ist, in Fachkreisen bekannt unter dem hübschen Fachbegriff «Beschäler». Womit wir die ferkelige Bedeutung vollständig erschlossen hätten:

Zimmerleute geben die besten Hengste ab (machen die besten Stützen).

I'm looking for true love, but I'll settle for cheap sex.

Dieser Aufkleber beeindruckt durch seinen souveränen Umgang mit verschiedenen Zeitformen. In der deutschen Übertragung findet sich wieder mal nur die schlichte Gegenwart:

Ich suche nach wahrer Liebe, aber gebe mich auch mit billigem Sex zufrieden.

Tipp! Im Englischen muss differenziert werden, wo bei uns nur schlichtes Präsens steht. Findet die Handlung *(to look for)* augenblicklich statt? Dann *present continuous* mit *-ing*. Und wann gibt sich der Sprecher mit *cheap sex* zufrieden? Offensichtlich erst in einem Moment, der in der Zukunft liegt. Ergo *future tense* mit *will*.

We're staying together for the sake of the dogs.

Längst ist die Ehe kaputt, doch noch immer wird die Fassade aufrechterhalten: «Wir bleiben zusammen, der Kinder wegen.» Hier wird derselbe Sachverhalt scherzhaft auf Haustiere ausgeweitet:

Wir bleiben zusammen, der Hunde wegen.

The weather is here. Wish you were beautiful.

Eine Umkehr der klassischen Postkartenzeile: *The weather is beautiful. Wish you were here.* «Das Wetter ist herrlich. Ich wünschte, du wärst hier.»

Der Satz *Wish you were here* hilft, hat man ihn sich erst einmal eingeprägt, sehr, sich an die korrekten Konjunktivformen zu erinnern, wie sie bei *If*-Sätzen nötig sind:

- *If you were here, I would be so happy.* Wenn du hier wärst, würde ich so froh sein.

Das Wetter ist hier. [Ich] wünschte mir, du wärst schön.

I wish you were a beer.

Ich wünschte, du wärst ein Bier.

Just say no to innuendo.

Auch hier spielt ein altbekannter Spruch mit: *Just say no to drugs,* sag einfach nein zu Drogen. So hatte einst Nancy Reagan in diversen Fernsehspots den *war on drugs* gewinnen wollen.

Innuendo, gemeint ist *sexual innuendo,* sexuelle Anspielungen, kann in den USA bereits den Tatbestand sexueller Belästigung *(sexual harassment)* ausmachen – immerhin ein Grund zur fristlosen Kündigung.

Sag einfach nein zu sexuellen Anspielungen.

Men and women

T.G.I.F. – Thank God I'm female.

Eine feministische Neudeutung des alten *T. G. I.F.*-Spruches, der jeden Freitag aufs Neue von ganzen Heerscharen frustrierter Arbeitnehmer als Stoßseufzer *(Thank God it's Friday!)* gen Himmel geschickt wird.

Dank sei dem Herrn, dass ich weiblich bin.

Men are idiots and I married their king.

Männer sind Idioten, und ich habe ihren König geheiratet.

Mental anxiety, mental breakdown, menstrual cramps, menopause … Did you ever notice how all of our problems start with men?

Mentale Angst, mentaler Zusammenbruch, Menstruationskrämpfe, Menopause … Haben Sie bemerkt, dass all unsere Probleme mit *men* (Männern) anfangen?

A woman's place is in control.
If a woman's place is in the home, how come I'm always in the car?

Zwei Aufkleber geschickt gruppiert, damit Sie sich den tieferen Gehalt zusammenreimen können. Aufkleber eins spielt an auf den Urtext, die Folie, vor der alle anderen Varianten stattfinden: *A woman's place is in the home.* «Eine Frau gehört ins Haus.» Oder wörtlicher: «Der Platz einer Frau ist das Zuhause.»

Hübsch ist, wie das 21. Jahrhundert aus *in the home* jetzt *in control* macht.

Der Platz einer Frau ist es, alles unter ihrer Kontrolle zu haben.

Ein interessanter umgangssprachlicher Ausdruck ist *how come*, das hier das brave hochsprachliche *why* ablöst. *How come* ist selten zu lesen, umso öfter aber zu hören. Sie können es immer dann verwenden, wenn Sie «warum» oder «weshalb» sagen wollen.

- *How come you have no more money?* Warum hast du kein Geld mehr?
- *How come?* Warum denn das?

Inhaltlich kümmert sich der zweite Aufkleber weniger um Frauenrechte, sondern mehr um die Tatsache, dass auch in den USA viele Frauen berufstätig sind und weite Wege und lange Staus hinter sich bringen müssen, um zur Arbeit und wieder zurück zu gelangen. Wenn dann noch die Kinder abzuholen sind oder Einkäufe getätigt werden müssen, darf man (frau) zu Recht fragen:

Wenn eine Frau ins Haus gehört, wie kommt's [dann], dass ich immerzu im Auto bin?

My only domestic quality is that I live in a house.

Meine einzige häusliche (hausfrauliche) Qualität ist [die], dass ich in einem Haus lebe.

Caution! I can go from 0 to BITCH in 2.5 seconds.

Doppelt praktischer Aufkleber. Zum einen warnt er, dass die Fahrerin in zweieinhalb Sekunden von null auf zänkische Zicke beschleunigt, zum anderen erinnert er daran, dass die Dezimalstelle im Englischen nicht mit einem Komma, sondern mit einem Punkt (gesprochen als *point*) abgetrennt wird: *two point five seconds.*

Das dem Wort *bitch* zugrunde liegende Konzept mit den dürren Worten «zänkische Zicke» zu vereinfachen darf nicht unerklärt bleiben. Wer als Frau zur *bitch* wird, geht extrem übel gelaunt, lauthals zeternd und keifend auf alle Widersacher los. Ein derartiger Ausbruch kann aus der nettesten Frau innerhalb von Sekunden eine *bitch* machen. Ist der Anfall vorbei, wird gelegentlich das prämenstruale Syndrom (PMS) als Entschuldigung angeführt, was die nächsten Sticker noch näher beleuchten werden.

Vorsicht! Ich bin in 2,5 Sekunden von null auf Zankweib.

51 % sweetheart, 49 % bitch. (Don't push it.)

Don't push it ist als Warnung zu verstehen: «Leg's nicht darauf an. Überspann den Bogen nicht. Treib's nicht zu toll.» Immerhin haben wir's hier mit *49 % bitch* zu tun. Gut, dass auch 51 % «Schatzi» mit in der Packung sind.

51 % Schätzchen, 49 % Miststück. (Leg's nicht darauf an.)

It's not PMS – I'm just a bitch.

Geheimnisvolle Abkürzungen machen manchem das Leben in den USA schwerer, als es sein müsste. Ein gutes Beispiel ist *B.O.*, das für *body odor* (penetranten Körpergeruch) steht: Bei *Whew, he's got B.O.!* geht's hoffentlich bald raus aus den Polyester-Klamotten und unter die Dusche.

PMS, das *premenstrual syndrome,* wird gerne verantwortlich gemacht, wenn Frauen kurz vor der Periode von Launenhaftigkeit, Aggressivität und diversen körperlichen Wehwehchen heimgesucht werden. Der zitierte Aufkleber aber lehnt diese Erklärung rundweg ab:

Es ist nicht PMS – ich bin einfach nur ein Miststück.

Was mich jedes Mal verblüfft, wenn ich in Amerika bin, ist, wie viele medizinische Begriffe es in den Allgemeinwortschatz schaffen. Bei uns in Europa kriegen wir gerade noch Aids hin, für *PMS* sagen die Frauen höchstens: «Buäh, ich fühl mich heute echt miserabel.» Würden sie mehr US-Fernsehen gucken, und dort vor allem die Werbespots *(commercials)*, wäre auch ihnen bald klar, dass *PMS* um Klassen cooler ist als «Ich bin heute nicht gut drauf».

Technisierende Kürzel wie *ADD (attention deficit disorder)* erfreuen sich eines hohen Bekanntheitsgrades. Was einst als «Konzentrationsschwäche» bezeichnet wurde, hat sich mittlerweile zur Modediagnose gemausert. Erschreckend, wie viele Kinder mit *ADD* diagnostiziert werden und ihre tägliche Dosis Ritalin schlucken müssen – nicht nur in den USA.

Keine Abkürzung haben die Amerikaner für die Tennisplatz-Glatze, die beim Mann gelegentlich schon ab 30 auftritt. Dafür ist der Fachausdruck *male pattern baldness*, «männliche Musterflächen-Kahlköpfigkeit», so verbreitet, dass wir uns schämen müssen, nichts sprachlich Gleichwertiges bieten zu können.

Selbst für solch triviale Sachen wie den Nasenschleim, der einem bei einer starken Erkältung nicht nur aus der Nase rinnt, sondern auch den Mundinnenraum hinab (irgendwie scheint im Mund-Rachen-Raum alles verbunden), selbst dafür gibt es einen coolen Ausdruck: *postnasal drip.* Mag sein, dass «postnasales Tropfen» unseren Medizinern ein geläufiger Begriff ist, allgemein üblich ist der Begriff bei uns aber sicherlich nicht. Oder doch?

I'm not a bitch, I'm The Bitch and I'm Miss Bitch to you.

Wenn Frauen sich selbst als *bitch* bezeichnen, ist das eine Sache. Wagt es aber eine andere Person, eine Frau als *bitch* zu titulieren, dann gibt's Ärger. Der Sticker geht davon aus, dass jemand es gewagt hat, *You're such a bitch!* zu sagen. Darauf folgt dann die Erwiderung:

Ich bin kein Miststück, ich bin DAS Miststück und für Sie immer noch Fräulein Miststück.

They call it «PMS» because «Mad Cow Disease» was already taken.

Nicht gerade ein frauenfreundlicher Sticker. Dafür aber einer, der Gelegenheit gibt, darauf hinzuweisen, dass bei den Engländern *mad* für «verrückt» steht, bei den Amerikanern aber überwiegend *crazy* oder *nuts* gesagt wird. Für den Amerikaner ist *mad* lediglich «wütend, verärgert»:

- *I'm so mad at him.* Ich bin ja so wütend auf ihn.

Man nennt es PMS, weil Rinderwahnsinn schon vergeben war.

If women can have PMS, men can have ESPN.

Auch wenn es auf den ersten Blick so aussieht, *ESPN* ist keine medizinische Abkürzung wie PMS, sondern der Name eines Sportkanals, der seit 1979 im Kabel zu empfangen ist. *ESPN*, *Entertainment and Sports Programming Network*, war der erste und ist noch immer der bekannteste amerikanische Sportsender.

Wenn Frauen PMS haben können, können Männer ESPN haben.

A PBS mind in an MTV world.

In landeskundlicher Ergänzung zum *ESPN*-Sticker oben: Was *ESPN* für den Sport tat, leistete *MTV* für die Musik. Gegen diese und andere kommerzielle Sender steht *PBS*, das *Public Broadcasting System*, als einziger werbefreier Sender. *PBS* ist die Heimat der Sesamstraße, zeigt Dokumentarfilme, Theater- und Konzertaufzeichnungen, britische Fernsehfilme, kurz: alles, was das Massenpublikum nicht sehen will.

Der Besitzer des Aufklebers will mit dem Verweis auf *PBS* seine geistige Überlegenheit zur Schau stellen:

Ein PBS-Hirn in einer MTV-Welt.

Me, myself, and I

My future's so bright, I gotta wear shades.

Cool shades heißt nicht etwa, wie man vermuten könnte, «kühler Schatten», sondern «tolle Sonnenbrille». Ein weiterer Slang-Ausdruck ist das *gotta*, das, ähnlich wie *gonna* (für *going to*) gleich mehrere Wörter zusammenpackt: *have got to*, «müssen». Um die Bedeutung «müssen» zu transportieren, hätte natürlich auch *have to* gereicht.

- *Gotta go.* Ich muss jetzt los. Am Telefon gesagt: Ich muss jetzt auflegen.

Meine Zukunft ist so hell (strahlend), ich muss eine Sonnenbrille tragen.

I am woman. I am invincible. I am tired.

Ich bin Frau. Ich bin unbesiegbar. Ich bin müde.

I used to be indecisive. Now I'm not so sure.

Wer *indecisive* ist, kann sich nicht entscheiden, ist entscheidungsunfreudig, ist dauernd unschlüssig.

Ich konnte mich nie entscheiden. Jetzt bin ich mir nicht mehr so sicher.

I wanna be like Barbie. That bitch has everything!

Eine weitere Slang-Verschmelzung, diesmal von *want to* zu *wanna*. Damit – und ein paar anderen Tricks – lässt sich aus *Do you want to dance?* ein flottes *Wanna dance?* machen: «Willste tanzen?»
Die Bedeutung von *bitch* erscheint hier weniger negativ als in unseren Beispielen oben, sodass wir mit «Luder» gut hinkommen:

Ich will wie Barbie sein. Das Luder hat [einfach] alles!

If Barbie is so popular, why do you have to buy her friends?

Teenies wollen alle nur das eine: bei anderen beliebt sein. Auf Englisch: *I want to be popular!* Ein großes Lob ist es denn auch, wenn über jemanden gesagt wird, er oder sie sei *very popular.* Beliebt ist freilich auch, wer sich Freunde kauft – was nicht lange verborgen bleibt. In Teenie-Kreisen (aber auch anderen) heißt es dann: *They don't like her for who she is; she just bought them.* «Die mögen sie nicht um ihrer selbst willen; die hat sie einfach gekauft.»

Wenn Barbie [bei allen] so beliebt ist, warum muss man ihr dann Freunde kaufen?

I'd kill for a Nobel Peace Prize.

Die Wendung *I could kill for something* wird so gut wie nie wörtlich genommen, sie drückt lediglich aus, dass man etwas schrecklich gerne haben möchte.

- *I could kill for an ice-cold Coke.* Ich würde sonst was tun für eine eiskalte Cola.

Nimmt man den Ausdruck dennoch wörtlich, wird's witzig:

Für den Friedensnobelpreis könnte ich über Leichen gehen.

I'm not as dumb as you look.

Dumb heißt im amerikanischen Englisch – wohl durch Einfluss des deutschen «dumm» – exakt, was Sie vermuten: doof, blöd und dumm. Der bekannte Satz *I'm not as dumb as I look* (Ich bin nicht so blöd, wie ich aussehe) wird durch den Austausch des zweiten Ich zur gezielten Beleidigung:

Ich bin nicht so doof, wie du aussiehst.

I am in shape. Round is a shape.

Ich bin in Form. Rund ist [auch] eine Form.

A waist is a terrible thing to mind.

Ein cleverer Verdreher von: *A mind is a terrible thing to waste.* Wortwörtlich: «Hirn / Verstand / Geist ist eine schreckliche Sache zu verschwenden.» Besser: «Es ist schrecklich, einen guten Kopf zu verschwenden.» Dieser Slogan war in einer Serie von Fernseh- und Radiospots zu hören, die sich für die bessere Ausbildung sozial benachteiligter Kinder stark machten. Geistiges Potenzial (hier als *mind* umschrieben) sollte durch gute Ausbildung genutzt werden und nicht vor die Hunde gehen, nur weil die Eltern zu arm sind, um das Kind auf eine vernünftige Schule zu schicken.
Der Spruch blieb haften, nicht zuletzt deshalb, weil er sich so schön variieren ließ. Der Anti-Abnehm-Fraktion gelang eine besonders elegante Fassung, die auf Deutsch ihren Sprachwitz leider vollständig einbüßt.

Sich um eine Taille zu kümmern ist eine schreckliche Sache.

I may be fat, but you're ugly, and I can lose weight. (... and I can diet.)

Tipp! *Maybe* heißt «vielleicht», so wie in *not today, but maybe tomorrow.* Der Ausdruck *may be* hingegen lässt sich auf die Schnelle am besten mit «mag sein / kann sein» übersetzen. Aus *I may be fat, but ...* machen wir dann «Ich mag vielleicht fett sein, aber ...».

To lose heißt «verlieren», *to lose weight* «abnehmen». Ein *loser* (ewiger Verlierer) wird immer nur mit einem o geschrieben.

Heiter ist's, wenn US-Teenies aus dem Daumen und Zeigefinger ein L formen und einem mit diesem L im Gesicht herumfuchteln: *Loser!* bedeutet diese niedliche Geste. Gerade gestern durfte ich das in Jay Lenos *Tonight Show* sehen, vorgeführt von Jennifer Aniston aus *Friends.* Sehr beeindruckend.

Verwechseln Sie nicht *loose* und *lose.* Mit Doppel-o gibt es das Wort *loose,* «lose, locker»:

- *You've got a screw loose.* Bei dir ist 'ne Schraube locker.

Zurück zu *may*: Im höflichen Gesprächston, also genau dem Ton, den Sie Ihren Kindern in 100 Jahren nicht beibringen werden, hat *may* einen weiteren Auftritt.

- *May I help you?* Kann ich Ihnen helfen?

So fragt Sie das Verkaufspersonal, keine zehn Sekunden nachdem Sie einen Laden betreten haben. Sagen Sie nicht einfach nur *no,* sondern *I'm just looking around* oder *I'm just browsing,* «ich schau mich nur um».

Mag ja sein, dass ich fett bin, aber du bist hässlich, und ich kann [wenigstens] abnehmen. (... eine Diät machen).

I've been dieting for a month, but all I've lost is 31 days.

Tipp! Meine allerliebste Zeitform: *present perfect continuous.* Gar nicht so schwer, wenn man weiß, unter welchen Bedingungen diese Form zum Einsatz kommt.

1. Die Handlung beginnt in der Vergangenheit. In unserem Beispiel fing jemand an abzunehmen: *to diet*, eine Diät machen.
2. Die Handlung dauert noch immer an, ist noch nicht abgeschlossen. Es wird noch immer Diät eingehalten.

Nicht anders auch unser Beispielsatz: 2003 fing jemand an, bei GM zu arbeiten. Heute ist er noch immer dabei:

- *I've been working at GM since 2003.*

To lose hat zwei Bedeutungen:

- *We're losing time.* Wir verlieren Zeit.
- *I'm losing weight.* Ich nehme ab.

Ich halte seit einem Monat Diät, doch alles, was ich abgenommen (verloren) habe, sind 31 Tage.

I took an IQ test and the results were negative.

Auf Englisch muss man einen Test «nehmen»: *I took a test.* Unser Aufkleber liefert einen weiteren Beweis für den *self-deprecatory humor*, den selbstironischen, sich selbst auf die Schippe nehmenden Humor, den Amerikaner gerne mal über sich ausschütten.

Ich habe einen Intelligenztest gemacht, und die Ergebnisse waren im negativen Bereich.

I'm not a complete idiot, some parts are missing.

Bekannt und beliebt aus der Buchserie *A Complete Idiot's Guide to …*, einer Reihe, die vom Gitarrenspiel bis zum Hauskauf alles bietet, was der «Vollidiot» – die Übersetzung von *complete idiot* – wissen muss. Um den Scherz zu verstehen, müssen wir bei *complete idiot* wortwörtlich vorgehen:

Ich bin kein vollständiger Idiot (Vollidiot), einige Teile fehlen.

When I become Führer, things are gonna change!

Überschätzen Sie nie die Zahl der deutschen Wörter in der englischen Sprache, unterschätzen Sie aber auch nicht das Gedächtnis der Amerikaner für genau die deutschen Wörter, die wir am liebsten vergessen würden, beispielsweise «Heil!», «Führer», «Autobahn» und «Fahrvergnügen». Kein deutscher USA-Besucher, der nicht mit wenigstens einem dieser Wörter konfrontiert würde.

Grammatisch bietet uns der Spruch die Chance, das *going to* zu erklären. *Going to* – beim Sprechen oft zu *gonna* verkürzt – muss dann ran, wenn Vorhaben, Intentionen ausgedrückt werden. Der Autor unseres Aufklebers hat vor allem eins vor: *Things are going to change.* Es wird alles anders werden.

Tipp! Fassen wir einmal alle Formen zusammen, mit denen sich die Zukunft ausdrücken lässt:

- *I think I'll spend my vacation in Paris.* Mit *will.* Für Versprechen, spontane Entscheidungen und generelle Vorhersagen zur Zukunft.
- *I'm going to go to Paris sometime next year.* Mit *going to.* Für Vorhaben, die sich jedoch noch ändern können.
- *I'm flying to Paris tomorrow.* Mit *-ing (present continuous).* Für feste Pläne.
- *The plane to Paris leaves at 9:00.* Mit *present tense.* Bei faktischen Einzelheiten wie Fahr- und Flugplänen.
- *The plane is just about to take off.* Mit *just about to.* Für Dinge, die kurz bevorstehen.

Hinweisen müssen wir noch auf *to become*, einen typischen *false friend. Become* sieht aus wie «bekommen» und verlockt Deutschsprecher dazu, falsche Sätze wie *I become a hamburger* zu bilden, von denen sie meinen, dass sie «Ich bekomme einen Hamburger» bedeuten. Wer einen Hamburger bestellt, trifft – grammatisch gesprochen – eine spontane Entscheidung für die Zukunft. Deshalb wird ein Hamburger so bestellt:

- *I'll have a hamburger.*

• *I'll have a Big Mac.*

Was aber bedeutet *to become?* Nichts anderes als «werden»:

Wenn ich Führer werde, wird einiges hier anders laufen.

Isn't that special!?

Auch wenn sich dieser fragende Ausruf leicht als «Ist das nicht allerliebst?!» übersetzen lässt, umfassend erklärt ist er damit noch lange nicht. Er stammt, Wort für Wort, aus der populären Comedy-Show *Saturday Night Live*, die allwöchentlich einen Monolog der *church lady* ausstrahlte. Die *church lady*, genial dargestellt von Komiker Dana Carvey im dicken Wollkostüm, durfte über den Niedergang der Moral bei der amerikanischen Jugend wettern, über Satan und dessen sexuelle Verführungsversuche – so wie das kostümtragende alte Damen eben tun, besonders solche, die dreimal die Woche in die Kirche rennen. Höhepunkt jeder Tirade war ein kreischendes *Well, isn't that special?*, meist keine drei Sekunden nachdem ein gefauchtes *fornication* (Unzucht, Hurerei) gefallen war.

He who dies with the most toys, wins.

Natürlich heißt *toy* Spielzeug, doch Amerikaner schrecken nicht davor zurück, *toy* auch für Konsumgüter wie Cabrios, Computer, Mobiltelefone oder Fernseher (sofern die Bildschirmdiagonale mindestens der Breite des Fernsehzimmers entspricht) anzuwenden. Spielsachen, die zugleich auch Statussymbole sind. Den Kampfschrei *Gotta have that SUV!* ergänzt das Credo: *My life will be much better with that surround-sound home theater system.* (Ich muss dieses *sports utility vehicle* einfach haben! Mein Leben wird viel besser sein, wenn ich das Heimkinosystem mit *surround sound* habe.) Breit gemacht hat sich eine *culture of gadgetry* (E. B. White), eine Kultur des Techno-Schnickschnack-Spielzeugs.

Man muss nicht viel Max Weber gelesen haben, um zu wissen, dass bei

Protestanten Fleiß und Himmelreich nahe beieinander liegen. Im Grunde reicht es, den auf Seite 62 abgedruckten Aufkleber griffbereit zu haben: *Protestantism: Shit won't happen if I work harder.* «Protestantismus: Nichts Schlimmes wird geschehen, wenn ich nur fleißiger arbeite.» Weltlicher Erfolg, so die klassisch-calvinistische Linie, dient als Beweis der Vorbestimmtheit fürs Paradies. Unter diesen Bedingungen darf man guten Gewissens nach Reichtum und den *most toys* streben:

Derjenige, der mit den meisten Spielsachen / Luxusartikeln stirbt, gewinnt.

Beiläufig bemerkt: Die oben angesprochenen Mobiltelefone heißen auf Englisch *mobile phones, cell phones, cellulars* oder einfach *cells. Handy* bedeutet «geschickt», «praktisch» oder «gelegen kommend», so wie in: *That comes in handy* «Das kommt mir sehr gelegen, das kommt mir gerade recht.»

He who dies with the most toys is nonetheless dead.

Die Antwort auf den Aufkleber oben hätte auch lauten können: *You can't take it with you.* «Du kannst es nicht mit dir [ins Grab] nehmen.»

Derjenige, der mit den meisten Spielsachen / Luxusartikeln stirbt, ist nichtsdestotrotz tot.

I knew that.

Für den ultimativen Klugscheißer, der immer Recht hat. Interessant ist, dass wir auf Deutsch «Das habe ich [längst] gewusst» (Perfekt) oder einfach nur «Das weiß ich [doch schon längst]» (Präsens) sagen, auf Englisch aber *simple past* steht: «Das wusste ich.»

Tipp! Der Hintergrund: Obwohl der Sprecher schon vor langem die entsprechenden Tatsachen erfahren und noch immer präsent hat – was auf *present perfect* weisen würde –, reicht in diesem Fall die schlichte *simple* *past.* Hier vereinfachen die Muttersprachler kurzerhand ihre komplizierte Grammatik und drücken sich um das längere *present perfect.* Doch um eben dieses *present perfect* kommen sie nicht herum, wenn eines der entsprechenden Schlüsselwörter auftaucht. Meist handelt es sich dabei um Zeitangaben, die eine Verbindung zur Gegenwart herstellen und so das *present perfect* erzwingen:

- *I have known that all along.* Das weiß ich schon die ganze Zeit.
- *I've known it, since I first saw the look on your face.* Das weiß ich, seit ich zum ersten Mal diesen [verräterischen] Gesichtsausdruck gesehen habe.

Das weiß ich [schon längst]. [Bin doch nicht blöd.]

I told you so.

In Klugscheißerkreisen noch beliebter als *I knew that.* Ebenfalls im *simple past,* weil abgeschlossen:

Ich hab's dir doch gleich gesagt [, dass das schief geht].

I'm not prejudiced. I hate everyone equally.

Aus *equal* wird das Adverb *equally.* Beschrieben wird damit das Verb «hassen». Wie hasse ich? Gleich, gleichmäßig. *Equal-ly.*

Ich bin nicht voreingenommen / vorurteilsbeladen. Ich hasse alle gleichmäßig.

I may be insane, but I'm not crazy.

Temporary insanity ist einer der erfolgreichsten Verteidigungsansätze vor Gericht: «Vorübergehende geistige Umnachtung; temporärer Irrsinn.»

Ich bin vielleicht irrsinnig, aber ich bin nicht verrückt.

Alcohol and other drugs

Booze is the answer. Anyone remember the question?

In rund der Hälfte aller Erwähnungen wird Alkohol nicht als *alcohol* angesprochen, sondern als *booze.* Dieser Slang-Begriff deckt alle alkoholischen Getränke ab, auch Bier und Wein, wird aber vorzugsweise für harte Sachen *(hard liquor)* benutzt. Ebenfalls Slang für harten Alkohol: *hooch.* Das nicht slangige *liquor* (gesprochen etwa wie «licker») steht nicht etwa für Likör, sondern für alle Spirituosen.
Achtung: In manchen Bundesstaaten herrschen strenge Alkoholgesetze; öffentliches Biertrinken ist untersagt. Wer's weiß, versteckt seine Dose in einer Papiertüte. An Sonntagen darf oft kein Alkohol verkauft werden, selbst die *liquor stores* haben dann geschlossen. Eine Lizenz zum Alkoholausschank haben nicht alle Restaurants. Dort gilt dann das Kosten sparende *BYOB, Bring your own bottle.* Man bringt seine eigene Weinflasche mit und lässt sie vom Kellner dekantieren.

Tipp! Grammatisch haben wir es mit einer Verkürzung der Frageform zu tun: *Does anyone remember the question?*, lautet die vollständige Fassung. Auch andere Hilfsverben können in der Umgangssprache entfallen:

- *(Is) Anyone interested?* Irgendjemand interessiert?
- *(Are there) Any volunteers?* (Gibt es) Irgendwelche Freiwilligen?

Tipp! Wichtig noch: In Fragen steht statt *some, someone* oder *somebody* meistens *any, anyone, anybody.*

Alkohol ist die Antwort. Erinnert sich jemand an die Frage?

Let's get drunk and be someone.

Der immer wieder zu hörende Satz, wenn man Ghettokinder nach ihren Wünschen für die Zukunft befragt: *When I grow up I wanna be someone.* «Wenn ich groß bin, will ich wer sein, etwas darstellen.»

Doch Wunsch und Wirklichkeit finden, gerade in den *projects*, den staatlich gesponserten Wohnsiedlungen, nicht immer zueinander. Groß und stark kann sich da nur fühlen, wem Freund Alkohol (oder, schlimmer noch, Crack) ein neues Selbstwertgefühl verliehen hat:

Lassen wir uns voll laufen und was Besonderes sein.

Alcohol has replaced the dog as man's best friend. W. C. Fields

Tipp!

Present perfect. Denn: Das Gesagte hat einen direkten Bezug zur Gegenwart, eine direkte Zeitangabe fehlt.

Alkohol hat den Hund als besten Freund des Menschen ersetzt.

I don't have a drinking problem. I drink, I get drunk, I fall down. No problem!

Drinking problem müssen Sie hier, des Scherzes wegen, wörtlich als «Trinkproblem» übersetzen. Eleganter wäre natürlich «Alkoholproblem», doch dann hakelt's mit dem Humor.

Ich habe kein Trinkproblem. Ich trinke, ich werde betrunken, ich falle hin. Kein Problem!

Beauty is in the eye of the beer holder.

Das alte Sprichwort «Schönheit ist (entsteht erst) im Auge des Betrachters» *(Beauty is in the eye of the beholder)* muss für diesen Spaß herhalten.

Schönheit ist im Auge des Bier-Halters.

4:19. Got a minute?

Aufkleber zum Thema Cannabis sind in nahezu allen US-Plattenläden zu bekommen. Besonders häufig sind verklausulierte Aufrufe zum Kiffen, allen voran Sticker, auf denen nichts weiter als *420* steht oder auch *4:20*. Seit über 20 Jahren steht diese Zahlenkombination für den Konsum von *dope* (Marihuana), der, so will es der Kiffer-Mythos, vorzugsweise um 16 Uhr 20 *(4:20 p.m.)* stattfinden soll. Als offiziellen Feiertag haben sich die Kiffer den 20. April ausgesucht – US-Schreibweise *4–20* oder *4/20*. Wer richtig cool sein will, kauft sich ein 420-T-Shirt oder investiert in *skateboards, surfboards* oder *snowboards* mit den drei magischen Ziffern.

Dumm nur, dass der 20. April zugleich auch der Geburtstag Adolf Hitlers ist, ein Umstand, der die Attentäter an der *Columbine High School* dazu inspirierte, an genau diesem Tag im Jahr 1999 dreizehn Menschen und schließlich sich selbst ins Jenseits zu ballern.

Unser Aufkleber fragt: *Got a minute?* «Haste mal 'ne Minute Zeit?» Gemeint ist die Minute, die noch fehlt, bis es endlich 4 Uhr 20 nachmittags ist und der erste Joint die Runde macht. Andere Slang-Bezüge auf Marihuana:

- *Let's 420.* Lasst uns kiffen.
- *I'm 420-ed.* Bin bös' angekifft.
- *It's 4:20.* Zeit zum Kiffen.
- *It's always 4:20 somewhere.* Irgendwo ist es immer 4 Uhr 20.

In der Englischlehrer-Vollversion heißt unser Spruch übrigens: *Have you got a minute?*

4 Uhr 19. Haste noch 'ne Minute Zeit?

I tried sniffing Coke once, but the ice cubes got stuck in my nose.

Coke, großgeschrieben, ist eine Schutzmarke für eine Limonade, *coke*, klein, steht für *cocaine*. Darauf – und auf der Tatsache, dass man Cola in den USA nie ohne Eis bekommt – beruht der Stickerspruch:

Ich hab mal versucht, Coke / Kokain zu sniffen, aber die Eiswürfel sind mir in der Nase stecken geblieben.

Tipp!

Beim Verb *try* gilt es aufzupassen. Mal steht es mit *-ing*, mal mit dem Infinitiv. Und jedes Mal bedeutet es etwas anderes. Wann also *-ing*, wann der nackte Infinitiv?

- *I tried to sniff Coke, but the ice cubes got stuck in my nose.* Bedeutung: Ich habe es versucht, aber es klappte einfach nicht, ich konnte es einfach nicht, weil …
- *I tried sniffing Coke once, but the ice cubes got stuck in my nose.* Bedeutung: Ich habe es mal ausprobiert, aber ich mochte es nicht, es hat mir nicht gefallen, weil …

Dazu ein weiteres, etwas konstruiertes Beispiel:

- *I tried taking an aspirin, but it didn't help.* Ich habe probeweise ein Aspirin genommen, aber das hat mir nicht geholfen.
- *I tried to take an aspirin.* Ich habe versucht, ein Aspirin zu nehmen [, aber ich konnte es nicht, es gelang mir nicht, die Pille zu schlucken].

Sie sehen: Geht es um ein Experiment, ein Ausprobieren, ein vorsichtiges Testen, müssen sie *try* + *-ing* verwenden; unternimmt man hingegen eine echte Anstrengung, einen ernsten Versuch, dann steht *try* mit dem Infinitiv.

24 hours in a day … 24 beers in a case … Coincidence?

24 Stunden pro Tag … 24 Bier in einem Kasten … Zufall?

Warning: We smokers have decided that your bitching may be hazardous to your health.

Auf jeder US-Zigarettenpackung prangt ein Hinweis auf die gesundheitsgefährdenden Folgen des Rauchens. Meist liest man diesen: *WARNING. Smoking may be hazardous to your health.*

Das kümmert natürlich keinen Raucher. Genauso wenig wie die vielen gut gemeinten Hinweise von Familie und Freunden, die als ungebührliches *bitching* (Mäkeln, Gemecker, Genöle) zurückgewiesen werden. Deshalb droht unser Sticker all denen eine Tracht Prügel an, die ebendieses Genöle nicht umgehend einstellen:

Warnung: Wir Raucher haben entschieden, dass dein Generve gefährlich für deine Gesundheit sein könnte.

Friends don't let friends drive naked.

Verballhornung eines Kampagnenspruchs, der betrunkene Autofahrer von ihren Autos fern halten soll: *Friends don't let friends drive drunk.* «Freunde lassen Freunde nicht betrunken ans Steuer.» Stattdessen sollen nüchtern gebliebene Freunde ihren angetrunkenen Kumpels eine Mitfahrgelegenheit anbieten oder ein Taxi bestellen.

Freunde lassen Freunde nicht nackt ans Steuer.

None for the road.

Noch ein letztes Schlückchen, dann machen wir uns auf den Weg. Ein solcher Schluck «für den Weg» wird Ihnen in Amerika mit den Worten *One for the road* angeboten. Wörtlich: «Einer für die Straße.» So freundlich dieses Angebot auch klingen mag, es kollidiert mit der durchaus sinnvollen Ermahnung: *Don't drink and drive.* Deswegen erhebt auch unser *bumper sticker* mahnend den Finger und sagt:

Keiner für den Weg.

Boys and girls

So many women, so little time.

So viele Frauen, so wenig Zeit.

Life is too short to date ugly men.

Das Leben ist zu kurz, um mit hässlichen Männern auszugehen.

Not all men are fools. Some are single.

Nicht alle Männer sind Narren. Einige sind ledig.

Good cowgirls keep their calves together.

Wortspiel-Info: *Calves* können «Kälber» sein (was bei Cowgirls nahe liegt), aber eben auch der Teil des Beines, der als «Wade» bekannt ist.

Gute Cowgirls halten ihre Kälber (Beine) fest zusammen.

A woman without a man is like a fish without a bicycle.

Feministisch inspirierter Spruch, angeblich von Gloria Steinem.

Eine Frau ohne einen Mann ist wie ein Fisch ohne Fahrrad.

Remember when sex was safe and motorcycles were not?!

Zuerst einmal dürfen Sie sich freuen, dass die berühmte Umschreibung mit *to do* (etwa bei Fragen: *Do you* …) hier einfach fehlt. So ist das eben in der Umgangssprache. Aus *Do you remember …?* wird *Remem-*

ber ...? Dass nicht nur das *Do you* wegfallen kann, lässt sich ebenfalls bei *Have you got ...?* sehen. So wird aus *Have you got milk?* ein cooles *Got milk?* Dem Spruch *Got milk?* können Leser amerikanischer Magazine übrigens kaum noch entgehen. Seit Jahren findet er sich in einer Anzeigenserie, die den ohnehin schon hohen Milchverbrauch weiter ankurbeln will. Clou der Anzeigenserie: Abgebildet wird immer eine *celebrity* (Berühmtheit, bekannte Persönlichkeit), an der ein hübscher Milchbart klebt.

- *[Have you] Got a minute?* Haste mal 'ne Minute [Zeit für mich]?
- *[Do you] Remember that guy in high school? Which one? The one with the really long hair.*

Erinnerst du dich noch [an die Zeiten], als Sex sicher war und Motorräder nicht?

Candy is dandy, but sex don't (!) rot your teeth.

Die grammatische Besonderheit vorab: *Sex doesn't rot your teeth* sollte es grammatisch korrekt heißen. Doch Sätze wie *He don't care* statt *He doesn't care* sind unter Amerikas Bevölkerung nicht eben selten. In Pop-Songs hört man kaum noch die richtige Form: Auch Jennifer Lopez trällert lieber eine Silbe weniger: *My love don't* (!) *cost a thing.*

Süßigkeiten sind prima, aber Sex fault einem die Zähne nicht kaputt.

I'm not after your bread, but I'm sure hot for your buns!!

Zwei Ausrufezeichen sind für mich seit eh und je die maximal erlaubte Anzahl bei Exklamationen aller Art. Dies sei vor allem jenen E-Mail-Kontakten ins Album geschrieben, die mich mit Mails traktieren, in denen immer *Awesome!!!!!!* steht, obwohl es auch *Awesome!* (Toll!) getan hätte.

Da der obige *bumper sticker* nicht gegen diese Regel verstößt und mir überdies noch erlaubt zu erklären, dass ein *bun* nicht immer nur ein lasches (Hamburger-)Brötchen sein muss, sondern gelegentlich auch ein Popo sein kann, habe ich ihn in dieses Buch aufgenommen. *Nice buns* sind zwei hübsche Gesäßhälften, *cute buns* zwei hübsche, niedliche, «goldige» Pobacken.

Laut Aufkleber ist der Fahrer *hot for your buns*, scharf auf deinen Hintern. Derselbe Ausdruck lässt sich auch in weitere hochwichtige Äußerungen packen:

- *I'm hot for you, baby.* Ich bin scharf auf dich, Kleines.
- *He sure is hot for her.* Er ist wirklich scharf auf sie.

Doch auch die erste Hälfte des Spruches verdient genauere Betrachtung. Dazu noch ein paar Beispiele:

- *What are you after?* Worauf hast du's abgesehen?
- *He's after her money.* Er ist nur hinter ihrem Geld her.
- *He's after her bread.* Wie oben, denn *bread* kann auch Geld bedeuten.

Sure ist ein häufig zu hörendes Wort. Der Ein-Wort-Satz *Sure!* etwa heißt «Aber sicher doch! Klar!» und ersetzt oft das etwas magere *Yes.* *Sure* kann aber auch eine verstärkende Funktion haben, so wie *very.* So kann denn aus *I'm hot for you* das deutlichere *I'm sure hot for you* werden: «Ich bin echt scharf auch dich.»

Unter Berücksichtigung aller Doppelbedeutungen haben wir damit folgende deutsche Fassung:

Ich bin nicht hinter deinem Brot (Geld) her, aber ich bin echt scharf auf deine Brötchen (Pobacken).

Win an all-expense-paid trip to the nearest motel! Ask driver for details.

Typischer Macho-Anmach-Aufkleber, der dadurch erträglich wird, dass er das klassische Werbemuster «Preisausschreiben» verballhornt.

Gewinnen Sie eine Alle-Unkosten-bezahlte-Reise ins nächste Motel. Fragen Sie den Fahrer nach den Einzelheiten.

In der Welt der Preisausschreiben verheißt der Zusatz *Ask for details* meist wenig Gutes. Um tatsächlich in den Genuss des Hauptgewinns *(grand prize)* zu kommen, muss beispielsweise erst ein Einkauf von $ 100 getätigt oder vorab ein Kreditkartenantrag unterzeichnet werden. Dazu kommen noch weitere Spitzfindigkeiten, die im Kleingedruckten *(small print* oder *fine print)* stehen:

- *Offer not valid in CA, HI, AZ and where prohibited by law.* Angebot nicht gültig in Kalifornien, Hawaii, Arizona und wo gesetzlich verboten.
- *Valid only at participating retailers.* Gültig nur bei teilnehmenden Verkaufsstellen.
- *Offer subject to change at any time.* Angebot kann jederzeit geändert werden.

Why can't I be rich instead of well hung?!

Idealer Aufkleber für rostige *junk cars*, denen man ansieht, dass ihr Besitzer nicht zu den Vermögenden im Lande zählt. «Warum kann ich nicht reich sein»: Der Beginn des Spruchs dürfte keine Schwierigkeiten bereiten. *Instead of* heißt «anstatt»; doch *well hung? Hung* kommt von *hang*, hängen. «Gut gehangen» also? Gewissermaßen: Gemeint ist eher «gut be-hängt», mit dem, was zwischen den Beinen eines Mannes hängt. Wer *well hung* ist, hat ordentlich was zu bieten.

- *He's well hung.* Er ist gut gebaut zwischen den Beinen.
- *He has a nice package.* Hübsches Paket (, was sich da in der Hose abzeichnet).

Warum kann ich nicht reich sein statt unten herum gut ausgestattet?

Top ten things women never say.

Top-Ten-Liste der Sachen, die Frauen niemals sagen.

Top-Ten-Listen im Countdown-Format verdanken ihre Popularität dem Fernseh-Talker David Letterman, dessen *Late Night with David Letterman* sich schon ab 1982 um Hitlisten aller Art verdient machte. Unsere Liste freilich hat mit Letterman nichts zu tun, sondern stammt von einem schwarz weißen PVC-Aufkleber.

10.	*I'm wrong, you must be right.*	Ich liege falsch, du hast Recht.
9.	*I want a physical relationship, I'm tired of being just …*	Ich will eine rein körperliche Beziehung, ich bin es leid, nur …
8.	*Go ahead, leave the toilet seat up, I really don't mind.*	Mach doch, lass die Klobrille oben, macht mir echt nix aus.
7.	*I think hairy butts are really, really sexy.*	Ich glaube, dass haarige Hintern wirklich unglaublich sexy sind.
6.	*Hey, catch a whiff of that one.*	He, riech mal die Wolke von dem (Furz) da.
5.	*The holes in your underwear are too cute, why throw them away?*	Die Löcher in deiner Unterhose sind einfach zu niedlich, warum sollen wir die wegwerfen?
4.	*This diamond is way too big.*	Dieser Diamant ist viel zu groß.
3.	*Does this make my butt look too small?*	Sieht mein Po in dieser Hose nicht zu klein aus?
2.	*Oh, you pay all the time, let me pay.*	Ach, du zahlst doch immer, lass mich mal zahlen.
1.	*I'm wrong, you must be right.*	Ich liege falsch, du hast Recht.

Top ten things men never say.

Top-Ten-Liste der Sachen, die Männer niemals sagen.

Tipp!

Gleich im ersten Satz läuft uns mit *we'd better ask* eine interessante Konstruktion über den Weg. Auch wenn es kaum zu glauben ist, hier steht die Kurzform *'d* nicht für *would*, sondern für *had*: *We had better ask for directions.* Wörtlich: «Wir täten gut daran (es wäre besser für uns), nach Wegbeschreibungen zu fragen.»

Aus einem Weihnachtslied stammt dieser Satz:

- *You'd better watch out, you'd better not shout ... you'd better not pout ... Santa Claus is coming to town.* Du tätest gut daran, aufzupassen und nicht zu schreien ... es wäre besser, nicht zu schmollen ... Der Weihnachtsmann kommt in die Stadt.

In der Umgangssprache fällt das grammatisch notwendige *'d* oft unter den Tisch:

- *You better leave me alone.* Es wäre besser / Du tätest gut daran, mich in Ruhe zu lassen.

Für den Hausgebrauch genügt die Übersetzung mit «sollte/n», so wie auf Platz 1 und 10 unserer Top-Ten-Liste:

10. I think we're lost, we'd better ask for directions.	Ich glaube, wir haben uns verfahren, wir sollten mal nach dem Weg fragen.
9. Screw Monday-nite football, let's watch Ally McBeal.	Scheiß auf Football am Montag, lass uns Ally McBeal gucken.
8. You know, we haven't been to the mall for ages.	Weißt du, wir sind schon ewig nicht mehr im Einkaufszentrum gewesen.
7. I can't wait to mow the lawn.	Ich kann's kaum erwarten, den Rasen zu mähen.
6. Sometimes, I just want to be held.	Manchmal will ich einfach nur im Arm gehalten werden.
5. Her breasts are just simply too big.	Ihre Brüste sind einfach zu groß.
4. I'll just have the salad please.	Ich nehme einfach nur den Salat.
3. While I'm up, can I get you a beer?	Wo ich gerade stehe, kann ich dir ein Bier mitbringen?
2. I think Barry Manilow is one cool dude.	Ich glaube, Barry Manilow ist ein echt cooler Typ.
1. I think we're lost, we'd better ask for directions.	Ich glaube, wir haben uns verfahren, wir sollten mal nach dem Weg fragen.

The Marines are looking for a few good men ... So am I!

Das *U. S. Marine Corps* besitzt den Ruf, ein ziemlich elitärer Haufen zu sein. Entsprechend gibt sich das Rekrutierungsbüro in seiner Werbekampagne: *We're looking for a few good men.* «Wir suchen nach ein paar guten Männern.» Unser Aufkleber – überwiegend auf Autos von Frauen zu sehen – spielt darauf an:

Die *Marines* suchen nach ein paar guten Männern ... Ich auch.

Politics and patriotism

Keep the queens out of the Marines.

Im letzten Abschnitt hatten wir mit den *Marines* aufgehört, jetzt beginnen wir mit ihnen. Wer Aufkleber wie diesen sucht, findet ihn und politisch verwandte auf den *gun shows*, die das martialische Gegenstück zu den auch hierzulande üblichen «Alles-für-Haushalt-und-Familie»-Verkaufsausstellungen abgeben. Zu einem üppigen Waffenangebot kommen reichlich Accessoires für den Waffennarren – zu denen auch zahlreiche *Law-and-order*-Aufkleber gehören. Immer auch vertreten auf den *gun shows*: die *NRA, National Rifle Association*, ein Verein, finanziell unterstützt von der Waffenindustrie und Millionen von Mitgliedern, der sich das unveräußerliche Recht auf das Tragen von Schusswaffen auf die Fahnen geschrieben hat.
Waffenliebe und Homophobie gehen in Amerika oft Hand in Hand: Man mag keine *queens* und meint damit beileibe keine gekrönten Häupter, sondern *drag queens*, Männer in Frauenkleidern, die man wiederum gleichsetzt mit Homosexuellen – andernfalls gelänge ja auch der Reim in unserem Aufkleberspruch nicht: *queens – marines.*

Haltet die Transvestiten aus den *Marines* raus.

If guns are outlawed, only outlaws will have guns.

Noch ein Aufkleber aus der Pro-Waffen-Fraktion, dessen verquere Logik man sich auf der Zunge (und in der Großhirnrinde) zergehen lassen muss.

Wenn Waffen illegal sind, werden nur Illegale (Gesetzesbrecher) Waffen haben.

If guns are outlawed, only outlaws will shoot their kids accidentally.

Eine deutliche Gegenposition. Nicht zu Unrecht führen die Waffengegner an, dass in den USA jedes Jahr rund 4000 Kinder bei Unfällen mit Schusswaffen sterben.
Grammatisch sollten Sie sich an das Beispiel auf Seite 19 erinnert fühlen: *If*-Satz + *will.* Auch das Adverb zu *shoot* sollte an Bekanntes erinnern: *accidentally.*

Wenn Waffen illegal sind, werden nur Illegale (Gesetzesbrecher) ihre Kinder versehentlich erschießen.

Florida: The Gunshine State

Das offizielle Motto des Bundesstaates Florida lautet *The Sunshine State.* Ganz besonders lasche Waffenkontrollgesetze und hohe Kriminalitätsraten machen aus dem Sonnenschein-Staat den Schießeisenschein-Staat.

Florida: Der Schießeisenschein-Staat

Don't be mad at your government. They haven't done anything.

Wieder einmal *present perfect*: *They haven't done anything.* Warum Perfekt? Weil die geschilderte Handlung noch nicht vollständig abgehakt ist. Hier wird keine Aus-und-vorbei-Angelegenheit erzählt – dafür gibt's das *past*: *I was married, I was working* –, sondern etwas, was bis in die aktuelle Gegenwart hinein relevant ist: Die Regierung hat (bis jetzt noch immer) nichts getan.

Tipp!

Allgemein gilt: Fürs *present perfect* (z. B. *I have done that*) muss zumindest eins dieser drei Kriterien erfüllt sein:

1. Fortsetzung bis in die Gegenwart, Relevanz für die Gegenwart.

- *I have worked/have been working on this project for three months.* Ich arbeite seit drei Monaten an diesem Projekt.

Wird der Berührungspunkt mit der Gegenwart gekappt, etwa durch ein Enddatum, benötigen Sie wieder die *past tense*: *I worked on this project for three months until last week.* Der Sachverhalt berührt die Gegenwart nicht, denn letzte Woche war ja alles vorbei: Sie brauchen die *past tense* als normale Erzählzeit.

2. Die Handlung wurde an einem *unbestimmten* Zeitpunkt in der Vergangenheit abgeschlossen. Eine klare Zeitangabe fehlt.

Beispiel:

- *Been there, done that.*

Kurz für: *I've been there, I have done that.* «[Ich bin] da gewesen, habe das [schon] gemacht.» Dieser feststehende Ausdruck schmettert die Reise-Angebereien Dritter ab. «Da waren wir auch schon. Abgehakt, erledigt.» *Acapulco? Been there, done that!*

Tatsächlich, die Regel stimmt: Die Handlung – hier die Reise nach Acapulco – hat irgendwann in der Vergangenheit stattgefunden, ohne dass der genaue Zeitpunkt erwähnt wurde.

Noch ein Beispiel:

- *They have seen the Empire State Building before.* Sie haben das Empire State Building früher schon einmal gesehen.

Before ist zwar eine Zeitangabe, aber eben eine unbestimmte. Sobald eine bestimmte Zeit erwähnt wird, muss die *past tense* ran: *They saw the Empire State Building back in 2002.*

Ein letztes Beispiel:

- *Where have you been?* Wo bist du gewesen, wo hast du [die ganze Zeit] gesteckt?

Das Wegsein ist vorbei. Wer so gefragt wird, ist gerade wieder aufgetaucht. Allerdings: *Where were you?* ist auch nicht verkehrt.

3. Der berichtete Sachverhalt wurde vor relativ kurzer Zeit abgeschlossen, hat einen echten Neuigkeitswert:

- *I've received a fax from Mr. Baker.*
- *I've invited Jane for lunch.*

Seid nicht sauer auf eure Regierung. Die haben doch gar nichts gemacht.

You have just seen the first war of the 21st century.

George W. Bush

Amerikanische Präsidenten denken nicht selbst, sie lassen denken. Dazu gehört auch, dass Ghostwriter ihre Reden schreiben. Obiger Satz, gesprochen kurz nach der Zerstörung des World Trade Center in Manhattan, ist ein Paradebeispiel für den korrekten Einsatz des *present perfect.*

Sie haben gerade den ersten Krieg des 21. Jahrhunderts gesehen.

Don't blame me. I didn't vote for him.

Bei *to blame* geht es immer um Schuldzuweisungen.

- *I blamed the wrong guy.* Ich habe dem Falschen die Schuld gegeben.

Gebt mir nicht die Schuld. Ich habe ihn nicht gewählt.

BUllSHit

Aufkleber, der den Namen Bush (z. B. George oder George W.) um zwei *l* und ein *-it* ergänzt. *Bullshit* ist kein Fluch, sondern entspricht unserem «Gelaber». Wer dummes Zeug redet, bekommt ein verächtliches *Bullshit!* als Erwiderung. Auch und gerade Politiker werden mit *bullshit* abgestraft:

- *He's talking bullshit!*

BUnSinnH

America, love it or leave it.

Geh doch rüber, wenn es dir hier nicht passt, hieß es einst in der *West-only*-Bundesrepublik, wenn zu viel am politischen System herumgemäkelt wurde. Wer, wie so mancher Amerikaner, fest davon überzeugt ist, dass die USA *the world's greatest country* seien, dem geht dieser Spruch schnell über die Lippen:

Amerika, liebe es – oder verlasse es.

Get Washington out of our bathrooms!

Ein aus dem Jahr 1992 stammendes Gesetz bedroht die Freiheit der Nation, meint der republikanische Abgeordnete Joe Knollenberg aus Michigan. Schlappe 1,6 Gallonen Wasser pro Spülung verbrauchen US-Toiletten, die den Vorgaben dieses Gesetzes entsprechen. Die Kloschüsseln des alten Standards schluckten noch 3,5 Gallonen. Nachteil des 1,6-Gallonen-Systems: Gelegentlich muss zweimal gespült werden – was den folgenden Aufkleber provozierte:

- *I've had enough of double flushing.* Ich habe genug vom Doppelt-Spülen.

Für die radikaleren Gegner der neuen Schüsseln gibt es nur eine Lösung: Ab nach Kanada und eine *toilet bowl* konventioneller Bauart kaufen; die kanadischen Sanitärhändler verdienen sich dumm und dusselig an all den Amerikanern, die statt mit schwächlichen 6 Litern lieber weiterhin mit satten 20 Litern abdrücken wollen. Auch so können sich amerikanische Freiheitsgefühle artikulieren.

Schmeißt Washington aus unseren Toiletten raus!

Help beautify America. Get your hair cut.

Die Konstruktion *get* + Objekt + *past participle* ist durchaus alltagstauglich:

- *I have to get my oil changed.* Ich muss mein Öl wechseln lassen.
- *I have to get my suit cleaned.* Ich muss meinen Anzug reinigen lassen.

Helft dabei, Amerika zu verschönern. Lasst euch die Haare schneiden.

Welcome to California. Now go home.

Gerichtet primär gegen die illegalen mexikanischen Einwanderer, legt dieser Aufkleber nicht eben die fremdenfreundlichste Einstellung an den Tag.

Willkommen in Kalifornien. Und jetzt geht wieder nach Hause.

Welcome to California. Now go home and leave your daughters.

Das antimexikanische Sentiment wird hier mit einer Prise Sexismus gewürzt.

Willkommen in Kalifornien. Und jetzt geht wieder nach Hause und lasst eure Töchter hier.

Save California. When you leave please take someone with you.

Auch hier wird auf die Einwanderungsproblematik in Kalifornien angespielt.

Rettet Kalifornien. Wenn Sie gehen, nehmen Sie bitte noch jemanden mit.

Native American Indians had bad immigration laws.

Mitleid mit den amerikanischen Ureinwohnern, den Indianern? Oder eine Warnung, die Zuwanderungsgesetze zu verschärfen?
Die Indianer heißen im politisch korrekten Sprachgebrauch übrigens nicht *Indians*, sondern *Native Americans.*

Die indianischen Ureinwohner Amerikas hatten schlechte Zuwanderungsgesetze.

Mean people suck. Nice people swallow.

Die Doppelbedeutung von *suck* (nichts taugen, saugen) spielt auch bei diesem Aufkleber eine Rolle. *Mean people suck* hieße demnach: «Böse, gemeine Menschen sind wertlos», aber auch – in wörtlicher Übersetzung –: «Böse Menschen saugen.» «Saugen» kann aber auch sexuell verstanden werden, wie etwa in dem vulgären Ausdruck *to suck dick*, am Schwanz lutschen. Dass die sexuelle Anspielung durchaus gewollt ist, zeigt der zweite Satz unseres Aufklebers:

Böse Menschen lutschen [bloß] (taugen nichts). Nette Leute schlucken [auch] runter.

Politically incorrect and proud of it.

Wenn von *political correctness (PC)* die Rede ist, geht es um Versuche, immer dort neue Ausdrücke einzuführen, wo die alten als diskriminierend empfunden wurden. So wurde aus der sofort als weiblich zu erkennenden *stewardess* ein geschlechtsneutraler *flight attendant*, aus dem *chairman* (Vorsitzenden) eine *chairperson. American Indians* heißen *Native Americans*, Schwarze sind *African Americans.* Diese Begriffe sind mittlerweile fest etabliert. Nicht überall durchsetzen konnten sich Ausdrücke wie *humankind* für *mankind* (Menschheit) oder das völlig verblasene *herstory* für *history* (Geschichte).

Auf dem Sticker begegnen wir erneut einem Wort mit *-ly* und schließen daraus, dass wir es mit einem Adverb zu tun haben. Interessanterweise beschreibt es hier kein Verb, sondern ein Adjektiv. Auch das geht also. Beispiele:

- *Legally Blonde.* Ein Filmtitel (deswegen die Großschreibung): Ganz legal blond.
- *Naturally blonde.* Natürlich blond.
- *Happily married.* Glücklich verheiratet.

Politisch inkorrekt und stolz darauf.

These colors won't run.

Einer der ersten patriotischen Aufkleber, die nach dem Attentat auf die Twin Towers am *Terrible Tuesday* vom 11. September 2001 sofort wieder belebt wurden. Die gemeinten Farben sind Rot, Weiß und Blau, die Farben Amerikas: Auf dem Sticker ist deutlich die Flagge der USA zu erkennen.

To run heißt «rennen, wegrennen», aber auch, vor allem wenn es um Textilien geht (und auch die Flagge ist ja eine solche), «auslaufen, verwaschen, sich verfärben». So macht der Autor uns klar, dass die Ideale der USA unverändert bleiben und niemand daran denkt, kampflos aufzugeben:

Diese Farben laufen nicht aus (rennen nicht weg).

Beam me up, Scotty. There's no intelligent life down here.

Nicht im engeren Sinn politisch, wohl aber zutreffend auf vieles im politischen Tagesgeschäft. *Scotty* ist natürlich der Bordingenieur des Raumschiffs Enterprise, der für das Hochbeamen von Captain Kirk zuständig ist. In unserem konkreten Fall untersucht Kirk die Situation auf dem Planeten Erde. Mit niederschmetternden Ergebnissen:

Beam mich hoch, Scotty. Hier unten gibt's kein intelligentes Leben.

Give me ambiguity or give me something else.

Verballhornung eines berühmten Zitats von Patrick Henry, das in den USA jedes Schulkind kennt: *I know not what course others may take; but as for me, give me liberty or give me death!* «Ich weiß nicht, welche Richtung andere einschlagen werden; doch was mich angeht, gebt mir Freiheit oder gebt mir den Tod!» So gesprochen am 23. März 1775.
Unser Aufkleber macht sich einen Spaß daraus, das Mehrdeutige zu fordern – und dies in völlig uneindeutiger Weise. Zentral ist dabei das Wort *ambiguity*: «Doppelsinn, Mehrdeutigkeit, fehlende Eindeutigkeit, Unklarheit».

Gib mir Unklarheit oder gib mir irgendetwas anderes.

The daily grind: Office lore and coffee cups

Mein Leben im Büro

No pin-up girls, no centerfolds, no fat jokes, no racial jokes, no ethnic or religious cartoons.

Keine Pin-ups, keine Faltposter (mit Nackten), keine Witze über Dicke, keine rassischen Witze, keine ethnischen oder religiösen Cartoons.

Tina Miller, Wie man seine Ecke im Großraumbüro einrichtet

Das Wort *lore* – bekannt aus der Zusammensetzung *folklore* – bezeichnet ein überliefertes Wissen, etwa von Sagen und Märchen. In der modernen Bürowelt erzählt meist keiner mehr Märchen – es sei denn, Sie möchten die Ankündigung einer baldigen Gehaltserhöhung als solches bezeichnen. Dafür verfügt das moderne Großraumbüro mit seinen *cubicles*, den «Boxen», über einen reichen Fundus an Witzen, Cartoons, Comics, Sprüchen, Zitaten und Anekdoten, die aus den unterschiedlichsten Quellen sprudeln: Als E-Mails landen sie im Computer, tauchen auf Kaffeetassen auf oder werden vom Kopierer oder Faxgerät ausgespuckt – durchweg Gerätschaften, die eigentlich einzig im Dienst der Steigerung menschlicher Schaffenskraft stehen sollten.
Dieses bunte Potpourri humoristischer Äußerungen fassen amerikanische Kulturforscher gerne unter der Überschrift *office lore* zusammen, und die Chancen stehen nicht schlecht, dass auch in Ihrem Büro, wenn Sie denn in einem arbeiten sollten, derartiges Scherzmaterial zirkuliert. Ganz gleich, wie viel *office lore* sich bei Ihnen findet, ein europäisches Büro wird meist hinter seinem amerikanischen Gegenstück zurückbleiben müssen, wenn es um die schiere Menge geht. Ganze Industriezweige scheinen davon zu leben, die amerikanischen Büroarbeiter mit flotten Sprüchen von ihrer Arbeit abzuhalten: Besonders profitieren die Hersteller von Kaffeetassen und Kopiergeräten von der amerikanischen Neigung zur Selbstironie, zur *self-deprecation*. Der Angestellte als Geknechteter, als leidender Untergebener, als Lamm, das auf dem Altar des Großkapitals geopfert wird, spielt die Hauptrolle in diesen Sprüchen. Als Nebenpersonal fungieren böse Chefs, dumme Kollegen und die eigene Faulheit – und natürlich die endlose Kaffeetrinkerei, auf die unsere Kapitelüberschrift anspielt. Dem Kaffee gilt denn auch das *daily grind* in der Überschrift – zumindest zur Hälfte: Zum einen steht *daily grind* für den täglisch frisch gemahlenen Kaffee (*to grind*, mahlen), zum anderen für den «ewig gleichen Trott, die alte Tretmühle».

I love my job

I'm out of bed and dressed. What more do you want?

Ich bin raus aus den Federn und angezogen. Was wollen Sie denn noch?

I'm paid weekly. Very weakly.

Weekly (wöchentlich) und *weakly* (schwächlich) klingen absolut gleich. In der deutschen Übersetzung lässt sich dieser Trick leider nicht wiederholen:

Ich werde wöchentlich bezahlt. Sehr armselig.

Tipp! Dafür darf der Spruch als Paradebeispiel für die Anwendung des Adverbs gelten. Gerne lassen Deutschsprecher das *-ly* am Ende entfallen. *I'm paid weak* soll so «Ich werde schlecht bezahlt» bedeuten. Tut es aber nicht, denn *weak* bezieht sich auf das Verb – deswegen spricht man ja auch vom Ad-Verb, weil es *zum* Verb gehört – und benötigt seine korrekte Adverbendung: *I'm paid weakly.*
Anderes Beispiel:

- *I slept poorly.* Ich habe schlecht geschlafen.

Poor heißt nicht nur «arm», und *slept* übersetzt man nicht als «schlief», sondern zweckmäßigerweise als «habe geschlafen».
I am paid ist natürlich auch Passiv: «Ich werde bezahlt.» Ergänzen ließe sich ein Täter:

- *I am paid by my boss.* Ich werde von meinem Chef bezahlt.

I pretend to work. They pretend to pay.

Pretend ist ein tolles Wort. Englische Muttersprachler kennen es ab dem dritten Lebensjahr. *I'm only pretending!*, erklären sie allen, die

Zweifel daran anmelden, dass ein Dreijähriger tatsächlich wie *Superman* fliegen kann: «Ich tu doch nur so als ob!»
Unser Aufkleberspruch klagt vor allem über niedrige Löhne:

Ich gebe vor zu arbeiten. Sie geben vor zu zahlen.

Tell me again how lucky I am to work here. (I keep forgetting.)

Sag mir nochmal, welches Glück ich habe, hier zu arbeiten. (Ich vergesse es immer wieder.)

Tipp!

Die Konstruktion *keep* mit *-ing* betont Dauer und Verlauf:

- *I keep telling him, but he doesn't seem to understand.* Ich sage es ihm immer wieder, aber er scheint es nicht zu verstehen.
- *Keep (on) trying!* Probier's weiter!
- *She kept trying.* Sie probierte es immer wieder.

I don't mind going to work. It's just the long wait to go home.

Es macht mir nichts aus, zur Arbeit zu gehen. Nur die lange Warterei, bis man nach Hause kann [, stört mich].

Only Robinson Crusoe could have everything done by Friday.

Amerikanische Chefs können durchaus Druck machen, auch wenn sie dabei eher die hohe Kunst des *schmoozing* (auch *shmoozing*) einsetzen: Der Mitarbeiter wird mit freundlichen Worten umgarnt, bekommt den Bauch gepinselt und wird so ohne Peitsche zur Arbeit angetrieben. Selten setzt ihm der Boss ein verbales Messer auf die Brust: *Have it done by Friday!* Wörtlich: «Bis Freitag ist das fertig!» Oder, wieder freundlicher: *I'm sure you can manage it by Friday.* «Ich bin sicher, dass Sie das bis Freitag schaffen können.»
Demnach hieße unser Spruch:

Nur Robinson Crusoe hätte alles bis Freitag erledigt haben können.

Doch das ist nur eine von zwei möglichen Bedeutungen.

Tipp! Das grammatische Muster mit *could have (done)* lässt sich natürlich auch in anderen Phrasen finden, die Hypothetisches, Nicht-Wirkliches ausdrücken. Wichtig ist, dass Sie das *past participle* kennen. Bei regelmäßigen Verben kein Problem, es entspricht der Vergangenheitsform *(walked)*, bei den unregelmäßigen findet man es an dritter Stelle in den langen Listen mit *irregular verbs* im Wörterbuch: *write – wrote – written.*

- *He could have walked home but he took the car.* Er hätte nach Hause laufen können, aber er nahm das Auto.
- *He could have married her.* Er hätte sie heiraten können.
- *She could have had sex with him.* Sie hätte Sex mit ihm haben können.
- *Kurt Wallander could have gone to Africa.* Wallander hätte nach Afrika gehen können.
- *I couldn't have said it better myself.* Ich hätte es nicht besser ausdrücken können.

Witzig wird unser Spruch erst durch eine Doppelbedeutung, die sich beim Muttersprachler ganz von selbst einstellt, weil er den Satz zugleich auch als Passiv-Satz erkennt:

Nur Robinson Crusoe konnte alles von [seinem Freund] Freitag erledigt bekommen.

Das Wörtchen *by* hilft hier kräftig mit: Im Passiv-Satz heißt es nicht mehr «bis», sondern «von». Sie erinnern sich an Abspänne in TV und Kino:

- *Written and directed by Carl Barks.* Geschrieben und inszeniert von Carl Barks.
- *It can't be done by just two people. We need at least four.* Es kann nicht von lediglich zwei Leuten erledigt werden. Wir brauchen mindestens vier.

Die beiden Lesarten noch einmal im direkten Vergleich:

Nur Robinson Crusoe hätte alles bis Freitag erledigt haben können.
Nur Robinson Crusoe konnte alles von Freitag erledigt bekommen.

Of course I don't look busy. I did it right the first time.

Nicht nur Menschen können *busy* sein, auch Telefonleitungen:

- *The line is busy.* Der Anschluss ist besetzt.

Wenn freilich die Toilette besetzt ist, dann brauchen wir wieder ein anderes Wort:

- *The bathroom/restroom is occupied.* Die Toilette ist besetzt.

Natürlich sehe ich nicht sehr beschäftigt aus, ich hab's beim ersten Mal [gleich] richtig gemacht.

I'm so broke. I can't even pay attention.

Pay heißt «zahlen, bezahlen», taucht aber auch in zahlreichen festen Wendungen auf, so zum Beispiel in *to pay tribute to* (Tribut zollen) oder eben in *to pay attention* (gut aufpassen; Aufmerksamkeit schenken). Wenn Sie jetzt noch wissen, dass *broke* «pleite» heißt, kommen wir auf eine freie Übersetzung, bei der zumindest noch ein Hauch des ursprünglichen Wortspiels zu spüren ist:

Ich bin so pleite. Ich kann mir's nicht mal mehr leisten, meine Aufmerksamkeit zu verschenken.

Happiness is seeing your boss' picture on the back of a milk carton.

Dass Glück etwas mit dem Bild des Chefs auf der Rückseite einer Milchpackung zu tun haben soll, ist auf den ersten Blick wenig überzeugend. Wer jedoch weiß, dass in Amerika nicht nur mit Steckbriefen im Postamt, sondern auch mit Konterfeis auf Milchpackungen nach vermissten Kindern gesucht wird, hat den Gag kapiert: Der böse Chef ist weg, verschwunden, gekidnappt, weitab von seinem Job und kann seine Mitarbeiter nicht mehr malträtieren.

Chief ist keine gute Übersetzung für das Wort Chef. Indianer haben einen *chief* (Häuptling), auch die Feuerwehr kennt einen *fire chief.* Zuweilen wird zwar auch ein *boss* als *chief* apostrophiert, doch meist greift man mit *chief* daneben.

Dass hier *seeing* als Subjekt steht (und *to see* unmöglich macht), merken Sie, wenn Sie den Satz ein wenig umstellen: *Seeing your boss' picture ... is happiness.*

Tipp! Der Genitiv *your boss' picture*, «das Bild deines Bosses», überrascht durch ein fehlendes Apostroph-*s*. Da *boss* schon auf -*s* endet, darf das *'s* eingespart werden. Wer mag, darf aber dennoch *boss's* schreiben.

Glück ist, ein Bild von deinem Boss auf der Rückseite einer Milchpackung zu sehen.

A clean desk is a sign of a cluttered desk drawer.

A clean desk is a sign of a sick mind lautet das Original, das selbst schon humoristisch gemeint war: «Ein aufgeräumter Schreibtisch ist ein Zeichen eines kranken Hirns.» Die Verballhornung dieser Fassung setzt noch einen drauf:

Ein aufgeräumter Schreibtisch ist ein Zeichen einer voll gestopften Schreibtischschublade.

I'm not a bum, my wife works.

In Paris heißen sie *clochards*, in Frankfurt «Penner» und in New York *bums*. Ein *bum* – in einem etwas weiter gefassten Sinn – ist auch einer, der die Arbeit nicht erfunden hat und überwiegend untätig herumhängt.

Ich bin kein Faulpelz, meine Frau arbeitet.

Hard work has a future payoff. Laziness pays off now.

Fleißige Arbeit hat ihren Lohn in der Zukunft. Faulheit macht sich sofort bezahlt.

The best way to get on your feet is to get off your ass.

Das Sentiment, dass Arbeitslosigkeit selbst verschuldet ist, schwingt bei diesem Aufkleber nicht nur unterschwellig mit: Wer keine Arbeit findet, kriegt nur den Arsch nicht hoch. *Get off your ass*, krieg deinen Arsch hoch, schimpft unser *bumper sticker.*
Hier noch ein paar praktische Ausdrücke mit *get (off)*:

- *Get your ass in gear!* Setz deinen Hintern in Bewegung. (Wörtlich: Leg bei deinem Arsch den Gang ein.)
- *Get off of me.* Geh runter von mir.
- *I get off on reggae.* Ich fahre total ab auf Reggae.

Die beste Methode, wieder auf die Beine zu kommen, ist, den Arsch hochzukriegen.

I fight poverty – I work.

Auch hier wird unterstellt, dass Arbeitslose in der Hauptsache faul sind. Wer so denkt, sagt auch Sätze wie diesen:

- *I think people who live off welfare are slugs.* Wer nicht arbeitet und von der Stütze lebt, ist ein fauler Schmarotzer. (*Slugs* sind Nacktschnecken.)

Dass die eigentlichen Schmarotzer diejenigen sind, die ihre Arbeitnehmer mit dem gesetzlich vorgeschriebenen Mindestlohn *(minimum wage)* abspeisen, kommt diesen Kritikern des Sozialwesens meist nicht in den Sinn.

Ich bekämpfe die Armut – ich arbeite.

All stressed out and no one to choke!

Eine bekannte Redewendung – immer dann zu hören, wenn eine Verabredung geplatzt oder eine Party ins Wasser gefallen ist – lautet: *All dressed up and nowhere to go.* «Total aufgedonnert und nirgendwo, wo man hingehen kann.» Vor diesem Hintergrund muss man unseren Kaffeetassen-Spruch sehen:

Total gestresst und niemand [da], den man würgen könnte.

Anti-stress shirt. Bang head here.

Dieser Spruch, man erkennt's am Wort *shirt*, stammt von einem T-Shirt, noch dazu von einem, das einen großen weißen Kreis zeigt, umgeben von reichlich Schwarz.
Der weiße Kreis trägt die Inschrift *Bang head here*, hier den Kopf draufknallen. Darunter dann die eigentliche Anleitung:

1. Place shirt on flat hard surface.	Platzieren Sie das T-Shirt auf eine ebene, harte Fläche. (Achten Sie auf die Aussprache von *surface*, das sich nicht mit *face* reimt.)
2. Follow directions in circle.	Folgen Sie den Anweisungen im Kreis.
3. Repeat until stress is gone or you are unconscious.	Wiederholen, bis der Stress weg ist oder Sie bewusstlos sind.

4.	*Repeat as necessary, not to exceed four times daily.*	Wiederholen, soweit notwendig, jedoch nicht öfter als viermal täglich.
5.	*Note: If circle turns red, consult physician.*	Anmerkung: Falls der Kreis sich rot färbt, konsultieren Sie einen Arzt.

Those who can, do. Those who can't, hire others to.

Die, die's können, tun's. Die, die's nicht können, stellen dazu andere ein.

I have a degree in liberal arts – do you want fries with that?

Dreierlei sollte man bei diesem Spruch vor dem geistigen Auge haben:
1. Angestellte in Schnellrestaurants sind angewiesen, bei jedem Verkauf eines Hamburgers möglichst suggestiv nachzufragen, ob noch eine Portion Pommes frites gewünscht wird: *Do you want fries with that?*
2. Wer in einem *fast food joint* arbeitet, dem ist es nicht gelungen, auf der Leiter des Erfolgs besonders weit nach oben zu klettern.
3. Wer studiert und später die fette Kohle verdienen will, sollte sich von den *liberal arts* (wörtlich: freie Künste) fern halten. Gemeint sind damit geisteswissenschaftliche Studienfächer wie Sprachen, Philosophie, Literatur, Geschichte, die nicht auf berufsqualifizierende Kenntnisse zielen, sondern auf Allgemeinwissen und eine generelle Schulung von Vernunft / Verstand *(reason)* und Urteilsvermögen *(judgement)*. Damit, so legt der Aufkleber nahe, lässt sich allenfalls ein Job als Fritteusenjockey bei McDonald's finden.

Ich habe einen Uniabschluss in Geisteswissenschaften – wollen Sie eine Portion Fritten dazu?

I must be a mushroom. Everybody keeps me in the dark and feeds me manure.

Ich muss ein Pilz sein. Alle halten mich im Dunkeln und füttern mich mit Mist.

They can't fire me. Slaves have to be sold.

Tipp! *Have to* heißt «müssen»:

- *We have to get out of here!* Wir müssen hier raus!
- *You have to understand that nothing lasts forever.* Du musst verstehen, dass nichts ewig währt.

Außer *have to* hat unser Spruch noch Passiv zu bieten. Genauer: das Passiv mit Modalverb, gemäß dem Muster *have to + be + past participle*:

- *The premises have to be vacated before 10 a.m.* Das Gelände muss vor 10 Uhr verlassen werden (Hotelschild in Atlanta, Georgia).

Die können mich nicht rausschmeißen. Sklaven müssen verkauft werden.

This employee is depriving a village somewhere of an idiot.

Angeblich stammt dieser Satz aus einem tatsächlich ausgestellten Arbeitszeugnis. Wir haben da unsere Zweifel und denken, dass er eher dem Märchen- und Sagenschatz der Bürounterwelt entstammt.
Der *village idiot* entspricht im Übrigen ganz unserem Ausdruck «Dorfdepp». Schwieriger ist da der Ausdruck *to deprive someone of something.*

- *He deprived his children of a normal childhood.* Er beraubte seine Kinder einer normalen Kindheit.

Dieser Angestellte bringt irgendwo ein Dorf um seinen Deppen.

Your village called ... They want their idiot back.

Noch ein Dorfdepp-Scherz.

Dein Dorf hat angerufen ... Sie wollen ihren Deppen wiederhaben.

Work is the curse of the drinking class.

Eines der klassischen Witzmuster ist das der Abwandlung eines altbekannten Spruches. Hier diente *Alcohol is the curse of the working class* als Vorlage: «Alkohol ist der Fluch der Arbeiterklasse.» Die neue Variante weiß es besser:

Arbeit ist der Fluch der trinkenden Klasse.

Is there life before coffee?

Die transzendentale Frage, die hier mit anklingt, lautet: *Is there life after death?* «Gibt es ein Leben nach dem Tod?»

Gibt es Leben vor dem [Morgen-]Kaffee?

I give 100 % at work. 12 % Monday. 23 % Tuesday. 40 % Wednesday. 20 % Thursday. 5 % Friday.

Tipp!

Auch wenn im Englischen wenig großgeschrieben wird, die Wochentage und Monatsnamen werden es:

- *Today is Monday, the 13th of May.*

Ich gebe 100 % bei der Arbeit . 12 % montags, 23 % ...

If you can't beat them, arrange to have them beaten.

Tipp! *To have someone* + Partizip hat eine ganz eigene Bedeutung, die mit «veranlassen, dass etwas geschieht» ganz gut übersetzt ist.

- *The President had his adviser fired.* Der Präsident veranlasste, dass sein Berater rausflog.
- *Peter had his cat neutered.* Peter ließ seine Katze kastrieren.
- *I'm trying to have him expelled.* Ich versuche, dass er [der Schule] verwiesen wird.

Wenn du sie [schon] nicht schlagen (ausstechen) kannst, dann arrangiere, dass sie geschlagen (verprügelt) werden.

The longer the title, the less important the job. George McGovern

Tipp! Unser schönes «je … desto» wird im Englischen zu einem schmächtigen *the … the*:

- *The more I sleep, the more tired I get.* Je mehr ich schlafe, desto müder werde ich.

Je länger der Titel, desto weniger wichtig der Job.

The rat race. Even if you win, you're still a rat.

Das *rat race* (Rattenrennen) steht als Metapher für den Kampf um die besten Jobs: Jeder will Karriere machen, jeder will die Nase im Rennen vorne haben. An den Unis, die nur dann feste Dozentenstellen vergeben, wenn neben der Lehre auch noch reichlich Forschungsberichte geschrieben und gedruckt werden, heißt es deshalb auch *publish or perish!*, veröffentliche oder verscheide.
Doch ganz gleich, wie viele auf der Strecke bleiben oder wer als Sieger aus ihm hervorgeht, für das Rattenrennen gilt unumstößlich:

Auch wenn du gewinnst, du bist immer noch eine Ratte.

I've used all my sick days, so I'm calling in dead!

Amerikanische Arbeitnehmer bekommen wenig Urlaub. Und, was noch schlimmer wiegt, auch ihre Krankheitstage sind limitiert. Pro Jahr gesteht der Arbeitgeber nur eine begrenzte Zahl von *sick days* zu, wer länger krank ist, erhält vom Arbeitgeber keine Lohnfortzahlung mehr.

Eine Krankmeldung erfolgt auch in den USA erst einmal per Telefon:

- *I'm calling in sick.* Wörtlich: «Ich telefoniere rein krank.» Besser: Ich melde mich telefonisch krank.

Genau dieser Ausdruck wird jetzt parodiert, aus *sick* wird *dead*, und schon meldet man sich nicht mehr krank, sondern gleich tot.

Ich habe meine ganzen Krankheitstage aufgebraucht, deswegen ruf ich an und melde mich als tot.

Work expands so as to fill the time available for its completion.

Northcote Parkinson

Im Gewand eines physikalischen Lehrsatzes erscheint dieser Spruch.

Arbeit dehnt sich aus, um die für ihre Beendigung verfügbare Zeit auszufüllen.

Für den Alltagsgebrauch sollten Sie sich *available* (erhältlich, verfügbar, noch zu haben) merken:

- *When will it be available?* Wann wird es verfügbar sein?
- *Is she still available?* Ist sie noch zu haben?
- *Are you available tomorrow night? Let's go dancing.* Hast du morgen Abend Zeit? Lass uns tanzen gehen.

Anyone can do any amount of work provided it isn't the work he is supposed to be doing at that moment. Robert Benchley

Zwei Ausdrücke, die Sie unbedingt kennen sollten: *provided* (vorausgesetzt, dass) und *supposed to do* (soll machen).

- *I will do that provided you pay me more money.* Ich erledige das, vorausgesetzt, dass du mir mehr zahlst.
- *She will come to the meeting provided you agree to provide her with a plane ticket.* Sie kommt zum Meeting, vorausgesetzt, dass du ihr ein Flugticket zur Verfügung stellst.
- *You're supposed to fix that problem.* Du sollst / musst dieses Problem beheben.
- *What am I supposed to do!?* Was soll ich denn [jetzt nur] machen!?
- *No, I'm not supposed to do that.* Nein, ich darf das nicht machen.

Jeder kann jede beliebige Arbeitsmenge bewältigen, vorausgesetzt, es ist nicht die Arbeit, die er im Moment gerade erledigen soll.

Money

Money talks. Mine only says good-bye.

Wenn Argumente versagen, übernimmt Geld die Überzeugungsarbeit: *Money talks.* Sinngemäß: «Bargeld lacht.» Vorausgesetzt, man hat genug davon. *Provided that you have enough.*
Unser Spruch nimmt das sprechende Geld wörtlich und findet so zu einer tiefen Weisheit:

Geld spricht. Meins sagt nur tschüs.

CUTBRNR8

Als Autokennzeichen gesehen in Kalifornien: «Kapitalverjubelungsgeschwindigkeit begrenzen.» Wem diese Übersetzung zu flapsig ist, helfen vielleicht diese Hinweise:

- *CUT* steht für *cut*, schneiden. Hier aber: kürzen, beschränken.
- *BRN* heißt *burn.*
- *R8* klingt wie *r-eight* und damit wie *rate*, Rate.

Damit haben wir *Cut burn rate.* Die *burn rate* ist die Geschwindigkeit, mit der das Risiko- oder Wagniskapital *(venture capital)* einer Firmenneugründung *(start-up)* ausgegeben wird. Während des Internetbooms am Ende des 20. Jahrhunderts war Geld kein Thema. Die *burn rate* war rasant; erst mit dem Platzen der Internet-Blase wurden seitens der Investoren die Rufe nach einer reduzierten *burn rate* lauter.

Begrenzt die Verschwendung von Risikokapital.

Bills travel through the mail at twice the speed of checks.

Ein Spruch, formuliert als Quasi-Naturgesetz.

- *Twice the speed of light*, doppelte Lichtgeschwindigkeit.
- *Twice the speed of sound*, doppelte Schallgeschwindigkeit.

Das amerikanische Zahlungswesen hängt sehr am Scheck *(check).* Im privaten Umfeld sind Überweisungen von Konto zu Konto noch immer eher unüblich. Man stellt einen Scheck aus. Erstbesucher in den USA sind immer wieder verblüfft, wie oft auch im Lebensmittelmarkt mit Schecks gezahlt wird – und wie lange das dauert: Scheck ausfüllen, Lichtbildausweis (meist die *driver's license*, Fahrerlaubnis) vorzeigen, Scheck stempeln lassen. Die Schlange wird lang und länger, die Gesichter der Anstehenden auch, und überall macht sich die Einsicht breit: *The other line always moves faster.* «Die andere Schlange ist immer schneller.»

Die Trägheit von Schecks betont auch unser Spruch, vor allem, wenn man sie mit Rechnungen vergleicht:

Rechnungen reisen mit doppelter Scheckgeschwindigkeit durch die Post.

The two most beautiful words in the English language are: Check enclosed. Dorothy Parker

Dass Schecks langsam sind, weiß auch Dorothy Parker. Dank ihrer Einsicht kennen wir nun auch die beiden erquickendsten Wörter des Deutschen:

Die zwei schönsten Wörter der deutschen Sprache lauten: Scheck beiliegend.

Money can't buy happiness but it can certainly rent it for a couple of hours.

Wer in der Schule für «mieten» nur *to hire* gelernt hat, spricht britisches Englisch. Für einen Amerikaner bedeutet *to hire* «einstellen»:

- *We hire only the best and brightest.* Wir stellen nur die Besten und Schlausten ein.

Für «mieten» gibt es *to rent*:

- *To rent a car; a rental car.* Ein Auto mieten; Leihwagen.
- *To rent an apartment.* Eine Wohnung mieten.

Geld kann das Glück nicht kaufen, aber es kann es mit Sicherheit für ein paar Stunden mieten.

If you think money can't buy happiness, you don't know where to shop.

Wenn du glaubst, dass Geld kein Glück kaufen kann, dann weißt du nicht, wo man [richtig gut] einkauft.

How can I be overdrawn? I still have checks left.

Eine Eigenheit des amerikanischen Bankensystems. Girokonten *(checking accounts)* bieten keinen Überziehungsrahmen. Die Schecks werden, sollte die Deckung nicht gewährleistet sein, einfach nicht ausgezahlt – und dem Aussteller wird sowohl von seiner eigenen Bank als auch von der akzeptierenden Bank ein saftiges Bußgeld aufgebrummt. *Keep your checkbook balanced* lautet die übliche Ermahnung: «Halte dein Scheckheft in der Balance»; soll heißen: in den schwarzen Zahlen.

Wie kann ich denn [mein Konto] überzogen haben? Ich habe doch noch Schecks übrig.

Just when I think I can make ends meet, someone moves the ends!

Making ends meet ist der Ausdruck dafür, dass man mit dem Einkommen auskommt. Wörtlich heißt es «beide Enden zusammenbringen», so, dass Einnahmen und Ausgaben sich die Waage halten, dass man hinkommt mit dem Geld.

- *He's trying hard to make ends meet, but everything is so expensive.* Er versucht, über die Runden zu kommen, aber alles ist so teuer.

Der Spruch nimmt die Redewendung zum einen wörtlich und zum anderen auseinander – fertig ist der Gag.

Immer dann, wenn ich denke, dass ich [finanziell] über die Runden komme, hängt einer eine neue Runde dran.

Where there's a will, I want to be in it!

«Wo ein Wille ist, ist auch ein Weg.» Diese deutsche Wendung findet ihr englisches Pendant in: *Where there's a will, there's a way.* Allerdings: Ein *will* kann auch ein letzter Wille sein, weswegen amerikanische Testamente mit *Last will and testimony* überschrieben sind.

- *I want to be in his will.* Ich will in seinem Testament stehen.

Wo ein (letzter) Wille ist, da will ich [auch] drinstehen!

God bless the IRS, without them I'd be filthy rich.

Der *Internal Revenue Service (IRS)* ist das amerikanische Finanzamt, ohne das der Aufkleber-Besitzer «Geld wie Heu» hätte (*filthy rich*, wörtlich: schmutzig reich). Die Anwendungsmöglichkeiten für *filthy* erschöpfen sich nicht in der Kombination mit *rich*; auch Hotelzimmer können *filthy* sein: *That room was filthy.* Was schlimmer ist als einfach nur *dirty*. *Dirty*, oder besser: *dirt* (Schmutz, Dreck), kommt noch in einer anderen Geldphrase vor:

- *This car was dirt-cheap.* Dieses Auto war unglaublich billig.

Tipp! Verwundern wird Sie der Umstand, dass das *IRS* nach dem Komma nicht mit *it*, sondern der Mehrzahlform *them* bezeichnet wird. Der Gedankengang funktioniert wie folgt: Im *IRS* arbeiten viele Leute, also *they*, auch wenn nur eine Behörde gemeint ist. Im Objektfall heißt es dann *them.*

- *The police were chasing the criminal.*
- *The police was chasing the criminal.*

Beide Beispiele sind korrekt. Im ersten Satz gibt der Sprecher dem Pluralgedanken – viele, viele Cops – den Vorzug, im zweiten wird eher britisch gedacht: *the police = singular.*

Tipp! Zweiter Grammatikpunkt: Das *I'd be (I would be)*, ich würde sein. Um das Nicht-Wirkliche im Englischen auszudrücken, gibt es nichts Einfacheres:

- *What would I do without you?!* Was würde ich ohne dich [nur] machen?!

Doch wer *would* sagt, muss oft auch *if* mit Konjunktiv sagen. Nur gut, dass dieser Konjunktiv genauso aussieht wie die einfache Vergangenheit:

- *I would appreciate it if you could do this for me.* Ich würde es zu schätzen wissen, wenn du das für mich erledigen könntest.
- *If I were filthy rich, I would be so happy.* Wenn ich steinreich wäre, würde ich so froh sein.
- *If I were you, I wouldn't do it.* Wenn ich du wäre, würde ich das nicht tun.

Gott segne das IRS; ohne es wäre ich steinreich.

IRS: We've got what it takes to take what you've got!

Für sich selbst gesehen, ist *We've got what it takes* ein feststehender Ausdruck, der in etwa bedeutet, dass man alle Eigenschaften hat *(we've got)*, auf die es ankommt *(what it takes)*, um eine bestimmte Sache zu erledigen.

- *He's got what it takes to go far.* Er hat, worauf es ankommt, um es [mal] weit zu bringen.

Teil zwei unseres Spruches arrangiert diese Wendung um, und schon ergibt sich eine neue Bedeutung: *We take what you've got* «Wir nehmen, was du hast.» Kein Wunder, dass der ganze Spruch nun dem *IRS* untergeschoben wird.

IRS: **Wir haben das, worauf's ankommt, um das zu nehmen, was du hast.**

When you do a good deed, get a receipt, in case heaven is like the IRS.

Der erste Blick täuscht: *Receipt* ist kein «Rezept», sondern eine «Quittung». Unser deutsches Wort «Rezept» heißt im Englischen entweder *recipe* (Kochrezept) oder *prescription* (vom Arzt).

Wenn du eine gute Tat tust, lass dir eine Quittung geben, falls der Himmel so ist wie das *IRS*.

Lottery: A tax on people who are bad at math.

Der Gedanke, dass Lottospieler eine Art Deppensteuer entrichten, ist auch in Europa nicht ganz unbekannt.
Stand in Ihrem Englischbuch auch immer *arithmetic?* Der Rest der Welt sagt einfach nur *math*. Wichtiger als *math* ist der Ausdruck *to be bad at something*, etwas nicht gut können:

- *I am not good at drawing pictures.* Ich kann nicht gut zeichnen.
- *I was always bad at math.* In Mathe war ich immer schlecht.

Lotterie: eine Steuer für Leute, die in Mathe nicht gut sind.

Oh, how I love to work!

Beat the 5 o'clock rush – Leave work at noon!

Ein Spruch mit zwei Imperativen: *Beat!* und *Leave! To beat* kann «schlagen» heißen, hier im Sinne von «besiegen» oder «(einer Sache/Person) zuvorkommen».

Komm dem 17-Uhr-Ansturm zuvor – Verlass den Arbeitsplatz [schon] um zwölf!

My father taught me to work, but not to love it. I never did like to work, and I don't deny it. I'd rather read, tell stories, crack jokes, talk, laugh – anything but work. Abraham Lincoln

Mein Vater lehrte mich zu arbeiten, nicht aber, dies [auch] zu lieben. Ich habe nie gerne gearbeitet, und ich streite dies [erst gar] nicht ab. Ich lese lieber, erzähle Geschichten, reiße Witze, rede, lache – alles, nur nicht arbeiten.

I'd rather be in Hawaii.
I'd rather stay home.

Beide Sprüche sind Brechungen bekannter Aufkleber des Musters *I'd rather be fishing,* ich wäre jetzt lieber beim Angeln.

Tipp!

Nicht immer muss *I would rather* mit der *-ing*-Form stehen. Möglich ist auch *I'd rather* + Stammform:

- *I'd rather have Chinese than Italian.* Ich würde lieber chinesisch als italienisch essen.
- *I'd rather buy an Audi.* Ich würde mir lieber einen Audi kaufen.

Ich wäre lieber auf Hawaii.
Ich bleibe lieber zu Hause.

If you can't dazzle 'em with brilliance, baffle 'em with bullshit.

Die slangig-umgangssprachliche Form *'em* steht für *them;* von *bullshit* hatten wir schon oben gesprochen.

Wenn du sie [schon] nicht mit Genialität vom Hocker hauen kannst, verblüffe sie [wenigstens] mit Gelaber.

Mr. Fixit

When the going gets tough, the tough get duct tape.

Auch die handwerkliche Arbeit soll hier nicht unberücksichtigt bleiben. Vor allem dann, wenn sie auf *duct tape*, ein breites, silbriges Plastikklebeband, zurückgreifen muss. Ob lecke Fenster, undichte Schläuche oder wacklige Scheinwerfer, mit *duct tape* wird's wieder. Ursprünglich gedacht für *heating ducts* (Warmluftschächte, wie sie etwa in den Heizsystemen amerikanischer Einfamilienhäuser zu finden sind), wird *duct tape* mittlerweile für alle nur erdenklichen Klebezwecke benutzt.

So wurde *duct tape* zugleich auch zum Symbol für die schnell hingepfuschte Reparatur, für das – oft erstaunlich langlebige – Provisorium, kurz: für das Elend amerikanischer Handwerksmethoden. Dem amerikanischen *Mr. Fixit* sind silbriges Klebeband und Leatherman-Taschenmesser wichtiger als properes Handwerkszeug. Kein Wunder, dass es auf T-Shirts jetzt auch den Aufdruck *Duct Tape Pro* (Klebeband-Profi) gibt.

Eine Warnung noch: Viele Amerikaner sagen *duck tape*, Entenband. Selbst in Anzeigen steht es so geschrieben. Falsch. Es muss *duct tape* heißen. Allerdings gibt es für diesen Patzer eine gute Erklärung: Anfang der 90er Jahre hatte die Firma Manco ihr *duct tape* als *Duck Tape* auf den Markt gebracht. Damit wurde auch die Variante *Duck Tape* (als Eigenname natürlich großgeschrieben) gesellschaftsfähig.

Unser oben aufgeführter Handwerkerspruch basiert auf dem altbekannten *When the going gets tough, the tough get going:* «Wenn es hart auf hart kommt, kommen die harten Kerle erst richtig in Fahrt.»

Wenn's knüppeldick kommt, holen ganze Männer ihr *duct tape*.

When it comes to fixin' stuff, I'm on a roll: With duct tape!

Gleich zwei idiomatische Redewendungen verstecken sich in diesem Spruch. Dazu drei Beispielsätze:

- *When it comes to helping others, he can't be found anywhere.* Wenn es darum geht, anderen zu helfen, kann man ihn nirgendwo finden.
- *When it comes to food, he's a very picky eater.* Wenn es ums Essen geht, ist er ein sehr wählerischer / mäkliger Esser.
- *I'm on a roll!* Jetzt flutscht's, jetzt läuft's wie von selbst, wie geschmiert.

Die Wendung *I'm on a roll* wird hier augenzwinkernd auch ein wenig im wortwörtlichen Sinn verstanden: Mit *roll* wird auf die Rolle *duct tape* angespielt. Insgesamt aber dominiert die idiomatische Bedeutung:

Wenn's ums Reparieren von Sachen geht, dann läuft's bei mir wie geschmiert: mit *duct tape!*

I can't believe how people don't like to work. I'm renovating a house right now and the work week starts at noon on Monday and ends at noon on Friday. I'm a bit spoiled. I'm used to people in America working seven days a week. It's highly irritating. They leave work at 5 and there are bank holidays every minute here. When you hire an employee here, they remind you that they get four weeks' paid vacation. Madonna

Welcome to Europe!, möchte man Madonna zurufen, die hier von ihren Erfahrungen in England berichtet. Und: *In Germany we get six weeks' paid vacation!* «In Deutschland kriegen wir sechs Wochen bezahlten Urlaub.»

Tipp!

Weeks steht hier im Genitiv, deshalb der Apostroph. Wenn wir diese Konstruktion im Deutschen nachempfinden, klingt das so: «Sechs der Wochen an bezahltem Urlaub.» Besonders bei Zeit- und Wertangaben taucht diese Variante des *possessive case* auf:

- *He bought a few dollars' worth of golf tees.* Er kaufte Golf-Ts für ein paar Dollar.
- *She had several years' experience.* Sie hatte mehrere Jahre [Berufs-]Erfahrung. Möglich wäre auch *of*: *She had several years of experience.*
- *You have 30 days' notice.* Sie haben 30 Tage Kündigungsfrist.

Tipp! Dankbar sind wir Madonna nicht nur für ihre stimmlichen und tänzerischen Darbietungen, sondern auch für ihre souverän angewendeten Präpositionen: *at noon on Friday.* Merke: Uhrzeiten mit *at*, Tage mit *on*:

- *I'll see you at five on Thursday.* Wir treffen uns am Donnerstag um fünf.

Tipp! Achten Sie mal auf die beiden Präsens-Zeitformen: *I'm renovating a house* (aktuell stattfindende Handlung), *the week starts on Monday* (regelmäßig stattfindend).

Ich fasse es einfach nicht, wie [hier] keiner arbeiten will. Ich renoviere gerade ein Haus, und die Arbeitswoche beginnt montags um zwölf und endet freitags um zwölf. Ich bin [da] ein wenig verwöhnt. Ich bin an die Leute in Amerika gewöhnt, die sieben Tage pro Woche arbeiten. Das ist äußerst nervig [hier in England]. Die verlassen die Arbeit um fünf, und dann gibt's alle paar Minuten noch einen Feiertag. Wenn man einen Mitarbeiter einstellt, erinnern die dich daran, dass sie vier Wochen bezahlten Urlaub kriegen.

Service and motivation

I can only please one person per day. Today is not your day, tomorrow doesn't look good either.

Wie oft wurden uns die USA als mustergültiges Beispiel einer kundenorientierten Dienstleistungswirtschaft präsentiert? Zu oft, um es glauben zu können. Tendenziell ist die Bedienung drüben natürlich freundlich, vor allem in den Restaurants, wo die Höhe des Trinkgelds (auf Englisch *und* Neudeutsch: *tip*) direkt vom Service abhängt. Doch in den Supermärkten und Läden finden sich genug Mitarbeiter, denen die Kundenzufriedenheit schnurz ist. Wir können's ihnen nicht verdenken, denn niedrige Löhne und minimale Sozialleistungen, verknüpft mit maximal zwei Wochen Jahresurlaub, führen kaum zu einem Motivationsschub erster Ordnung.

Ich kann nur eine Person pro Tag zufrieden stellen. Heute ist nicht Ihr Tag, und morgen sieht's auch nicht gut aus.

If you are grouchy, irritable, or just plain mean, there will be a $ 10 charge for putting up with you.

Kennen Sie Oskar aus der Mülltonne, das grüne Muppet-Monster aus der Sesamstraße? Im Original der US-Serie heißt er *Oscar the Grouch*, Oskar der Griesgram und Stinkstiefel.
Auch hier findet sich wieder das Futur: *there will be.* Wörtlich: «Es wird geben»; in der Übersetzung genügt uns im Deutschen ein einfaches «es gibt».
Bleibt noch die Wendung *to put up with something*:

- *Put up or shut up.* Halte es aus (ertrage es) oder halte die Klappe.
- *He puts up with a lot of nonsense from his boss.* Er schluckt eine Menge Unsinn von seinem Boss. Er lässt sich viel von ihm bieten.
- *I wouldn't put up with such behavior.* So ein Benehmen würde ich mir nicht bieten lassen.

Wenn Sie pampig, gereizt oder einfach nur fies sind, dann gibt es eine Gebühr von 10 Dollar, [nur] um Sie zu ertragen.

I'd like to help you out. Which way did you come in?

To help someone out (jemandem helfen oder beistehen) ist eine im Alltag oft zu hörende Variante des vertrauten *to help someone. Help out* bezieht sich meist auf die kleineren, weniger dramatischen Hilfestellungen. Etwa im Büro:

- *Could you help me out with this bill?* Könntest du mir mal mit dieser Rechnung weiterhelfen?

Wenn Sie nun den zweiten Satz auf unserem Poster lesen – «Wo sind Sie hereingekommen?» –, merken Sie, dass Sie mit der Übersetzung «weiterhelfen / aushelfen» nicht sehr weit kommen. Wie gut, dass *to help someone out* doppeldeutig ist und wir über eine zweite Übersetzungsmöglichkeit verfügen:

Ich möchte Ihnen gerne hinaushelfen. Wo sind Sie hereingekommen?

Ask me if I care.

Immer wieder wird den Amerikanern eingeredet, dass es alle tun: die Firmen, deren Produkte sie kaufen, die Ämter, mit denen sie zu tun haben, und die Politiker, die sie wählen: Alle «kümmern sich». *They care. We care!* Man tut sich schwer, dieses *care* zu übersetzen. Ein bloßes «sich kümmern» greift zu kurz. Gemeint ist eher eine Art intensive emotionale Teilnahme, ein Besorgt- und Berührt-Sein, verbunden mit dem Bemüht-Sein, das Beste zu bieten und zu leisten. Nur: Den großen Firmen glaubt längst keiner mehr, wenn sie immer und immer wieder behaupten: *We care.* Und den Politikern erst recht nicht.

Für die Verneinung – *I don't care* – lassen sich leichter Entsprechungen finden: «Es kratzt mich nicht, es ist mir piepegal.» Auch bei Alternativfragen hört man oft ein *I don't care*:

- A: *Coke or Pepsi?* B: *I don't care. Whatever.*

Frag mich [mal], ob mich das juckt.

It's not my week to care.

Reaktion auf die Dauerermahnung, Anteil zu nehmen, sich «gefühlsmäßig einzubringen». Mit anderen Worten, sich krumm zu arbeiten.

Diese Woche bin ich nicht dran mit dem Sich-Bemühen.

I don't even know that I don't care, and I don't care.

Ich weiß nicht mal, dass mir alles schnurz ist, und das ist mir schnurz.

I don't know. I don't care. And it doesn't make any difference.

Ich weiß es nicht. Ist mir alles schnurz. Und das macht auch nicht den geringsten Unterschied.

Yadda Yadda Yadda.

Gut erinnere ich mich an eine eingedeutschte Folge von *Married ... with Children* (Eine schrecklich nette Familie), in der ein aus dem Nahen Osten stammender Nachtclubbesitzer am Ende einer etwas längeren Begrüßungsansprache einfach nur *Yadda Yadda Yadda* sagte. Und das in der deutschen Synchronfassung. In der Originalfassung sagt er, man glaubt es kaum, ebenfalls *Yadda Yadda Yadda.* Offensichtlich hatten die TV-Übersetzer nicht gemerkt, dass es sich bei *Yadda Yadda Yadda* um einen Slang-Ausdruck für «Bla, bla, bla und so weiter und so fort» handelt.

- *YaddaYaddaYaddaBlahBlahBlahYakYakYak. It doesn't matter what you say, they just want to hear your voice.* Ein Werbespruch der US-Telefongesellschaft Sprint: «LaberLaberLaberBlaBlaBlaSchwätzSchwätz Schwätz. Es ist egal, was Sie sagen, man will einfach nur Ihre Stimme hören.»

Bla, bla, bla.

When in charge, ponder. When in doubt, mumble. When in trouble, delegate.

Drei Regeln für die kluge Führungskraft:

Wenn zuständig, zaudere. Wenn im Zweifel, nuschle. Wenn in Schwierigkeiten, delegiere.

Work fascinates me. I could sit and watch it for hours.

Arbeit fasziniert mich. Ich könnte [einfach nur] dasitzen und stundenlang zuschauen.

Ambition is a poor excuse for not having enough sense to be lazy.

Ehrgeiz ist eine armselige Ausrede, wenn man nicht genug Verstand hat, um faul zu sein.

I owe, I owe, so off to work I go.

Ohne das fröhliche Lied der Zwerge aus Disneys Zeichentrickklassiker *Snow White and the Seven Dwarfs* müsste uns der Sinn dieses Spruches auf immer verschlossen bleiben. *Heigh-ho, heigh-ho! It's off to work we go*, singen die guten Zwerge und verkörpern damit ein Arbeitsethos, wie es nicht einmal mehr in Japan zu finden ist: «Hey-ho, hey-ho! Los zur Arbeit geh'n wir jetzt.»
Unser Spruch ist dem Original lautlich sehr ähnlich, inhaltlich aber meilenweit von ihm entfernt:

Ich habe Schulden, ich habe Schulden, also ab zur Arbeit.

Yesterday was the deadline on all complaints.

Gestern war der Abgabetermin für alle Beschwerden.

Warning: Dates in calendar are closer than they appear.

Objects in mirror are closer than they appear steht auf dem Beifahrerspiegel unseres Buick: «Objekte im Spiegel sind näher, als sie erscheinen.» Diesen Duktus übernimmt der Sticker, bezieht alles aber auf «Daten» oder «Termine» im Kalender.

Achtung: Termine im Kalender sind näher, als sie erscheinen.

Computers

To err is human, but to really foul things up requires a computer.

Ohne Alexander Popes Satz *To err is human, to forgive devine* – «Irren ist menschlich, zu vergeben göttlich» – müsste so manches Büro auf den folgenden Spruch verzichten:

Irren ist menschlich, aber um etwas wirklich zu ruinieren, braucht man einen Computer.

In a few minutes a computer can make a mistake so great that it would have taken many men many months to equal it.

In ein paar Minuten kann ein Computer einen so gewaltigen Fehler machen, dass viele Menschen viele Monate benötigt hätten, um etwas Ähnliches zu vollbringen.

Imagine if every Thursday your shoes exploded if you tied them the usual way. This happens to us all the time with computers, and nobody thinks of complaining. Jeff Raskin

Tipp! Ein schönes Beispiel für etwas Nicht-Wirkliches in der Gegenwart: *If … your shoes exploded*, wenn … deine Schuhe explodieren würden. Gebildet mit *if* + *past*.

Stell dir vor, dass jeden Donnerstag deine Schuhe explodieren würden, wenn du sie so binden würdest wie immer. Das passiert uns mit Computern die ganze Zeit, und keinem fällt es ein, sich zu beschweren.

If the automobile had followed the same development cycle as the computer, a Rolls-Royce would today cost $ 100, get a million miles per gallon, and explode once a year, killing everyone inside.

Robert X. Cringely

Tipp! Ein schönes Beispiel für etwas Nicht-Wirkliches in der Vergangenheit: *If the automobile had followed*, wenn das Automobil gefolgt wäre. Gebildet mit *if* + *had* + *past participle*:

- *If I had known* … Wenn ich [das] gewusst hätte …

Wenn das Automobil demselben Entwicklungszyklus wie der Computer gefolgt wäre, würde ein Rolls-Royce heute 100 Dollar kosten, mit einer Gallone Sprit eine Million Meilen fahren und einmal im Jahr explodieren, wobei alle Insassen getötet würden.

I do not fear computers. I fear the lack of them. Isaac Asimov

Computer machen mir keine Angst. Angst macht mir der Mangel an Computern.

Who is General Failure and why is he reading my hard disk?

Die bekannte Fehlermeldung *General failure reading hard disk* wird korrekterweise mit «Allgemeiner Fehler beim Lesen der Festplatte» übersetzt. Unsere Neuinterpretation macht aus *general failure* einen General F., der gerade die Festplatte liest.

Wer ist General Failure, und warum liest er meine Festplatte?

Artificial intelligence is no match for natural stupidity.

- *Rocky is no match for Tyson.* Rocky hat keine Chance gegen Tyson; Rocky ist kein ernst zu nehmender Gegner für Tyson.

Künstliche Intelligenz ist kein ernst zu nehmender Gegner für natürliche Dummheit.

Everything that can be invented has been invented.

Charles H. Duell, Leiter des US-Patentamts, 1899

Dass alles, was erfunden werden kann, bereits erfunden ist, haben Sie sicher auf Anhieb verstanden. Aber stellen Sie sich einmal vor, Sie hätten den deutschen Satz ins Englische übersetzen müssen. Wären Sie auf *that* und *has been invented* gekommen? Wahrscheinlich hätten Sie einfach *was invented* geschrieben: «wurde erfunden». Nur: Mit dieser Zeitform haben sie eine Erzählzeit gewählt: Sie berichten, was einmal in der Vergangenheit passiert ist. Was Charles Duell ausdrücken möchte, hat einen anderen Zeitbezug. Alles, was sich erfinden lässt, ist [bis heute] schon erfunden worden.

Tipp!

Dieser Bezug zur Gegenwart macht das *present perfect* notwendig. In seiner einfachsten Form sieht das dann so aus:

- *They have invented everything.* Sie haben alles [schon längst] erfunden.

Im Passiv klingt das ein Quäntchen komplizierter:

- *Everything has been invented (by them).*

Das nennt sich dann *present perfect passive* und ist nicht einmal so selten.

Tipp! Als Relativpronomen steht hier *that*, ein Relativpronomen, das wir Ihnen ganz besonders ans Herz legen möchten. Zwar gibt es auch *which* oder *who/whom*, doch da muss auf Sache oder Person geachtet werden (*which* für Dinge, *who* für Personen). Bei *that* ersparen Sie sich das.

Nicht benutzen können Sie *that* bei den so genannten *non-identifying (nonrestrictive) relative clauses*:

- *Mr. Parker, who mentioned this problem before, was fired in 2003.*
- *The new Chevrolet, which was designed in Germany by Opel, is now available for sale.*

Derartige Relativsätze bieten zusätzliche, eher nebensächliche Informationen zu einer bereits bekannten Sache oder Person. Da der Informationswert eines *nonrestrictive clause* fast zu vernachlässigen ist, kommt es, wenn er wegfällt, auch zu keiner Bedeutungsverschiebung. Vergleichen Sie einmal diese beiden Relativsätze, von denen der zweite *nonrestrictive* ist:

- *All the cars that were purchased before 2003 need new brake pads.* «Alle Autos, die vor 2003 gekauft wurden, brauchen neue Bremsklötze.» Der Relativsatz bringt wichtige Informationen: Alle Wagen ab einem bestimmten Stichtag müssen umgerüstet werden.Und nur die.
- *All the cars, which were purchased before 2003, need new brake pads.* «Alle Autos – die [beiläufig und ganz nebenbei erwähnt] alle vor 2003 gekauft wurden – benötigen neue Bremsklötze.» Auch wenn der Relativsatz wegfällt, bleibt die zentrale Aussage: Alle Wagen müssen repariert werden. Der Relativsatz schränkt nicht – wie oben – ein. Deshalb auch der Name *nonrestrictive.* Achten Sie darauf, dass ein nicht einschränkender Relativsatz von Kommas eingeschlossen ist. Insgesamt gilt: *Nonrestrictive clauses* finden sich fast nur in der geschriebenen Sprache.

Alles, was erfunden werden kann, ist bereits erfunden worden.

I don't believe there is anything after the Internet. It's the last big paradigm shift. Larry Ellison, Chef der Software-Firma Oracle, 1998

Ich glaube nicht, dass es nach dem Internet noch etwas gibt. Es ist der letzte große Paradigmenwechsel.

I think there is a world market for maybe five computers.
Thomas Watson, IBM-Chef, 1943

Ich glaube, es gibt einen Weltmarkt für etwa fünf Computer.

A feature is a bug with seniority.

Das Senioritätsprinzip hat auch in deutschen Unternehmen oft Vorrang: Wer am längsten bei einer Firma ist, fliegt als Letzter raus. Im Englischen spricht man schlicht von *seniority*:

- *She has more seniority than me.*

Bugs steht umgangssprachlich für *insects*, meist solche, die man nicht in den eigenen vier Wänden mag. Dazu zählen auch Wanzen, vor allem elektronische, denn auch diese Abhörgeräte heißen *bugs*:

- *My apartment is bugged.* Meine Wohnung ist voller Abhörgeräte.

Eine Anekdote aus der Frühzeit der Computertechnik berichtet von einem Insekt, das, über Röhren und Transistoren krabbelnd, die Programmausführung völlig durcheinander brachte. *We have a bug,* stöhnten die Programmierer. Der Name *bug* blieb hängen, und heute werden Fehler im Programmcode durchweg als *bugs* bezeichnet.
Kein komplexes Computerprogramm ist ganz ohne *bugs.* Macht sich ein *bug* störend bemerkbar, gibt es zwei Möglichkeiten: den *bug* zu beheben oder ihn schlankerhand zur positiven Eigenschaft umzudeuten: *That's not a bug, it's a feature.* Ähnlich will auch unser Spruch den Begriff *feature* verstanden wissen:

Eine Programmeigenschaft ist ein Programmierfehler mit Seniorität.

If at first you don't succeed, call it V 1.0.

Eine Variation auf den altbekannten Spruch *If at first you don't succeed, try, try again.* «Wenn du beim ersten Mal keinen Erfolg hast, probiere es immer wieder.»
Gescherzt wird hier über die Unart, unausgereifte, *bug*behaftete Computerprogramme auf den Markt zu werfen:

Wenn's beim ersten Mal nicht hinhaut, nenne es Version 1.0.

Life is what happens while you're answering e-mail.

Nicht nur in den USA mehren sich die Stimmen, die über unnötige Mengen an E-Mail klagen. Wer täglich stundenlang E-Mails beantworten muss, lebt verkehrt.

Leben ist das, was stattfindet, während du E-Mails beantwortest.

Not tonight dear, I have a modem!

Sehr schöne Variante auf «Liebling, nicht heute – meine Migräne!». Auf Englisch: *Not tonight dear, I have a migraine.* In Zeiten des Internets kann man sich die Migräne sparen. Denn wie sagt der Internet-Junkie:

Nicht heute Abend, Liebling, ich habe ein Modem!

Edit, Save, Exit, Assemble, Link, Run, «Shit», Ctrl+Alt+Del

Techies haben eine andere Art Humor als unsereins. Dieser Spruch schildert die Nöte eines Programmierers. Ganz nebenbei erfahren wir, dass die Taste «Strg» (Steuerung) im Original *Ctrl (control)* heißt. *Del (delete)* heißt «löschen» – weshalb bei uns auf der Tastatur «Entf» steht.

Was aber ist mit *Alt (alternate)?* Das war dem Übersetzer zu schwer und er beließ es bei «alternieren».

Edieren, speichern, raus [aus dem Editor], [Code] assemblieren, [mit den Programmbibliotheken] verbinden, [Programm] starten, «Scheiße», Strg+Alt+Entf [führt Neustart des abgestürzten Rechners aus].

Tomorrow

One of the greatest labor-saving inventions of today is tomorrow.
Vincent T. Foss

Wir sagen gerne: Was du heute kannst besorgen, das verschiebe rasch auf morgen.

Eine der großartigsten arbeitssparenden Erfindungen von heute ist morgen.

Eventual procrastinator

Normalerweise mögen Amerikaner in der Alltagssprache keine langen Wörter, schon gar nicht solche, die mehr als drei Silben besitzen und überdies noch lateinischen Ursprungs sind. Bei *to procrastinate* aber sieht es anders aus. Die Selbstkritik *I'm a procrastinator* (Ich bin ein Alles-auf-die-lange-Bank-Schieber) hört man häufig, und auch die Verbform hallt immer wieder durch die Flure amerikanischer Firmen und Bildungseinrichtungen: *I'm procrastinating* (Ich schiebe es auf, ich mach's morgen).
Das Adjektiv *eventual* darf als eher selten gelten. Im Gegensatz zu seinem adverbialen Vetter *eventually*, das dauernd zu hören ist.

Tipp! Doch Vorsicht! *Eventually* heißt nicht «eventuell», sondern «schließlich, am Ende, zuletzt»:

- *He eventually realized his mistake.* Er sah schließlich seinen Fehler ein.

Ein *procrastinator* sagt Sachen wie: *I'll do it eventually* «Am Ende werde ich's doch erledigen». Nicht so unser Kaffeetassen-Spruch:

Am Ende [bin ich dann doch wieder ein] Aufschieber.

Procrastinate now!

Sofort alles auf die lange Bank schieben!

There's nothing more restful than taking orders from fools.

Es gibt nichts Erholsameres, als Befehle von Narren entgegenzunehmen.

Time flies when you don't know what you're doing.

Bei den *bumper stickers* hatten wir den Ausdruck *time flies* bereits gebührend gewürdigt.

Tipp! Nicht gewürdigt hatten wir den Umstand, dass das deutsche «wenn» im Englischen mal *when*, mal *if* heißt.

- *Time flies when you're having fun.* Die Zeit vergeht wie im Flug, wenn man sich amüsiert.
- *Drop by when you have time.* Komm vorbei, wenn du [mal] Zeit hast.

Die Bedingung kann ganz realistisch erfüllt werden: Hier passt *when.*

- *I'll call you if I get the scholarship.* Ich rufe dich an, wenn (falls) ich das Stipendium bekomme.

Es ist fragwürdig, ob die Bedingung erfüllt wird: Vielleicht bekommt sie das Stipendium, vielleicht auch nicht.

Nur völlig Vermessene, von ihrem Erfolg völlig Überzeugte, können sagen: *I'll call you when I get the scholarship.*

Die Zeit vergeht wie im Flug, wenn man keine Ahnung hat, was man [eigentlich] macht.

Snappy things to say to co-workers

I don't know what your problem is, but I'll bet it's hard to pronounce.

Sämtliche Sprüche, die in diesem Abschnitt aufgeführt werden, stehen unter der Überschrift *Snappy things to say to co-workers*: «Schlagfertige Sachen, die man seinen Kollegen sagen kann». Man merkt: Das alte Wort *colleagues* passt nicht mehr in die Zeit, heute sind alle *co-workers*, auch wenn man selbst der große Zampano ist und alle anderen die armseligsten Knechte.

Snappy steht für «kurz angebunden» oder «schlagfertig», etwa in der Zusammensetzung *snappy return* (schlagfertige Erwiderung). Dann gibt es aber auch:

- *Make it snappy!* Beeil dich, mach hin, schnell!

Der Spruch spielt darauf an, dass die lateinisch-griechischen Namen der meisten psychischen Erkrankungen auch auf Englisch nicht sonderlich leicht über die Lippen gehen:

Ich weiß nicht, was dein Problem ist, aber ich könnte wetten, dass es schwer auszusprechen ist.

I can see your point, but I still think you're full of it.

- *Oh, you're so full of it!* Das *it* steht euphemistisch für *shit* oder *bullshit.* Wenn jemand *full of shit* ist, dann ist von ihm nur dummes Geschwätz zu erwarten und auch zu hören.

- *Good point!* Gutes Argument, guter Gedanke! Eine Lobpreisung, die in Diskussionen immer wieder zu hören ist.

Ich verstehe dein Argument, denke aber immer noch, dass du ein Dummschwätzer bist.

I like you. You remind me of me when I was young and stupid.

Ich mag mich. Du erinnerst mich an mich selbst, als ich noch jung und dumm war.

What am I? Flypaper for freaks!?

Was bin ich [denn]? Fliegenpapier für Freaks?

I'm not being rude. You're just insignificant.

Tipp! Hier steht *I'm not being rude*, nicht etwa *I'm not rude*. Ein signifikanter Unterschied. Mit *I'm rude* würde man sagen, dass man immer unhöflich ist, Tag für Tag. Mit *I'm being rude* – dem *present continuous* – macht der Sprecher klar, dass er nur im Augenblick, in einer gerade aktuellen Situation, unhöflich ist.

Ich bin nicht unhöflich. Du bist einfach nur [völlig] unbedeutend.

I'll give you a nice, shiny quarter if you'll go away.

Die amerikanischen Münzen beeindrucken vor allem durch ihre geringe Vielfalt: *a penny (1 cent)*, *a nickel (5 cents)*, *a dime (10 cents)* und *a quarter (25 cents)*. Die Umständlichkeit europäischer Geldbeutel bleibt Amerikanern erspart. Zwar gibt es auch eine Dollarmünze und einen *half dollar*, doch die werden, da relativ selten, gleich ins Schmuckkästlein geworfen, wenn sie einem unterkommen. In den letzten zehn Jahren ist uns keiner dieser Exoten in freier Wildbahn begegnet.

Tipp!

Wenn Sie englisches Original und deutsche Übersetzung vergleichen, bemerken Sie wieder einmal, dass im Englischen die Zukunft mit *will* steht, wo wir nur mit Präsens übersetzen. Im Deutschen wäre es geradezu seltsam zu sagen: «Ich werde dir einen Zehner geben, wenn du abhauen wirst.» Im Englischen aber müssen zukünftige Handlungen eindeutig als solche gekennzeichnet werden – und zwar mit der *future tense.* Deutsche Muttersprachler machen hier meist mehr Fehler als bei der Verlaufsform der Gegenwart mit *-ing.* Dass Handlungen, die im Moment stattfinden, mit *-ing* gekennzeichnet werden, hat sich herumgesprochen. Aber dass Zukünftiges meistens ein *will* braucht, scheint noch weitgehend unbekannt zu sein.

- *Go away!* «Hau ab!» Einer meiner amerikanischen Kollegen an der *University of Illinois* hatte exakt diese Worte an die Tür seines Sprechzimmers gepinnt. Ein für US-Univerhältnisse ziemlich harter Scherz.

Ich gebe dir eine hübsche, glänzende 25-Cent-Münze, wenn du abhaust.

I'm already visualizing the duct tape over your mouth.

Das Verb natürlich mit *-ing*, denn das Visualisieren passiert jetzt gerade: *I'm visualizing …*

Eine neue Einsatzmöglichkeit des Universalklebebands *duct tape* finden Sie hier:

Ich stelle mir bereits das *duct tape* über deinem Mund vor.

I will always cherish the initial misconceptions I had about you.

To cherish changiert in der Bedeutung zwischen «pflegen, hochhalten, hegen» und «im Herzen / in liebender Erinnerung» bewahren.

Ich werde [mir] stets die anfänglichen Fehleinschätzungen, die ich von dir hatte, [in liebender Erinnerung] bewahren.

How about never? Is never good for you?

Wie wär's mit nie? Würde dir nie gut [in den Terminkalender] passen?

I'm really easy to get along with once you people learn to worship me.

• *She's easy to get along with.* Mit ihr kann man gut zurechtkommen.

Tipp! *You people* wird in der Übersetzung einfach zu «ihr». In der Umgangssprache ebenfalls oft zu hören ist *you guys* oder *you-all* (vor allem im Süden und Südwesten, wo man gerne zu *y'all* verkürzt), was ebenfalls «ihr» heißt. Die Erweiterung von *you* mit *people* oder *guys* gilt als slangig, im Falle von *people* sogar schon als ziemlich unhöflich.
Die Erweiterung von *you* durch *guys, people* oder *all* macht aus dem zweideutigen *you*, das ja sowohl «du» als auch «ihr» bedeuten kann, ein eindeutiges Mehrzahl-«ihr».

Mit mir ist wirklich leicht auszukommen, sobald ihr erst einmal gelernt habt, mich zu vergöttern.

We'll get along fine as soon as you realize I'm God.

Aus didaktischen Gründen hier noch eine Variante:

• *We're getting along fine.* Wir kommen gut miteinander aus.

Dass *fine*, obwohl Adverb (Wie kommen wir miteinander aus? *Fine*), hier nicht mit der üblichen Endung *-ly* auftrumpft, liegt daran, dass wir es mit einer Ausnahme zu tun haben. *Finely* wird nur dann eingesetzt, wenn es um «klein gehackte Petersilie» oder Ähnliches geht: *finely chopped parsley.* Ansonsten hören und sagen Sie immer nur *fine*, vor allem, wenn Sie die Standardfrage *How are you?* oder *How are you today?* hören: *Fine, thanks.*

Weitere Adverbien, die auf das gewohnte *-ly* verzichten:

- *I work hard.* Ich arbeite schwer. *Hardly* bedeutet «kaum»: *I hardly work.*
- *He drives fast.* Er fährt schnell. *Fastly* gibt es nicht.

Wir werden prima miteinander auskommen, sobald du bemerkst, dass ich Gott bin.

I'll try being nicer if you'll try being smarter.

Auch hier Futur. Denn der Versuch, netter zu werden, ist erst für die Zukunft geplant.

Ich probier's mal aus, netter zu sein, wenn du versuchst, schlauer zu sein.

Who me? I just wander from room to room.

Weil immer und jeden Tag von Zimmer zu Zimmer spaziert wird, ist die stinknormale Präsensform *wander* zu sehen.

Wer? Ich? Ich spaziere bloß von Zimmer zu Zimmer.

Your ridiculous little opinion has been noted.

Tipp!

Der Beispielsatz verwendet das *present perfect*, denn zur Kenntnis genommen wurde hier etwas erst *vor kurzem* – und auf diesen Neuigkeitswert kommt es an. Benutzt wird die Passiv-Form: *has been noted*, wurde bemerkt / vermerkt. Ein weiteres Beispiel:

- *The puzzle has been solved.* Das Rätsel wurde [kurz zuvor] gelöst.

Wie immer gilt – insbesondere für das amerikanische Englisch –, dass Sie auch mit der einfachen Vergangenheit *(noted, solved)* verstanden werden. Stecken Sie einfach ein *just* (gerade) in den Satz, schon stimmt's:

- *I just noted that …*
- *The puzzle was just solved.*

Ihre lächerlich unmaßgebliche Meinung wurde zur Kenntnis genommen.

And your crybaby whiny-butt opinion would be …?

Zur Bezeichnung von Weicheiern und Jammerlappen hat der amerikanische Slang ein reiches Repertoire an Ausdrücken anzubieten. Zu den gebräuchlichen gehören:

- *crybaby:* Weinebaby, Heulsuse
- *sissy:* Jammerlappen, Mädchen
- *whimp:* Schlappschwanz, Weichei
- *whiner:* Rumnöler, Herumjammerer

Und deine Weinebaby-Jammerarsch-Meinung dazu wäre dann …?

Make someone happy and mind your own business.

- *Mind your own business.* Das geht dich nichts an. Wörtlich: Kümmere dich um dein eigenes Geschäft.

Mach jemanden glücklich und kümmere dich um deinen eigenen Kram.

Thank you, Lord, for giving me this rewarding job with such charming co-workers.

Die subtilen ironischen Untertöne dieser Kaffeetassen-Aufschrift dürften Ihnen nicht entgangen sein.

Tipp! Sämtliche hier auftauchenden *-ing*-Formen haben nichts mit der be-

rühmten Verlaufsform der Gegenwart zu tun *(present continuous)*, sondern folgen anderen Regeln:
To give steht hier nach der Präposition *for*, weshalb es zu *giving* mutiert. Diese Regel gilt auch für andere Kombinationen von Präposition und Verb:

- *I look forward to hearing from you soon.*
- *Are you interested in playing chess tonight?*
- *Don't take the train without making a reservation.*

Die beiden anderen *-ings (rewarding, charming)* in unserem Spruch werden als Adjektive gebraucht – «erfüllend» und «charmant».

Danke, oh Herr, dass du mir diesen erfüllenden Job mit solch charmanten Kollegen gegeben hast.

I figure I'm pretty good with the bullshit but I love listening to an expert. Keep talking.

Der Ausdruck *That figures!* bedeutet: «Das passt genau, das habe ich erwartet!»

- *Did you hear that Jody got divorced?* Hast du gehört, dass Jody sich scheiden lassen hat?
- *That figures!*

Steht *figure* aber mit *I*, dann heißt der ganze Ausdruck einfach nur: «Ich denke, glaube.»

Ich glaube, dass ich [selbst] ziemlich gut rumlabern kann, aber ich liebe es, einem Experten zuzuhören. Sprich weiter.

I bust mine so I can kick yours.

Klappt auch in der Übersetzung ganz gut. Vergessen Sie nicht, im Kopf *ass* (Arsch) zu ergänzen, sonst macht der ganze Spruch keinen Sinn. Der *ass* taucht im Slang durchaus häufig auf. Beispielsweise so:

- *I bust my ass.* Ich reiße mir den Arsch auf, schufte mich zu Tode.
- *I'm gonna kick him in the ass if he isn't finished by five.* Ich werde ihm in den Arsch treten, wenn er bis um fünf nicht fertig ist.

Ich reiße mir meinen auf, also kann ich [dir] in deinen treten.

I refuse to have a battle of wits with an unarmed opponent.

Ich weigere mich, ein geistreiches Wortgefecht mit einem unbewaffneten Gegner zu führen.

Ever stop to think, and forget to start again?

Did you ever stop to think? So müsste der erste Teil der oben gestellten Frage lauten. In der Alltagssprache jedoch fehlt das Hilfsverb so häufig, dass es eine wahre Freude ist. Zu unterscheiden sind zwei Formen, eine, die *Have you got …?* zu *Got …?* verkürzt, und eine andere, die kurzerhand *Did you/Do you* streicht. Die Vergangenheitsformen *Did you* und *Have you (present perfect)* können allerdings nur dann wegfallen, wenn – etwa durch *ever* – klar ist, dass es sich um etwas mit Bezug zur Vergangenheit handelt.

- *(Have you) Got milk?* Haste Milch?
- *(Have you) Got a dollar?* Haste mal 'nen Dollar?
- *(Did you) Ever have sex with a squirrel?* Schon mal/jemals Sex mit 'nem Eichhörnchen gehabt?
- *(Do you) Want to go for a walk?* Auch: *Wanna go for a walk?* Willst du spazieren gehen?
- *(Have you) Ever been to a football game?* Schon mal bei einem Footballspiel gewesen?

Hast du jemals aufgehört zu denken und dann vergessen, wieder damit anzufangen?

The boob tube and the silver screen
Glotze und Leinwand

In California they don't throw their garbage away – they make it into television shows.

In Kalifornien werfen sie ihren Müll nicht weg – sie machen Fernsehsendungen daraus.

Woody Allen

Das amerikanische Fernsehen hat, nicht ganz zu Unrecht, den Ruf, selten blöd zu sein. Wer ab 2001 diejenigen Folgen von *The Fear Factor* (Angstfaktor) gesehen hat, in denen sich die Kandidaten für 20 000 Dollar Preisgeld in einen Sarg mit 300 Ratten legten, wird geneigt sein, bis auf weiteres auf US-Fernsehkost zu verzichten. Die Kandidaten selbst freilich waren wenige Folgen später bereits auf andere Kost umgestiegen, und zwar auf Schafsaugen. Wer brav seine Portion Augäpfel aufaß, bekam dicke Dollars vom Sender. Offensichtlich waren den Produzenten die Horrorideen ausgegangen, und so verlegte man sich auf den puren Ekel. Dazu fällt ein Satz von Stephen King ein: Wenn das Publikum mit reinem Horror nicht zu packen ist, probier's mit dem Widerlichen.

Doch nicht alles, was in Amerika über Sendetürme und Kabelnetze verbreitet wird, ist schlecht. Einiges ist sogar ausgesprochen amüsant, auch wenn es uns schwer fällt, dies aus unserer europäischen Perspektive zu bemerken. Synchronübersetzungen reichen selten an das Original heran, oft fehlt es den Übersetzern an Sprach-, Kultur- und Weltwissen, um TV-Komödien wie *Seinfeld* halbwegs angemessen einzudeutschen. Im Norden Europas sieht's da besser aus, denn dort wird nur in den Untertiteln übersetzt: Holland, Dänemark, Schweden – um nur einige Länder zu nennen – bieten im Fernsehen viel in Originalfassung. Mit wunderbaren Folgen für die Volksbildung: In Sachen Fremdsprachen stecken die Kinder des Nordens unsere Schüler locker in den Sack. Selbst lesen können sie besser: Die über den Bildschirm huschenden Untertitel lesen selbst die Kleineren in einem Tempo, wie es unsere ABC-Schützen erst zwei Grundschulklassen später erreichen. Logische Schlussfolgerung: Verbietet Synchronfassungen.

Actors and writers

When I'm good, I'm very good. But when I'm bad, I'm better.

Mae West

Wenn ich gut bin, bin ich sehr gut. Aber wenn ich schlecht bin, bin ich besser.

Is that a gun in your pocket, or are you just glad to see me?

Mae West

Ist das eine Pistole in deiner Tasche, oder bist du einfach nur froh, mich zu sehen?

I met with people in the Bush administration. I have never met a less funny group of people in my life. By God, they are not funny.

Aaron Sorkin

Gemeint ist die Regierung von George W. Bush. Aaron Sorkin gehört zum Team von *West Wing*, einer Fernsehserie, die im Weißen Haus spielt.

Tipp!

Sorkin bedient sich bei seiner Beschreibung virtuos aus dem Grammatik-Baukasten. Der erste Satz steht im *simple past*: Das Treffen ist abgeschlossen, er berichtet davon: *I met* ... Doch dann wechselt er zum *present perfect: I have never met* ... Damit macht er klar, dass ein Gegenwartsbezug besteht: Bis jetzt, bis zum heutigen Tag, habe er noch keinen traurigeren Haufen als diesen gesehen.

Ich hatte ein Treffen mit Leuten aus der Bush-Regierung. Ich habe mein Lebtag noch keinen humorloseren Haufen gesehen. Herr im Himmel, die sind [wirklich] nicht lustig.

Reading takes time, and the glass teat takes too much of it.

Stephen King

Lesen braucht [seine] Zeit, und die Glas-Zitze (die Glotze) kostet zu viel davon.

I am, when you stop to think of it, a member of a fairly select group: the final handful of American novelists who learned to read and write before they learned to eat a daily helping of video bullshit.

Stephen King

Ich bin, wenn man mal kurz darüber nachdenkt, ein Mitglied einer ziemlich elitären Gruppe: der letzten Hand voll amerikanischer Romanschriftsteller, die lesen und schreiben gelernt haben, bevor sie es gelernt haben, eine tägliche Portion Video-Dünnpfiff zu verzehren.

How many Frasier and ER reruns does it take to make our American life complete?

Stephen King

Schon mit Blick aufs rein Geschäftliche erscheint Stephen Kings fernsehkritische Haltung durchaus sinnvoll: Wer nur glotzt, kauft zu wenig Bücher. Rein logisch betrachtet jedoch, lässt sich Stephen Kings Annahme, dass Bücher *per se* besser sind als Fernsehsendungen, nicht aufrechterhalten. Im Vergleich mit so manchem Werk Kings ist es vielmehr so, dass die Serie um den Psychologen *Frasier Cane* um einiges besser, vor allem witziger ist als das, was wir in Kings Büchern finden. Aber vielleicht verstehe ich King falsch, und er mault nur ob der vielen Wiederholungen *(reruns)* während der amerikanischen Fernsehsaison. Auf rund 23 Wochen mit neuen Folgen – *All new episodes!*, jubelt die Eigenwerbung – folgt ein langes Restjahr, das vollständig aus *reruns* bestritten wird.

Wie viele *Frasier*- und *ER*-Wiederholungen braucht es, um unser amerikanisches Leben voll und rund zu machen?

The Marx Brothers

Think, think of the opportunities here in Florida. Three years ago, I came here without a nickel in my pocket. Now I've got a nickel in my pocket. The Cocoanuts

Der amerikanische Traum ist mitnichten anders als alle anderen, nur formuliert wird er anders: *From rags to riches* (Von Lumpen zu Reichtümern), sagen die Amerikaner, während es hierzulande «Vom Tellerwäscher zum Millionär» heißt.
Wie viele *cents* ein *nickel* sind, war auf Seite 144 zu erfahren. Und in der Übersetzung finden Sie's auch:

Denk doch an die Möglichkeiten hier in Florida. Vor drei Jahren bin ich hierher gekommen ohne [auch nur] ein 5-Cent-Stück in der Tasche. Und jetzt habe ich [schon] ein 5-Cent-Stück in meiner Tasche.

You're a brave man. Go and break through the lines. And remember, while you're out there risking you're life and limb through shot and shell, we'll be in here thinking what a sucker you are.
Duck Soup

Du bist ein tapferer Mann. Geh und durchbreche die [feindlichen] Linien. Und denk daran, während du da draußen Kopf und Kragen [wörtlich: Leben und Gliedmaß] riskierst, durch Schüsse und Granaten hindurch, werden wir hier drinnen sitzen und denken, was für ein Trottel du bist.

You've got the brain of a four-year-old boy, and I bet he was glad to get rid of it. Horse Feathers

- *I'm trying to get rid of my husband.* Ich versuche meinen Ehemann loszuwerden.

Du hast das Hirn eines Vierjährigen, und ich könnte wetten, dass er froh war, es loszuwerden.

Your mother and I had you because we wanted children. Imagine our surprise when you showed up. Horse Feathers

Deine Mutter und ich bekamen dich, weil wir Kinder wollten. Stell dir unsere Überraschung vor, als du aufgetaucht bist.

Oh, I know it's a penny here and a penny there, but look at me. I worked myself up from nothing to a state of extreme poverty. Monkey Business

Oh, ich weiß, ein Pfennig hier und ein Pfennig da, aber schaut mich an. Ich habe mich hochgearbeitet, von nichts bis zu einem Zustand extremer Armut.

Quentin Tarantino

Don't be tellin' me about foot massages, I'm the fuckin' foot master! Pulp Fiction

Der Sprung von den Marx Brothers zu Quentin Tarantino ist auch ein Sprung in ein sprachlich raueres Klima. *F-words (fuck, fucking)* zuhauf, verwendet meist als Verstärkungspartikel. Mit der Grundbedeutung von *fuck* hat Jules nichts am Hut, wenn er vom *fucking foot master* spricht:

Erzähl mir nix von Fußmassagen, ich bin der abgefahrenste Fußmeister!

Don't you fuckin' realize, man, that if Bonnie comes home and finds a dead body in her house, I'm gonna get divorced? No marriage counseling, no trial separation. I'm gonna get fuckin' divorced. Pulp Fiction

Amerikanische Kinobesucher nicken eifrig: *Jimmie's got a point here*, da hat der Jimmie aber Recht. Wenn es einen Scheidungsgrund gibt, dann diesen.

Zum Wortschatz: *To get divorced* und *to divorce someone* sind nicht identisch, auch wenn im Deutschen immer nur «sich scheiden lassen» daraus wird. Bei *She's gonna divorce him* schwingt mit, dass sie die treibende Kraft ist, die ihn loswerden will, auch gegen seinen Willen: «Sie lässt sich von ihm scheiden.»

Kannst du es [denn] verdammt nochmal nicht kapieren, dass Bonnie, wenn sie heimkommt und eine Leiche in ihrem Haus findet, sich von mir scheiden lässt? Keine Eheberatung, keine Trennung auf Probe. Ich krieg sofort die abgefuckte Scheidung.

Jules: **We're all gonna be three little Fonzies – and what was Fonzie?!**
Yolanda: **Cool?**
Jules: **Correct-a-mundo!** Pulp Fiction

Arthur «Fonzie» Fonzarelli, ist eine Figur aus der mittlerweile in der x-ten Wiederholung ausgestrahlten Sitcom *Happy Days* (1974 bis 1984). Als Experte für Motorräder (die Serie spielte in Milwaukee, der Harley-Davidson-Stadt) und Mädchen war keiner cooler als der Lederjacken tragende *Fonzie*, den man ehrfürchtig auch *The Fonz* nannte.

«Wir werden alle drei kleine Fonzies sein – und Fonzie war was?»
«Cool?»
«Perfekto korrekto!»

Normally, both your asses would be dead as fucking fried chicken, but I'm in a transitional period. I don't wanna kill you, I want to help you. Pulp Fiction

Sehen Sie es uns nach, dass wir, aus Gründen besserer Verständlichkeit, aus dem in heißem Öl frittierten *fried chicken* in der Übersetzung ein gegrilltes Brathähnchen (*also known as* «Brathenderl») gemacht haben.

Normalerweise wären eure zwei Ärsche so tot wie abgefucktes Brathähnchen, aber ich bin gerade in einer Übergangsphase. Ich will euch nicht umbringen, I will euch helfen.

Jules: **You know the shows on TV?**
Vincent: **I don't watch TV.**
Jules: **Yeah, but you are aware that there's an invention called television and on this invention they show shows, right?**

Pulp Fiction

Dass Fernsehen nicht sein muss, meint auch Vincent. Jules mag's nicht so recht glauben und hakt nach.

«Du kennst die Sendungen im Fernsehen?»
«Ich sehe nicht fern.»
«Jaha, aber du bist dir im Klaren darüber, dass es da eine Erfindung namens Fernsehen gibt und dass man in dieser Erfindung Sendungen zeigt, stimmt's?»

Michael Moore

Think of your children pledging allegiance to the maple leaf. Mayonnaise on everything. Winter 11 months of the year. Anne Murray – all day, every day. Canadian Bacon

In der Komödie *Canadian Bacon* erschaffen sich US-Politiker einen neuen Feind, um innenpolitische Zwistigkeiten elegant zu überspielen. Überraschend nur, dass der neue Erzfeind diesmal weder Vietnam oder Panama noch Irak heißt, sondern Kanada. Wie sähe das Leben in den USA aus, fragt man sich, wenn böse kanadische Truppen das Land vereinnahmen würden:

Stellt euch eure Kinder vor, wie sie dem Ahornblatt [kanadische Flagge] die Treue schwören. Mayonnaise auf allem. Elf Monate im Jahr Winter. Anne Murray [kanadische Sängerin] – den ganzen Tag lang, jeden Tag.

Mindestens einmal pro Woche muss in amerikanischen Schulen die Hand aufs Herz: Der *pledge of allegiance* steht an, das Treuegelöbnis auf die amerikanische Flagge. Offiziell ist die Teilnahme freiwillig, schließlich lebe man ja in einem *free country*, doch die meisten stehen brav auf und beten ihren Eid herunter:
I pledge allegiance to the flag of the United States of America and to the Republic for which it stands, one nation under God, indivisible, with liberty and justice for all. «Ich gelobe Treue der Fahne der Vereinigten Staaten und der Republik, für die sie steht, eine Nation, geeint unter Gott, unteilbar, mit Freiheit und Gerechtigkeit für jeden.»
Der im ganzen Land so auffällig dargebotene Patriotismus darf als der Kitt gelten, der ein in jeder Hinsicht wenig homogenes Amerika spirituell noch zusammenhält. In ihm finden die unterschiedlichen ethnischen Gruppen ihren gemeinsamen Nenner. Amerika als *land of the free* und *home of the brave*, als Land der Freien und Heimat der Tapferen – eine wahrlich suggestive Mischung.

Mountie: **What's this all aboot?**
Roy Boy [pointing a gun]: **We have ways of making you pronounce the letter O, pal.** Canadian Bacon

Der Satz, mit dem sich dieser Spruch knacken lässt, geht so: *We have ways to make you talk.* «Wir haben unsere Methoden, um dich zum Reden zu bringen.» Zu hören ist er von bösen Hollywood-Schurken, die ihre armen Gefangenen ausquetschen wollen.

Tipp! Auch die Filmnazis aus Hollywood greifen gern auf diesen Satz zurück, dann aber mit dickem deutschem Akzent: *Vee have vays to make you talk.* Aus dem weichen, mit beiden Lippen gesprochenen *w* – das im deutsche Lautsystem ebenso wenig vorkommt wie das *th* – wird dabei ein spitzes *v*, das exakt wie das deutsche W in «Wein, Weib und Weinen» klingt.

Kanadisches Englisch weicht in einigen Ausssprachepunkten vom US-Amerikanisch ab. So wird aus *boat* etwas, was eher wie *boot* klingt. Ähnliches auch bei *about*, das zum *aboot* mutiert.

Im Film appelliert das kanadische *aboot* an die niedrigsten Triebe in unseren Amerikanern, die dann auch sogleich zur Einschüchterungstaktik übergehen, um die einzig korrekte, weil amerikanische Aussprache sicherzustellen:

«Wurum geht's hier denn eigentlich?»
[Mit gezückter Pistole:] **«Wir haben [da] unsere Methoden, dich zur Aussprache des Buchstabens O zu bringen, Bürschlein.»**

Canadians are always dreaming up a lotta ways to ruin our lives. The metric system, for the love of God! Celsius! Neil Young!

Canadian Bacon

Heute müssen Sie hinter Neil Young! ein noch lauteres Céline Dion! setzen, neben Alanis Morissette Kanadas kakophonischster Export.

Kanada tickt ein wenig anders als der große südliche Nachbar. Temperaturen werden wie bei uns in Celsius, nicht in Fahrenheit gemessen, alle anderen Maße folgen dem *metric system*, in dem der Meter 100 cm hat, und nicht dem grandiosen System der Amerikaner, das aus 12 Zoll einen Fuß macht und aus 3 Fuß einen *yard* (0,9144 Meter). Doch was ein rechter Amerikaner ist, der liebt seine *inches, feet* und *yards* und wird den Teufel tun, sich ausgerechnet von den Kanadiern von den Vorzügen des Dezimalsystems überzeugen zu lassen.

Die Kanadier denken sich jede Menge Methoden aus, um unser Leben zu ruinieren. Das Dezimalsystem, um Himmels willen! Celsius! Neil Young!

I do have to fine you. That will be a thousand dollars Canadian, or 10 American dollars if you prefer. Canadian Bacon

Der kanadische Polizist, der in unserem Zitat sein Bußgeld einfordert, impliziert, dass das Wertgefälle zwischen kanadischem und US-Dollar noch 10-mal höher ist als einst zwischen Ost- und Westmark. Derartige Scherze über die Umtauschraten bieten sich an, ist doch der *Canadian dollar* gegenüber dem *greenback* durchweg tiefer angesetzt – wenn auch nicht um den Faktor 100.

Grammatisch beachtenswert in unserem Filmzitat ist das Futur für Preisangaben. Das gilt auch, wenn sie in Euro sind: **Tipp!**

- *That will be three euros fifty.* Das macht 3 Euro fuffzich.

Währungen werden im Englischen nicht großgeschrieben. Wohl aber Adjektive aus Ländernamen wie *Canadian* oder *American*, ein Umstand, der immer wieder gern übersehen wird. **Tipp!**

Ich muss ein Ordnungsgeld von Ihnen verlangen. Das macht dann 1000 kanadische Dollar oder 10 amerikanische, falls Ihnen das lieber ist.

Casablanca

Major Strasser: **What is your nationality?**
Rick Blaine: **I'm a drunkard.**
Captain Renault: **That makes Rick a citizen of the world.**

«Was ist Ihre Staatsangehörigkeit?»
«Ich bin ein Trinker.»
«Das macht Rick zu einem [echten] Weltbürger.»

Kiss me. Kiss me as if it were the last time.

Tipp! Ein ganz trauriger Konjunktiv. Sie benutzt ein «als ob», er aber weiß, dass in Wirklichkeit alles längst vorbei ist.

- *He treats her as if she were a queen.* Er behandelt sie, als wäre sie eine Königin.
- *He acts as if he were God's gift to mankind.* Er benimmt sich, als wäre er Gottes Geschenk an die Menschheit.

In der Umgangssprache hört man oft *was* statt des grammatisch vorgeschriebenen *were.*

Küss mich. Küss mich, als wäre es das letzte Mal.

Major Strasser has been shot. Round up the usual suspects.

Tipp! Vielleicht das überzeugendste Beispiel für das *present perfect passive.* Überzeugend vor allem ob seines Neuigkeitswerts: Erst vor kurzem ist Major Strasser erschossen worden; das ist neu für die meisten, und darum gibt's jetzt *present perfect.* Wenn in drei Tagen derselbe Sachverhalt wieder aufs Tapet kommen sollte, wird man auf die normale Erzählzeit, das *simple past,* zurückgreifen:

- *Major Strasser was shot three days ago.*

Major Strasser ist erschossen worden. Treiben Sie die üblichen Verdächtigen zusammen.

Yvonne: **Where were you last night?**
Rick: **That's so long ago, I don't remember.**
Yvonne: **Will I see you tonight?**
Rick: **I never make plans that far ahead.**

Dass sich hier drei Zeitformen – *past, present* und *future* – in lehrbuchperfekter Form versammelt finden, freut uns.

«Wo warst du gestern Nacht?»
«Das ist schon so lange her, ich erinnere mich nicht mehr.»
«Sehe ich dich heute Nacht?»
«Ich plane nie so weit voraus.»

Louis, I think this is the beginning of a beautiful friendship.

Was ist schon die Liebe zu einer Frau im Vergleich zu einer echten Männerfreundschaft?

Louis, ich glaube, dies ist der Beginn einer wunderbaren Freundschaft.

Ilsa Lund: **But what about us?**
Rick Blaine: **We'll always have Paris.**

«Und was wird aus uns?»
«Uns wird immer [die Erinnerung an] Paris bleiben.»

Ilsa Lund: **I said I would never leave you.**
Rick Blaine: **And you never will. But I've got a job to do, too. Where**

I'm going, you can't follow. What I've got to do, you can't be any part of. Ilsa, I'm no good at being noble, but it doesn't take much to see that the problems of three little people don't amount to a hill of beans in this crazy world. Someday you'll understand that. Now, now ... Here's looking at you kid.

Kid oder *kiddo* als Kosename für die Herzensdame lässt sich gelegentlich noch hören, auch wenn seit *Casablanca* schon fünfzig Jahre und mehr ins Land gegangen sind.

Der seltsam anmutende Satz *Here's looking at you!* folgt dem Trinkspruch *Here's to you!* Frei übertragen: «Auf dich und deine Gesundheit.» Doch da Rick ausnahmsweise einmal kein Schnapsglas zur Hand hat, muss ein Kuss von Ilsa diese Funktion übernehmen. Was könnte auch besser zu Rick, dem selbst erklärten *drunkard*, passen, als seiner großen Liebe mit einem abgewandelten Trinkspruch aufzuwarten? In der Synchronfassung geht dieser Bezug verloren: «Ich schau dir in die Augen, Kleines.»

Tipp! Wenn Ilsa ihren Satz mit *I said* einleitet, dürfen wir mit indirekter Rede rechnen: Sie wiederholt, was sie einst in Paris gesagt hatte. Die indirekte Rede folgt dabei klaren Regeln. Ilsas Satz stand im Futur, in der indirekten Rede wird daraus ein *would.*

- *I'll never leave you.* Indirekte Rede: *I said I would never leave you.* (*Will* wird zu *would.*)
- *I work for Major Strasser.* Indirekte Rede: *He said he worked for Major Strasser.* (*Present* wird zu *past.*)
- *I am working on that case.* Indirekte Rede: *She said she was working on that case.* (*Present* wird zu *past.*)
- *I worked in Casablanca for three months.* Indirekte Rede: *She said she had worked there for three months.* (*Past* wird zu *past perfect.*)

«Ich habe gesagt, ich würde dich niemals verlassen.»

«Und das wirst du auch nicht. Aber ich habe hier etwas zu erledigen. Wo ich hingehe, kannst du nicht mit. Bei dem, was ich tun muss, kannst du nicht helfen. Ilsa, ich bin nicht besonders gut, wenn's darum

geht, edelmütig zu sein, aber man braucht nicht viel, um einzusehen, dass die Probleme dreier kleiner Leute nicht gerade viel bedeuten in dieser verrückten Welt. Eines Tages wirst du das verstehen. Na, na … auf dich, Kleines.»

The Wizard of Oz

Toto, I've a feeling we're not in Kansas anymore. We must be over the rainbow.

Der Märchenfilm *The Wizard of Oz* aus dem Jahr 1939 zählt in den USA zum Kulturerbe allererster Ordnung. Kein Amerikaner, der diesen Film nicht wenigstens drei Mal gesehen hätte. Interessanterweise kennt hierzulande kaum einer diesen Streifen: eines der wenigen Hollywood-Produkte, das zum europäischen Geschmack inkompatibel bleiben musste. Am bekanntesten sind noch die Lieder geworden, allen voran Judy Garlands *Somewhere Over The Rainbow.*
Dorothys Einsicht, dass sie und ihr Hündchen *Toto* nun fern der Heimat seien, wird immer dann gerne zitiert, wenn sich Amerikaner etwas ganz besonders Seltsamem ausgesetzt fühlen.

Toto, ich habe den Eindruck, dass wir nicht mehr in Kansas sind. Wir müssen jenseits des Regenbogens sein.

And oh, what happened then was rich. The house began to pitch, the kitchen took a stitch, it landed on the Wicked Witch in the middle of a ditch, which was not a healthy situation for the Wicked Witch.

Dorothy (Judy Garland) landet, von einem Wirbelsturm ins Zauber-

land Oz geweht, mitsamt ihrem Haus direkt auf der Bösen Hexe des Ostens, dem Erzfeind der kleinen Munchkins, eines in Oz ansässigen Zwergenvolkes. Unser Zitat beschreibt die näheren Umstände, unter denen die böse Hexe ihr Leben lassen musste, in Reimform. Für die Übersetzung mussten wir auf die Reime leider verzichten.
Über die Einflüsse des *Wizard of Oz* auf ganze Künstlergenerationen ließen sich Bände schreiben. Nur so viel: Elton John betitelte sein Album aus dem Jahr 1973 mit einer Verbeugung an das Filmmusical: *Good-bye Yellow Brick Road.* Filmfans wissen: Die Straße aus gelbem Ziegelstein, die der Titelsong beschreibt, findet sich im *Wizard of Oz* wieder.

Und, oh, was dann geschah, war toll. Das Haus begann sich zu neigen, die Küche bekam was ab, es landete auf der bösen Hexe mitten in einem Graben, was nicht gerade das Gesündeste für die böse Hexe war.

Ding, dong, the witch is dead!
Whicholwitch? (= Which old witch?)
The wicked witch!
[…] morally, ethically, spiritually, physically, positively, absolutely, undeniably, and reliably – dead!

Tipp! Die lustige Parade der Adverbien, gesungen von einer Bande Munchkins. Prädikat: grammatisch wertvoll. Die Hex' ist tot, und dieses *dead* wird von den Adverbien näher beschrieben. Das Adverb beschreibt hier also kein Verb, sondern ein Adjektiv *(dead).*

- *He was absolutely exhausted.* Er war völlig erschöpft.

Bing, bong, die Hex' ist tot!
Welche alte Hexe?
Die böse Hexe!
[…] moralisch, ethisch, spirituell, körperlich, wirklich, absolut, unleugbar und verlässlich – tot.

Scarecrow: **That's the trouble. I can't make up my mind. I haven't got a brain. Only straw.**
Dorothy: **How can you talk if you haven't got a brain?**
Scarecrow: **I don't know. Some people without brains do an awful lot of talking, don't they?**
Dorothy: **Yes, I guess you're right.**

Linguistisch längst bewiesen: Auch wenn das Oberstübchen eher dürftig möbliert ist (wie bei unserem Filmhelden *Scarecrow*, der Vogelscheuche), an der Sprachfähigkeit selbst ist das nicht festzustellen. Bestenfalls an den von der Sprache transportierten Inhalten.
Achten Sie im Zitat einmal auf *brain* und *brains*. Während *brain* auch biologisch als «Gehirn» zu verstehen ist, ist bei *brains* der Verstand gemeint. So etwa auch in der Redewendung *to rack one's brains*:

- *I was racking my brains.* Ich habe mir den Kopf zerbrochen, das Hirn zermartert.

Auch sonst steht *brains* umgangssprachlich für «Verstand, Grips, Hirnschmalz»:

- *It doesn't take much brains to fix a Beemer.* Man braucht nicht viel Grips, um einen BWM (*Beemer* ist Slang) zu reparieren.

«Das ist das Problem. Ich kann mich nicht entscheiden. Ich hab kein Gehirn. Nur Stroh.»
«Aber wie kannst du sprechen, wenn du kein Gehirn hast?»
«Ich weiß nicht. Einige Leute ohne Hirn (Verstand) reden [doch] schrecklich viel, nicht wahr?»
«Ja, ich glaube, du hast Recht.»

I'm afraid there's no denyin'.
I'm just a dandy-lion.
A fate I don't deserve.
If I only had the nerve.

Neben der Vogelscheuche (*scarecrow* heißt wörtlich: Erschreck-Krähe) hat Dorothy noch zwei weitere Reisebegleiter: einen Dosenmann, den *Tin Man*, der sich nach einem pochenden Herzen sehnt, und einen ängstlichen Löwen, der nur einmal mutig sein möchte. Doch auch wenn es ihm insgesamt an Mut fehlt, an Mut zu gewagten Wortspielen fehlt es ihm nicht, etwa dem mit *dandelion*, Löwenzahn: Er, so der Löwe, sei nur ein *dandy-lion* – und mischt damit den dandyesken «Salonlöwen» mit dem botanischen «Löwenzahn».

Dass statt *courage* für Mut hier *nerve* steht, hat zunächst reimtechnische, dann aber auch redensartliche Gründe:

- *I didn't have the nerve to kill him.* Ich hatte nicht den Mut, ihn zu töten.

Tipp! *If*-Sätze können durchaus auch für sich stehen, ganz ohne Ergänzung im Hauptsatz. Der mutlose Löwe macht's vor:

- *If I only had the nerve!* Wenn ich doch nur Mut besäße!
- *If I only had a brain!* Wenn ich doch nur ein Hirn hätte!
- *If I only had a heart!* Hätte ich doch nur ein Herz!

Ich fürchte, da hilft kein Leugnen.
Ich bin bloß ein Löwenzahn-Salon-Löwe.
Ein Schicksal, das ich nicht verdiene.
Wenn ich [doch] nur Mut hätte.

Oh! You cursed brat. Look what you've done. I'm melting! Melting! Oh, what a world! What a world! Who would have thought a good little girl like you could destroy my beautiful wickedness. Oh, I'm gone, I'm gone, I'm going. Oh. Oh.

Famous last words, die berühmten letzten Worte. Diesmal von der Bösen Hexe des Ostens, die einfach dahinschmilzt, nachdem Dorothy sie mit Wasser begossen hat. Glücklicherweise bleibt der Kopf der Hexe bis zum bitteren Ende sprachfähig, sodass sie ein letztes *present continuous* ausstoßen kann: *Look what you've done.*

Ein hilfreiches Wort ist *brat*, das unseren «verzogenem Balg» entspricht. Ob es sich von «Satansbraten» ableitet? Wohl eher nicht, doch als Eselsbrücke hilft der Braten.

- *Her kids are such brats. They behave like monsters.* Ihre Kinder sind solch verzogene Bälger. Sie benehmen sich wie Ungeheuer.

Oh! Du verfluchtes Balg! Sieh, was du angestellt hast. Ich schmelze. Schmelze! Oh, was für eine Welt! Was für eine Welt. Wer hätte [je] gedacht, dass ein gutes kleines Mädchen wie du meine wunderbare Bösartigkeit zerstören könnte. Oh, ich bin hinüber, ich bin hinüber, ich gehe dahin. Oh. Oh.

Why, anybody can have a brain. That's a very mediocre commodity. Every pusillanimous creature that crawls on the Earth or slinks through slimy seas has a brain. Back where I come from, we have universities, seats of great learning, where men go to become great thinkers. And when they come out, they think deep thoughts and with no more brains than you have! But they have one thing you haven't got – a diploma ... I hereby confer upon you the honorary degree of Th. D. ... that's Doctor of Thinkology.

Am Ende geht natürlich alles gut aus. *Scarecrow* bekommt sogar einen Doktortitel, verbunden mit einer Rede zum amerikanischen Bildungssystem. Die Ehrendoktorwürde, die der *Wizard* der armen Vogelscheuche verleiht, trägt das griffige Kürzel *Th. D.*, gesprochen Buchstabe für Buchstabe: *T – h – D.* Das entspricht – und ist zugleich Seitenhieb auf ihn – dem *Ph. D.*, dem philosophischen Doktorgrad, der allen *Liberal-arts*-Absolventen offen steht.

Nun, jeder kann ein Hirn haben. Es ist ein äußerst mittelmäßiger Gebrauchsgegenstand. Selbst die kleinmütigste Kreatur, die auf dieser Erde krabbelt oder durchs schlabberige Meer kriecht, hat ein Hirn. Dort, wo ich herkomme, haben wir Universitäten, Orte größter Ge-

lehrsamkeit, auf welche die Menschen gehen, um große Denker zu werden. Und wenn sie wieder herauskommen, denken sie tief schürfende Gedanken, und das mit keinem Deut mehr Hirn, als du es hast! Doch sie haben eines, was du nicht hast – ein Diplom … Hiermit verleihe ich dir den Ehrentitel Dr. den., Doktor der Denkologie.

Then close your eyes and tap your heels together three times. And think to yourself, «There's no place like home».

Die Apotheose des trauten Heims. Nach dem britisch-insularen *My home is my castle* wohl die deutlichste Liebeserklärung an die eigenen vier Wände und die eigene Scholle – selbst wenn diese, wie im Falle Dorothys, nur ein Stück trockener Acker mitten auf der *tornado alley* ist. Die *tornado alley*, die «Allee der Wirbelstürme», umfasst nicht unerhebliche Bereiche der Bundesstaaten Alabama, Arkansas, Florida, Iowa, Kansas, Mississippi, Missouri, Nebraska, Oklahoma und Texas. Vor allem Kansas (siehe *Wizard of Oz*) und Oklahoma werden von gewaltigen Tornados heimgesucht. Grund genug für Firmen wie *Storm Chasing Adventure Tours,* während der Sturmsaison von April bis September *storm-chaser tours* (Sturmverfolger-Reisen) anzubieten. Wer nach Adrenalinkicks sucht, ist hier an der richtigen Adresse.
Dorothys Reise zurück nach Kansas gelingt durch die Kraft ihrer roten Zauberpumps und den berühmten Spruch: *There's no place like home.*

Dann schließe deine Augen und schlage dreimal deine Hacken zusammen. Und denk dir still: «Zu Hause ist es doch am schönsten».

Kevin Smith

Veronica: **You men make me sick. You'll sleep with anything that says yes.**
Dante: **Animal, vegetable or mineral.**
Veronica: **Vegetable meaning paraplegic.**
Dante: **They put up the least amount of struggle.** Clerks

Kevin Smith' Film-Erstling in Schwarzweiß verfügt glücklicherweise über keine deutsche Synchronfassung. Auch im deutschen TV läuft das Original mit Untertiteln. Prima, denn so lernen auch unsere Kinder schon im Grundschulalter wichtiges Englischvokabular, z. B. *animal, vegetable or mineral* (Tier, Gemüse oder Mineral). Gemeint ist allerdings mehr als der bloße Wortsinn, nämlich ein beliebtes Ratespiel gleichen Namens. Man denkt sich ein Sache, wird dann gefragt, ob es sich um «Getier, Gemüse oder Gestein» handelt, und antwortet danach nur noch mit *yes* oder *no.* Die Fragesteller dürfen maximal zehn Fragen stellen, um ans Ziel zu kommen.
Slang, Jugendsprache, Insider-Scherze, Bezüge auf Tief-Amerikanisches machen es uns nicht leicht, die Dialoge in Smith' Filmen zu verstehen. Dennoch sollte man sich die Mühe machen, den Gesprächen der *Clerks* oder *Mallrats* zu folgen – vorausgesetzt, Sie mögen diese Abart amerikanischen Humors und bestehen nicht auf politischer Korrektheit. Dass Gelähmte als «Gemüse» bezeichnet werden, gehört da noch zu den harmloseren Fällen von politischer Inkorrektheit.

«Mir wird speiübel von euch Kerlen. Ihr schlaft mit allem, was ja sagt.»
[Bestätigend:] «Tier, Gemüse oder Mineral.»
«Gemüse in der Bedeutung von Gelähmten.»
«Die leisten die geringste Gegenwehr.»

Dante: **I'm stuck in this pit, earning less than slave wages, working on my day off, dealing with every backward fuck on the planet, the goddamn steel shutters are locked all day, I smell like shoe polish, I've got an ex-girlfriend who's catatonic after fucking a dead guy, and my present girlfriend has sucked thirty-six dicks.**

Randal: **Thirty-seven.** Clerks

Wichtige Slang-Ausdrücke:

- *I'm stuck here.* Ich hänge hier fest, komme hier nicht weg.
- *I'm stuck.* Ich komme nicht weiter. (Etwa bei den Mathe-Hausaufgaben.)
- *to suck dick.* Einen blasen.

«Ich stecke in diesem Loch fest, verdiene weniger als einen Sklavenlohn, arbeite an meinem freien Tag, schlage mich mit jedem zurückgebliebenen Arsch auf diesem Planeten herum, die verfluchten Stahl-Rollos sind den ganzen Tag lang unten, ich rieche wie Schuhcreme, habe eine Ex-Freundin, die katatonisch ist, seitdem sie einen Toten gevögelt hat, und meine jetzige Freundin hat [schon] 36 Schwänze geblasen.»
«37».

You know, there's a million fine-looking women in the world, but they don't all bring you lasagna at work, most of them just cheat on you. Clerks

Weißt du, es gibt eine Million gut aussehende Frauen auf der Welt, aber nicht alle bringen dir Lasagne zur Arbeit, die meisten betrügen dich einfach.

TS: **Oh my god, Rene dumped you.**
Brodie: **Hell hath no fury like a woman scorned for Sega.**

Mallrats

Versehen mit einem *th* wirkt *has* gleich viel elitärer. Nachgeahmt wird der Tonfall aus der Shakespeare-Zeit. Genauer: der Dramatiker William Congreve: *Heaven hath no rage like love to hatred turned, / Nor hell a fury like a woman scorned.* Daraus machen populäre Zitatenbücher ein verdaulicheres *Hell hath no fury like a woman scorned.*

«Um Gottes willen, Rene hat dir den Laufpass gegeben.»
«Nicht einmal die Hölle kennt einen solchen Zorn wie den einer Frau, die wegen einer Sega [Spielkonsole] verschmäht wurde.»

Brodie: **Let me ask you something. Did you ever fart in front of her?**
TS: **Why do you ask?**
Brodie: **I never farted in front of Rene, not once, then last week I let one slip, today she dumped me.**
TS: **You think that's why Rene dumped you? Come on, she's not the shallow type.**
Brodie: **She was going down on me at the time.**
TS: **Shut up!**
Brodie: **What? What can I say, I was feeling very relaxed, when I'm relaxed, I squirt.**
TS: **If all she did was dump you, you got off light.** Mallrats

Ein typischer Smith-Dialog, der Verdauungsgase und Oralverkehr in ein dialektisches Verhältnis zueinander setzt.

- *to fart*, furzen. Anständige Menschen sagen, wenn überhaupt, *to pass gas* oder *to break wind.*
- *to let one slip*, einen (Furz) rausrutschen lassen.
- *a blow job*, wörtlich: Blaseaufgabe. Gemeint ist Oralverkehr.

- *to go down on someone*, wörtlich: an jemandem hinabgehen. Ebenfalls Oralverkehr.
- *Shut up!* Normalerweise: Halt's Maul! Hier: Ich fasse es nicht, du willst mich wohl veräppeln!
- *to squirt*, wörtlich: quetschen, spritzen. Kann «ejakulieren» bedeuten, aber auch «kacken» oder, selten, «furzen». Die letzte Bedeutung kommt in unserem Dialog zum Tragen.

«Lass mich dich mal was fragen. Hast du je in ihrer Gegenwart gefurzt?»
«Weshalb fragst du?«
«Ich habe nie in ihrem Beisein gefurzt, kein einziges Mal, doch dann, letzte Woche, habe ich einen zischen lassen, und heute gibt sie mir den Laufpass.»
«Du glaubst, dass Rene dich deswegen in die Wüste geschickt hat? Mach mal halblang, sie ist nicht so ein kleinlicher Kleingeist.»
«Sie hat mir damals gerade einen geblasen.«
«Verarsch mich nicht!»
«Was denn? Wie soll ich das sagen, ich war total entspannt, und wenn ich entspannt bin, dann drück ich.»
«Wenn alles, was sie dann gemacht hat, nur darin bestand, dir den Laufpass zu geben, bist du sehr gut davongekommen.»

I have always taken you with a grain of salt. On your birthday when you asked me to do a striptease to the theme from *Mighty Mouse*, I said okay. When we were at that hotel on prom night and you asked me to sleep underneath the bed in case your mother burst in, I did it. And even when we were at my Grandmother's funeral and you told most of my relatives that you could see her nipples through her burial dress, I let it slide, but if you think I'm gonna suffer anymore of your shit with a smile now that we've broken up, you're in for a big fucking disappointment. Mallrats

Gonna bekommt erneut den Vorzug vor *going to*:

- *I'm not gonna (going to) suffer.* Ich werde nicht leiden, ich habe nicht vor, weiter zu leiden.

Als Redewendung oft zu hören: *to be in for something*:

- *You're in for a surprise.* Mach dich auf eine Überraschung gefasst.
- *You're in for a treat.* Du kannst dich auf etwas Leckeres freuen.

In Renes großem Monolog erneut zu hören: unser alter Bekannter *fucking* als Verstärkungspartikel.

Ebenfalls nur idiomatisch zu verstehen: *To let something slide*, etwas durchgehen lassen:

- *I'll let it slide this time.* Ich lasse es dir diesmal noch durchgehen.

Ich habe dich immer mit einem Quäntchen Salz genommen (nicht 100% ernst genommen). An deinem Geburtstag, als du mich gebeten hast, zur Titelmelodie von *Mighty Mouse* einen Striptease zu machen, habe ich okay gesagt. Als wir in der Nacht des Schulballs in diesem Hotel waren und du mich gebeten hast, unterm Bett zu schlafen, falls deine Mutter reinplatzen sollte, hab ich's gemacht. Und selbst als wir bei der Beerdigung meiner Großmutter waren und du fast allen meinen Verwandten erzählt hast, dass du ihre [der Großmutter] Brustwarzen unter dem Totenhemd sehen konntest, habe ich dir das durchgehen lassen, aber wenn du denkst, dass ich deinen Scheiß auch weiterhin ertrage, jetzt, wo wir uns getrennt haben, dann mach dich auf eine verdammt große Enttäuschung gefasst.

Brodie: **Are you nuts?! The guy is pure testosterone, he's a walking hard-on just looking for a hole!**

Rene: **I'm in need of testosterone after a year of babysitting you and your comic book collection. I forgot what real men were like.**

Brodie: **I can't believe you have the nerve to come to my mall and pick up guys!**

Mallrats

Erneut begegnet uns *to have the nerve.* Anders als bei Dorothys Löwen ist jetzt weniger der «Mut», sondern vielmehr die «Dreistigkeit» gemeint:

- *Such nerve!* Solche Dreistigkeit! Was für eine Frechheit!

Auch Slang-Begriffe gibt's wieder reichlich:

- *to have a hard-on*, einen Harten / Ständer haben.
- *to pick up guys / girls*, Kerle / Mädels abschleppen.

«Bist du bekloppt?! Der Kerl ist reines Testosteron, er ist ein Ständer auf Beinen, der nur nach einem Loch Ausschau hält!»
«Nachdem ich ein Jahr lang den Babysitter für dich und deine Comic-Hefte-Sammlung abgegeben habe, habe ich Bedarf an Testosteron. Ich habe schon vergessen, wie richtige Männer sind.»
«Ich kann's nicht fassen, dass du so dreist bist, in mein Einkaufszentrum zu kommen, um Kerle abzuschleppen.»

Brodie: **It's impossible, Lois could never have Superman's baby. Do you think her fallopian tubes could handle his sperm? I guarantee he blows a load like a shotgun, right through her back. What about her womb, you think it's strong enough to carry his child?**

TS: **Sure, why not?**

Brodie: **He's an alien for Christs sake. His Kryptonian biological make-up is enhanced by Earth's yellow sun. If Lois gets a tan, the kid could kick right through her stomach. Only someone like Wonderwoman has a strong enough uterus to carry his kid. The only way he could bang regular chicks is with a Kryptonite condom, but that would kill him.**

Mallrats

Besonders ans Herz gewachsen ist mir der *Superman's-Baby*-Dialog. Ursprünglich sollte er nicht in dieses Buch aufgenommen werden, doch dann ging er mir nicht mehr aus dem Sinn. Ein klarer Beweis für John

Irvings Satz: *You don't have your memory, your memory has you.* «Nicht du hast dein Gedächtnis [im Griff], dein Gedächtnis hat dich.»
Make-up heißt natürlich auch «Schminke», in unserem Zusammenhang aber ist nicht der Eyeliner Supermans, sondern seine biologische «Beschaffenheit» oder «Zusammensetzung» gemeint. Die Synchronübersetzer der TV-Serie *X-Files* (Akte X) wussten davon leider nichts, als sie in einer Episode das *genetic make-up of mankind* mit «genetische Schminke der Menschheit» übersetzten. Das ist schon arg blöd. Noch blöder ist natürlich, dass ich mir diesen Schrott angesehen habe.
Zu den vulgäreren Slang-Ausdrücken in unserem Filmdialog zählt *to bang someone*, jemanden knallen, pimpern. In die Verbindung *gang bang* (Gruppensex) ist es auch eingegangen. Statt «ejakulieren» *(to ejaculate)* steht *to shoot one's load*, seine Ladung abschießen.
Praktischer für das Alltagsgespräch ist *what about*:

- *What about Joe? Is he coming?* Wie sieht's mit Joe aus? Kommt er?

«Unmöglich, Lois könnte nie Supermans Baby bekommen. Glaubst du [im Ernst], ihre Eileiter könnten mit Supermans Sperma zurechtkommen? Ich garantiere [dir], der schießt eine Ladung [Samen] wie eine Flinte geradewegs durch ihren Rücken durch. Und wie sieht's mit ihrer Gebärmutter aus, glaubst du [etwa], dass sie kräftig genug ist, um sein Kind auszutragen?»
«Klar, warum nicht?»
«Er ist ein Außerirdischer, zum Kuckuck. Seine kryptonische biologische Beschaffenheit wird durch die gelbe Sonne der Erde verstärkt. Wenn Lois sich sonnenbräunen lässt, könnte das Kind ihr voll durch den Magen treten. Nur jemand wie Wonderwoman hat einen Uterus, der stark genug wäre, um sein Kind zu bekommen. Die einzige Methode für ihn, normale Mädels zu pimpern, wäre mit einem Kondom aus Kryptonit, doch das würde ihn umbringen.»

The Simpsons

Lisa: **No thanks. Do you have anything with fruit?**
Homer: **This has got purple stuff in it. Purple's a fruit.**

Die Zeichentrickserie *The Simpsons*, bei uns auf ewig mit dem Stigma einer Kinderserie belastet, gilt in den USA zu Recht als *adult fare*, als Kost für Erwachsene. In der Figur des Homer Simpson lachen die Amerikaner über sich selbst und ihre traurige Fremdbestimmtheit: Das Fernsehen diktiert Homer seinen Speiseplan, die Werbung seine Wünsche, und so hält auf der Liste von Homers Begehrlichkeiten das *SUV* (*sport utility vehicle;* halb Kombi, halb Geländewagen) noch immer den Spitzenplatz. Homer findet toll, was die großen Firmen ihm aufschwatzen wollen, kauft jeden Mist, futtert alles, solange es nur denaturiert genug ist («Mhhh, lecker, rehydrierter Erdnussstaub!»), und drückt gelegentlich den Fernseher voll inbrünstiger Zuneigung an sein liebendes Herz. *Wrestling, demolition derbies, pro golfing:* Wie kann denn etwas schlecht sein, mit dem man mehr schöne Stunden verbringt als mit Frau und Kindern?
Von allen Simpsons ist uns Homer der Liebste. Begeisternd vor allem seine Kompetenz in Sachen Nahrungsmitteln:

«Nein, danke. Hast du etwas mit Obst?»
«Das da hat lila Zeugs drin. Lila ist [doch] Obst.»

Bart: **The Flanders are a bunch of geeks, man.**
Homer: **The Flanderseses are not geeks! Okay, Rod and Tod are, and the wife has a thing for me, but she hides it behind a mask of low-key hostility.**

Seit Jahren schreiben wir in unseren Englischbüchern von *geeks* und *nerds*, mühen uns mit Definitionen und Beschreibungen, doch noch immer leidet die große Masse der europäischen Bevölkerung an erheblichen Bildungslücken, was diese beiden Zentralbegriffe amerikanischer Kultur angeht.

Die im Sozialverhalten leicht bis mittelschwer behinderten Strebertypen, die sich bei Versuchen mit dem Chemiekasten auch schon mal die Vorhaut absprengen, heißen in den USA *nerds.* Oder auch *geeks.* Sprachgeschichtlich steckt im *geek* tatsächlich auch ein bisschen vom deutschen «Geck». Bei *nerd* und *geek* denkt der Amerikaner an einen eierköpfigen, langhalsigen Knaben, der linkisch durch die Gegend stakst. *Nerds* und *geeks* sind schlau, was man schon an ihren dicken Brillengläsern und ihren vollen Hemdtaschen sehen kann: Dort bilden Kleincomputer *(PDAs),* Stifte und Chipkarten die informationstechnische Grundausstattung.

Zum stehenden Begriff wurden die *nerds* durch Teenie-Komödien wie *Revenge of the Nerds,* die Rache der Eierköpfe. Hier buhlen *nerds* um die Gunst von *bimbos* (Tussis), die wiederum lieber mit durchtrainierten *jocks* (kraftmeiernden Sportlertypen) und deren *washboard bellies* (Waschbrettbäuchen, auch bekannt als *six-packs*) zu tun haben als mit den *geeky guys* aus der Physik-AG.

Dass die Simpsons mit der Pluralform des Namens *Flanders* ihre liebe Not haben, können wir gut nachvollziehen, schließlich endet er ja bereits auf *-s* – ein Phänomen, das in Grammatiken durchweg ignoriert wird. Doch hier bei uns wird Ihnen geholfen: Homer hat fast Recht, es muss *Flanderses* (aber nicht *Flanderseses*) heißen. Regel: Grundsätzlich *-s* anfügen, es sei denn, der Name endet auf *-s, -x, -z, -ch* oder *-sh,* dann *-es* anhängen.

Ansonsten demonstriert dieser Dialog, wie weit bei Homer Simpson Realität und Wirklichkeit auseinander klaffen. Rufen wir ihm ein lautes *Reality check!* zu.

«Die Flanders sind ein Haufen Streber, Mann.»

«Die Flandersesses sind keine Streber! Gut, Rod und Tod schon, und die Frau ist ein bisschen verknallt in mich, aber das verbirgt sie hinter einer Maske leichter Aggressivität.»

Marge, don't discourage the boy! Weaseling out of things is important to learn. It's what separates us from the animals! Except the weasel.

Marge, jetzt entmutige [mir] den Jungen nicht. Es ist wichtig zu lernen, sich aus Sachen wieder herauszuwinden / -wieseln. Das unterscheidet uns von den Tieren! Außer natürlich vom Wiesel.

Lisa, if you don't like your job, you don't strike. You just go in every day and do it really half-assed. That's the American way.

Gibt es das Wort «halbärschig» im Deutschen? *Half-assed* steht im Amerikanischen dort, wo sich im Deutschen bestenfalls ein schwächliches «halbherzig» anbietet, das dann aber doch weit am Bedeutungskern von *half-assed* vorbeischießt. Wer etwas nur *half-assed* tut, handelt inkompetent und erweist sich letztlich als unfähig.

Lisa, wenn dir dein Job nicht gefällt, streikst du nicht [einfach]. Du gehst einfach jeden Tag hin und machst alles völlig verkehrt. Das ist die [klassische] amerikanische Methode.

One more [operation] and I get a free hysterectomy.

Im richtigen Leben gibt es – bei manchen Ketten – nach zehn *sandwiches* das elfte gratis. Allerdings nur, wenn man sich immer brav sein Kundenkärtchen hat abstempeln lassen. Ein durchaus übliches Verfahren, um den Umsatz anzukurbeln. Obiger Satz, gesprochen von Marge Simpson anlässlich eines erneuten chirurgischen Eingriffs an ihrem Ehemann Homer, nimmt diese Marketing-Methode auf die Schippe:

Nur noch eine [Operation], und ich kriege eine kostenlose Unterleibsoperation (Hysterektomie: Entfernung der Gebärmutter).

Frasier

The plumber has been called, the wine is chilled, suddenly my life is right again.

Als Psychiater weiß Frasier Crane, worauf es im Leben wirklich ankommt. Was er nicht weiß, zumindest nicht bewusst, ist, dass er mit *has been called* das *present perfect passive* benutzt: «ist gerufen worden». Wein wird in den USA auch schon mal mit Eiswürfeln getrunken. Das ist nicht besonders fein, oft aber dringend nötig. Etwa wenn man vergessen hat, den *chillable red* rechtzeitig in den Kühlschrank zu packen. *Chillable red* (wörtlich: kühlbarer Roter) wird gemeinhin in Kartons zu einer Gallone verkauft und ist tatsächlich nur genießbar, wenn übertriebene Kälte die Zunge betäubt. In der Wirkung steht *chillable red* seinen teureren Brüdern in nichts nach: Man wird auch durch ihn ganz wunderbar betrunken.

Der Klempner ist angerufen worden, der Wein ist gut gekühlt, plötzlich ist mein Leben wieder in Ordnung.

Niles: **Have you seen those pistachios? It's like I'm chewing gravel. It's a wonder I haven't died from them.**

Frasier: **Yes, your ability to thwart death has never ceased to amaze me.**

Menschen mit guter Schulbildung neigen zum verstärkten Einsatz des *present perfect.* So etwa die Cranes in *Frasier.* Niles fragt nicht etwa *Did you see those pistachios?* – was auch ginge –, sondern *Have you seen …?* Auch sonst sind bei Cranes die Sätze länger und geschraubter als anderswo im TV-Land.

«Hast du diese Pistazien gesehen? Es ist, als ob man Schotter kaute. Es ist ein Wunder, dass ich noch nicht an ihnen gestorben bin.»

«Ja, deine Fähigkeit, dem Tod einen Strich durch die Rechnung zu machen, wird niemals aufhören, mich zu verblüffen.»

Martin: **Take my word for it. You're sticking a fork in your toaster.**
Niles: **Well, my muffin's burnt.**

Wenn wir *muffin* unten mit Brötchen übersetzen, tun wir dies aus demselben Grund, der uns dazu brachte, *fried chicken* mit Brathähnchen zu übersetzten. Ein *muffin* ist ebenso wenig ein Brötchen wie *fried chicken* ein Brathähnchen. Aber immerhin isst man *muffins*, so wie bei uns Brötchen, zum Frühstück. Beliebt sind die leicht säuerlich schmeckenden *English muffins*, die in der Kühlbox des Supermarkts zu finden sind. Sie sehen ein wenig aus wie geschrumpfte Fladenbrote und sind, der besseren Toastbarkeit wegen, bereits in zwei Hälften zerlegt. Nicht für den Toaster geeignet sind die wahren *muffins*, kleine, pilzförmige Küchlein, die in zahllosen Geschmacksrichtungen vor allem als Kaffeeteilchen taugen. *Blueberry muffins* oder auch *banana muffins* sind weit verbreitet und auch für Europäer durchaus essbar.

«Du kannst mir glauben. Du steckst gerade eine Gabel in deinen Toaster.»
«Nun ja, mein Brötchen ist verbrannt.»

Daphne: **I'm on cloud nine.**
Niles: **I've had to look down to see cloud nine.**

Wer vor lauter Glückseligkeit in himmlischere Regionen entschwebt, fühlt sich bei uns «wie im siebten Himmel». Sieben scheint den Amerikanern und auch Engländern längst nicht gut genug, sie verziehen sich lieber auf die «Wolke neun». Niles setzt in unserem Dialog noch einen drauf: Er sei so glücklich, dass er inzwischen von Wolke neun abgehoben habe und nach unten schauen müsse, um sie noch sehen zu können.

«Ich bin im siebten Himmel.»
«Ich musste runtergucken, um den siebten Himmel [überhaupt noch] zu sehen.»

Frasier: **Friends of yours?**
Niles: **Filthy rich. Timber money. In their case, it really does grow on trees.**

Wer seinen Kindern sagen möchte, dass einem das Geld nicht einfach in den Schoß falle und man gelegentlich dafür arbeiten müsse, greift zu einem Sprichwort: *Money doesn't grow on trees* (Geld wächst nicht auf Bäumen). Nur mit diesem Sprichwort im Hinterkopf erschließt sich Niles' Kommentar.
Timber bedeutet nicht nur Nutz- oder Bauholz, sondern ist auch der Warnruf der *lumberjacks*, der Holzfäller, wenn ein Baum fällt: *Timmmmmberrrrr!* Nahezu mythische Dimensionen erhält die Figur des Holzfällers in der Gestalt von *Paul Bunyan*, dem berühmtesten aller *logger*. Auf Denkmälern ist er zu sehen, Schulkinder lesen von seinen Taten, und – die ultimative Ehrung – Kneipen tragen seinen Namen.

«Freunde von dir?»
«Stinkreich. Geld aus dem Holzgeschäft. In ihrem Fall wächst es wirklich auf Bäumen.»

The third date might carry a certain significance to you Americans, but it takes more than three dinners to get bangers and mash with Daphne Moon.

Wenn Daphne hier in der dritten Person von sich selbst spricht, dient das allein der ironischen Distanzierung. Schließlich ist Daphne Engländerin. Doch trotz aller Ironie weist Daphne auf einen wichtigen Punkt im Balzverhalten geschlechtsreifer Amerikaner hin: Bei oder nach der dritten Verabredung *(date)* sollte es schleunigst zu intimeren Kontakten kommen. Tut es das nicht, unterbleibt normalerweise eine vierte Verabredung. Daphne umschreibt diesen intimeren Kontakt mit einer sehr britischen Wendung: *Bangers and mash* sind Würste mit Kartoffelbrei, typisch britische Hausmannskost – so gesehen durchaus etwas Heimelig-Intimes. Doch für amerikanische Ohren klingt vor allem *bangers* nach Sex. *To bang someone* heißt schließlich auch «jemanden beschlafen».

Amerikaner sagen übrigens *mashed potatoes*, wenn sie von Kartoffelbrei reden. Und *sausage*, wenn es um Würste geht. Nur Bratwürste heißen *bratwurst* (klingt wie «Braaht-wörst») oder kurz *brats.*

Die dritte Verabredung dürfte für euch Amerikaner wohl eine gewisse Bedeutung haben, aber es braucht mehr als drei Abendessen, um Würstchen mit Kartoffelbrei (Sex) von Daphne Moon zu bekommen.

Daphne: **I'm feeling a bit blue about my love life.**
Frasier: **Really? Have you been seeing a man?**
Daphne: **Only when I close my eyes and concentrate.**

Wenn man in diesem Dialog den Ausdruck *to see a man* korrekt übersetzt und «mit einem Mann ausgehen» schreibt, bleibt der Witz auf der Strecke. Folglich haben wir uns unten einige Freiheiten genommen.

To see someone ist ein durchweg hilfreicher Ausdruck:

- *I have to see the doctor.* Ich muss zum Arzt.
- *Did you see a specialist?* Hast du einen Spezialisten aufgesucht?
- *I've been seeing him for quite a while now.* Ich gehe schon eine ganze Weile mit ihm aus.

Tipp! Mit *Have you been seeing a man?* erfüllt Frasier die Anforderungen an ein gepflegtes *present perfect continuous*: Bezug auf die Gegenwart. Sie dürfen sogar das Schlüsselwort *lately* (in letzter Zeit) ergänzen, das dann alles klar macht: *Have you been seeing a man lately?*

«Ich bin ein bisschen deprimiert, was mein Liebesleben angeht.»
«Wirklich? Hast du dich in letzter Zeit mit einem Mann sehen lassen?»
«Nur wenn ich meine Augen schließe und mich konzentriere.»

They were awful – those family driving vacations. Dad insisting on covering as many miles as possible in a day. The two of us, tiny hostages in the back seat, clutching our car sickness bags, straining to see something out the window as the landscape whizzed by. I was thirteen before I realized that cows aren't blurry!

Die waren furchtbar, diese Autourlaubsreisen mit der Familie. Dad bestand darauf, jeden Tag so viele Meilen wie möglich runterzureißen. Wir beide, kleine Geiseln auf dem Rücksitz, festgekrallt an unseren Kotztüten, strengten uns an, irgendwas durchs Fenster zu erkennen, während die Landschaft an uns vorbeisauste. Ich war 13, als ich [endlich] festgestellt habe, dass Kühe [gar] nicht verschwommen sind.

Niles: **Answer me this. Can you tell me with any certainty that in such a vast universe there isn't intelligent life on other planets?**
Frasier: **At the moment I'm not sure there isn't intelligent life in this kitchen.**

«Jetzt beantworte mir mal das. Kannst du mir mit einer gewissen Sicherheit sagen, dass es in solch einem gewaltigen Universum auf anderen Planeten nicht doch intelligentes Leben gibt?»
«Im Augenblick bin ich nicht einmal sicher, dass es in dieser Küche intelligentes Leben gibt.»

Do these chocolate shavings look different to you? ... Well, they do to me. I think that they've switched to an inferior domestic brand. Hmm, hmmm – waxy!

In den Frühzeiten des Ferntourismus führten Reisende, die in Entwicklungsländer fuhren, stets eine ausreichende Zahl an Kugelschreibern und Bonbons mit, die dann mit großtuerischen Gesten an die technik- und zuckerentwöhnten Einheimischen verteilt wurden.
Reisende in den USA werden zwar nicht erleben, dass sich die Amerikaner um mitgebrachte Süßigkeiten aus Europa prügeln, doch Schokolade aus der Confoederatio Helvetia, Felix Austria oder *good ol' Germany* wird gerne genommen und gegessen. Tatsächlich taugt US-Schokolade wenig. Unser verfeinerter Geschmack kann an den sandigen Produkten der führenden US-Marke Hershey's wenig Gefallen finden, selbst unsere Billigmarken schmecken da besser. Zu allem Übel muss der US-Marktführer auch noch für den Slang-Ausdruck *Hershey squirts* herhalten. «Hershey-Spritzer» nennen die Amis liebevoll ihren Durchfall, dem Arzt freilich sagen sie, sie litten an *diarrhea*.
Auf Sahnehauben findet sich in besseren Etablissements geraspelte Schokolade *(chocolate shavings)*. Wenn Niles sich darüber beschwert, dass die Schokolade diesmal anders aussehe und dass die Belegschaft seines Stammcafés zu einer «minderwertigen inländischen Marke» *(inferior domestic brand)* gewechselt habe, so muss diese Kritik zwangsläufig in den Begriff münden, der US-Schokolade perfekt beschreibt: *waxy*, wachsartig, wie Wachs.
Tipp für den nächsten USA-Besuch: Bringen Sie den Einheimischen ein paar Tafeln Feodora mit. Auch Gerhard B.s Lieblingsmarke Lohmann käme sicher gut an. *Not waxy at all.* Überhaupt nicht wachsig.

Kommen dir die Schoko-Raspel anders vor? ... Mir schon. Ich glaube, die sind auf eine minderwertige inländische Marke umgestiegen. Hm, hmm – wachsartig!

Don't stare at me, Eddie. I'm a humane man, but right now I could kick a kitten through an electric fan.

Die *Humane Society* entspricht in ihrer Aufgabenstellung dem hiesigen Tierschutzverein. Dadurch erklärt sich, dass in unserem Kontext *humane* mit «tierlieb» besser übersetzt ist als mit «human».
Einer der ersten Kraftausdrücke, die ausländische Studenten oder Austauschschüler in den USA aufschnappen, ist: *The shit is going to hit the fan.* Für den Rest seines US-Aufenthaltes muss man sich schwer am Riemen reißen, um nicht in jeden zweiten Satz ein rustikales «Die Scheiße wird den Ventilator treffen» einfließen zu lassen. Bezeichnet wird mit diesem Sprachbild die Eskalation einer Situation: Jetzt wird es richtig ernst, die Kacke ist am Dampfen.
In unserem *Frasier*-Zitat schwingt die Bildkraft von *When the shit hits the fan* ein wenig noch mit, auch wenn jetzt Haustiere den Weg durch den Ventilator antreten sollen.

Starr mich nicht an, Eddie. Ich bin ein tierlieber Mensch, aber im Moment könnte ich ein Kätzchen durch einen elektrischen Ventilator kicken.

Seinfeld

Nobody takes better care of their hair than me. You can serve dinner on my head.

Jerry Seinfeld machte es sich leicht. Anstatt krampfhaft nach einem Namen für seine Serie zu suchen, erhob er seinen Namen zum Titel. *Seinfeld*, eine in New York City spielende *situation comedy*, war ein Hit und gilt in den USA längst als Klassiker. Einer jener Hits freilich, die sich nicht exportieren ließen. Die deutschsprachige Synchronversion verschwand schnell aus der besseren Sendezeit. Keine Frage, die Sendung war zu witzig, zu clever, zu unübersetzbar. Die vier New Yorker Freunde aus *Seinfeld* konnten sich jede Woche knapp 23 Minuten lang (30 Sendeminuten abzüglich der Werbeblöcke) über Themen wie Zahnbürsten, Restaurantsalate oder Kleider aus dem Second-Hand-Laden auslassen, ohne auch nur im Entferntesten Gefahr zu laufen, eine Art Handlung in die Sendung zu bringen. Der Plot jeder Episode ließ sich jedes Mal ohne Mühe in zwei, maximal drei Sätze packen. *The little show about nothing*, die kleine Sendung über nichts, urteilte denn auch ein Kritiker – und meinte dies durchaus wohlwollend. In den deutschsprachigen Ländern war damit kein Blumentopf zu gewinnen. Elaine, die Ex-Freundin Jerrys in der Serie *Seinfeld*, gibt in unserem Zitat ihre Version von «Geschleckt sauber, bei uns können Sie vom Boden essen» zum Besten.

Tipp! Grammatisch bemerkenswert ist die Pluralform *their*. Nicht *her* (was bei Elaine nahe läge), auch nicht *his*, sondern *their* kommt zum Einsatz. Grammatisch nötig scheint der Singular, denn schließlich ist ja *nobody* ein Wort im Singular:

- *Nobody takes better care of her hair than me.*
- *Nobody takes better care of his or her hair than me.*

Beide Fassungen sind grammatisch korrekt. Doch auch *their* ist korrekt und hat seine Berechtigung, auch wenn es auf den ersten Blick den Regeln zuwiderzulaufen scheint.

- *Anybody without their assignments will be punished.* Jeder ohne (seine, ihre) Hausaufgaben wird bestraft.
- *No one in their right mind would do that.* Niemand, der bei vollem Verstand ist, würde das tun.

Der große Vorteil: Mit *their* sind auf einen Schlag männliche und weibliche Wesen gemeint, man erspart sich also das verquälte *his or her*.

Niemand pflegt sein Haar besser als ich. Auf meinem Kopf kannst du das Abendessen servieren.

Jerry: **Oh look, Elaine, the black and white cookie. I love the black and white. Two races of flavor living side by side in harmony. It's a wonderful thing, isn't it?**

Elaine: **You know, I often wonder what you'll be like when you're senile.**

Jerry: **I'm looking forward to it.**

Elaine: **Yeah, I think it'll be a very smooth transition for you.**

Jeder Amerikaner weiß sofort, dass es sich bei einem schwarzweißen Keks nur um einen *Oreo* handeln kann. Im Aufbau entspricht ein *Oreo* (klingt wie «Orio») unserer «Prinzenrolle», nur die Farbtöne scheinen vertauscht: Die Gebäckhälften sind schokoladig schwarz, dazwischen steckt eine weiße Füllung. Zudem ist er deutlich kleiner als das europäische Pendant. Was es für die Kinder sehr leicht macht, die beiden Kekshälften voneinander zu trennen, um erst einmal die Füllung wegzunaschen.

Unter Schwarzen muss *Oreo* auch schon mal als Schimpfwort herhalten: Wer als *Oreo* bezeichnet wird, hat sich der Welt der Weißen zu sehr angepasst: außen schwarz, innen weiß – ein Möchtegern-Weißer. Auch als Slang-Wort für die Kinder aus Verbindungen zwischen Schwarzen und Weißen kann man *Oreo* gelegentlich hören.

«Oh, schau mal, Elaine, der schwarzweiße Keks. Ich mag dieses Schwarz und Weiß. Zwei Geschmacksrassen, die Seite an Seite in Eintracht leben. Eine wunderbare Sache, nicht wahr?»
«Weißt du, ich frage mich oft, wie du sein wirst, wenn du senil bist.»
«Ich freu mich darauf.»
«Ja, ich glaube, der Übergang wird dir nicht schwer fallen.»

Elaine: **How was it?**

Jerry: **Good as it gets.**

Nachzutragen wäre hier noch die Regieanweisung: *Jerry, after he throws up.* «Jerry, nachdem er sich erbrochen hat.» Für *to throw up* finden sich leicht mehrere Synonyme, die vor allem beim Hochschulstudium in den Staaten zum Basisvokabular gehören sollten:

- *to puke*, kotzen
- *to upchuck*, kotzen
- *to barf*, kotzen
- *to vomit*, sich übergeben

«Und wie war's?»
«Besser geht's nicht.»

For me to ask a woman out, I've got to get into a mental state like the karate guys before they break the bricks.

Auch wenn man nicht George Costanza heißt (wie Jerrys Kumpel in *Seinfeld*), lässt sich diese Art der Gemütsaufwallung gut nachvollziehen.

Damit ich eine Frau zum Ausgehen einladen kann, muss ich mich in einen Geisteszustand versetzen wie die Karate-Jungs, kurz bevor sie die Ziegel zertrümmern.

Instead of doing a wash, I just keep buying underwear. My goal is to have over 360 pair. That way I only have to do wash once a year.

Auch wenn *underwear* offiziell «Unterwäsche» ist, wenn Männer reden, ist oft nur die Unterhose gemeint.
Ansonsten: Geile Idee, der Mann hat Recht!

Anstatt Wäsche zu waschen, kaufe ich immer mehr Unterhosen. Mein Ziel sind 360 Stück. Dadurch muss ich nur einmal im Jahr Wäsche waschen.

Ally McBeal

Maybe I'm happy and I just don't know it.

Man merkt förmlich, wie sich die Drehbuchautoren bemühen, in jede Folge von *Ally McBeal* mindestens einen zitierfähigen *one-liner* hineinzuschreiben. So sehr, dass man den Einzeilern, Folge um Folge, zwanghaft auflauert. Vor allem, wenn man gerade an einem Buch mit Sprüchen schreibt. Gut, dass am 20. Mai 2002 Schluss mit der Serie war.

Vielleicht bin ich [ja] glücklich und weiß es bloß nicht.

Why wouldn't he want to date me, he has a penis.

Doch nicht nur Calista Flockharts *Ally* hat Sprüche zu bieten, auch Mitstreiterin Ling hält gut mit.

Warum sollte er nicht mit mir ausgehen wollen, er hat [doch] einen Penis.

Ally: **Hello.**
Helen: **Hello.**
Ally: **Is there a problem?**
Helen: **No, just admiring your outfit.**
Ally: **Thank you.**
Helen: **Maybe you could eat a cookie.**
Ally: **Maybe we could share it.**

Maybe you could eat a cookie ist in den USA einer der bekanntesten Sprüche aus der *Ally*-Serie. Dass Ally McBeal (und mit ihr Calista Flockhart) nicht nur schlank, sondern schon dürr ist, fällt nicht nur Helen Gamble auf. Doch Helen garniert eine ganz normale Begrüßung mit einer spitzen Bemerkung zu Allys sich langsam abzeichnender Magersucht: «Vielleicht könntest du mal einen Keks essen.» Doch Ally weiß zu kontern.

«Hallo.»
«Hallo.»
«Gibt's irgendwelche Probleme?»
«Nein, [ich] bewundere nur dein Outfit.»
«Danke.»
«Vielleicht könntest du mal einen Keks essen.»
«Vielleicht könnten wir ihn uns teilen.»

Whenever I get depressed, I raise my hemlines. If things don't change, I am bound to be arrested.

Nicht weniger bekannt ist dieser *Ally*-Spruch mit den stets kürzer werdenden Röcken. Die angesprochene drohende Verhaftung fände dann wahrscheinlich wegen *indecent exposure* statt, wegen «unsittlicher Entblößung».

Immer wenn ich deprimiert bin, wandert mein Rocksaum nach oben. Wenn die Dinge sich nicht [bald] ändern, werde ich garantiert mal verhaftet.

Renee: **Happiness is just a pair of flannel pajamas to you, isn't it?**
Ally: **No, happiness is getting into bed with anything that makes you feel warm and snuggle. I just now settle for pajamas.**

«Glück ist für dich einfach nur ein Flanellschlafanzug, stimmt's?»
«Nein, Glück ist, mit irgendwas ins Bett zu gehen, durch das man sich warm und kuschelig fühlt. Zurzeit begnüge ich mich aber mit Schlafanzügen.»

Men are constantly trying to mentally undress me. I'm just trying to save them some time, that's all.

Tipp!

Hier haben wir den befremdlichen Fall, dass ein immer wiederkehrender Vorgang – Schlüsselwort *constantly* – mit *present continuous* ausgedrückt wird. Das dürfte, nach allem, was wir bisher gesagt haben, eigentlich nicht der Fall sein. Dass es hier doch erlaubt ist, liegt an einem Sonderfall: Immer wenn Verärgerung über einen wiederkehrenden Sachverhalt ausgedrückt werden soll, darf die *-ing*-Form mithelfen:

- *You are always complaining. It's getting on my nerves.* Du beschwerst dich andauernd. Das geht mir auf die Nerven.
- *They are constantly making noise. Can't they be quiet?* Die machen dauernd Krach. Können die nicht mal still sein?

Männer versuchen dauernd, mich mental auszuziehen. Ich versuche nur, ihnen ein bisschen Zeit zu sparen, das ist alles.

Georgia: **Ally, what makes your problems so much bigger than everybody else's?**

Ally: **They're mine.**

«Ally, was macht [denn] deine Probleme so viel schlimmer als die von allen anderen?»
«Es sind meine.»

We're women. We have a double standard to live up to.

Wir sind Frauen. Wir haben eine Doppelmoral zu verteidigen.

Ally: **I am good in bed, Renee. [Renee laughs.] What?**

Renee: **Ally, I'm your roommate. We have thin walls, and you …**
[Renee imitates small whining noises.]

Ally: **I don't sound like that.**
Renee: **I make more noise breaking in a new shoe.**

«Ich bin gut im Bett, Renee. [Renee lacht.] Was [denn]?»
«Ally, wir wohnen zusammen. Wir haben dünne Wände, und du … [Sie imitiert ein leises Winseln.]»
«So klinge ich nicht.»
«Da bin ich [ja] lauter, wenn ich einen neuen Schuh einlaufe.»

Men are like gum anyway – after you chew they lose their flavor.

Männer sind sowieso wie Kaugummi – nachdem man gekaut hat, verlieren sie den Geschmack.

If you don't kiss a girl on the first date, you're a gentleman. If you don't kiss her on the second date, you're gay!

Das Balzverhalten der Amerikaner hatten wir zuvor an der magischen Zahl Drei festgemacht. Nun erhalten wir eine Neuberechnung. Beim zweiten Date schon muss die Annäherung stattgefunden haben.

Wenn du ein Mädchen bei der ersten Verabredung nicht küsst, bist du ein Gentleman. Wenn du sie bei der zweiten Verabredung nicht küsst, bist du schwul.

Ally: **I have a way with Freudian slips.**
Stephanie: **So do I. I'm wearing one.**

Ein *slip* im Englischen ist beileibe kein «Slip», sondern vielmehr ein Unterrock. Ein *Freudian slip* wiederum ist kein «Freud'scher Unterrock», sondern eine «Freud'sche Fehlleistung», ein Versprecher also, der mehr über den Sprecher verrät, als diesem lieb sein könnte. Die Doppelbedeutung bei *slip* sorgt für den Scherz im Dialog:

«Ich habe Talent für Freud'sche Fehlleistungen (Freud'sche Unterröcke).»
«Ich auch. Ich trage einen.»

You're a slut. The way to your heart is through your fallopian tubes.

Ohne Sprichwörtliches kommt man auch bei Traceys Spruch nicht weit: *The way to a man's heart is through his stomach.* Der Weg zum Herzen eines Mannes führt durch seinen Magen. Frei übertragen: Liebe geht durch den Magen.
Der Begriff *slut* wird in den synchronisierten Fernsehserien meist mit «Schlampe» übersetzt, wobei die Bedeutung «Frau mit liederlichem Lebenswandel» die Oberhand über die Bedeutung «unordentliche Frau» gewinnt. Einfacher wäre «Flittchen»:

Du bist ein Flittchen. Der Weg zu deinem Herzen führt durch deine Eileiter.

There's no sin in loving men. Only pain!

Die Männer zu lieben ist keine Sünde. Nur Schmerz!

Sex and the City

A couple of hanging glands have nothing to do with making someone a man.

In der TV-Serie *Sex and the City* geht es um genau das: um Sex und eine Stadt: New York.

Ein Paar hängende Drüsen hat nichts damit zu tun, jemanden zum Mann zu machen.

He's a guy. They don't talk, they fight. It's all that crazy testosterone.

Er ist ein Kerl. Sie reden nicht, sie kämpfen. Es ist all das verrückte Testosteron.

A squirrel is just a rat with a cuter outfit.

Zu bedenken ist hier, dass amerikanische Eichhörnchen grau und groß sind. Die Nähe zu anderen Nagern ist offensichtlich. Wer nur unsere roten Eichkatzerl vor Augen hat, wird den Spruch nicht nachvollziehen können.
Wichtig ist das weit verbreitete Wörtchen *cute*:

- *What a cute baby!* Was für ein niedliches Baby!
- *He's got a cute butt.* Er hat einen süßen Hintern.
- *You look so cute in that dress.* Du siehst so schön aus in diesem Kleid.

Ein Eichhörnchen ist bloß eine Ratte mit einem hübscheren Outfit.

I don't think she's a lesbian. I think she just ran out of men.

Ich glaube nicht, dass sie eine Lesbe ist. Ich glaube, sie hat einfach alle Männer aufgebraucht.

Your good friend has just taken a piece of cake out of the garbage and eaten it. You will probably need this information when you check me into the Betty Crocker Clinic.

Was Miranda hier in der dritten Person von sich selbst berichtet, ist zwar psychologisch wie physiologisch bedenklich, gibt uns jedoch die Gelegenheit, auf das Warenzeichen Betty Crocker hinzuweisen. Kein Ami, der es nicht kennen würde. Betty Crocker ist Amerikas Leib- und Magenmarke für Backmischungen, vergleichbar mit unserem Dr. Oetker. Ebenfalls sehr bekannt – ähnlich wie bei Oetker – sind die Haus- und Lehrkochbücher unter dem Betty-Crocker-Label. Eine *Betty Crocker Clinic* gibt es allerdings nicht – doch genau hier liegt der Witz. Die real existierende *Betty Ford Clinic*, auf die hier angespielt wird, leistet für Drogen-, Medikamenten- und Alkoholkranke das, was eine *Betty Crocker Clinic* für Kuchensüchtige leisten müsste: den Entzug.

Wenn Amerikaner mal ohne Fertigteig backen, messen sie die Zutaten nicht in *grams, ounces* oder *pounds*, sondern bedienen sich eines genialen Systems bestielter Messbecher, die alle sechs oder sieben – wie die Figuren einer russischen Matrjoschka-Puppe – Platz sparend ineinander gestellt werden. Steht im Rezept *three cups of flour*, wird der Becher in *Cup*-Größe hervorgeholt und dreimal aus dem Mehlfass geschöpft. Die kleinsten Becherchen (dann schon Löffelchen) nennen sich *tablespoon* und *teaspoon.* Ein Abwiegen ist unnötig, alle Zutaten werden direkt und Zeit sparend in die Teigschüssel geschaufelt. Denken Sie daran, einen Satz *measuring cups* mit nach Hause zu bringen, wenn Sie sich in den USA ein Kochbuch kaufen.

Deine gute Freundin hat gerade ein Stück Kuchen aus dem Müll geholt und gegessen. Du wirst diese Information brauchen, wenn du mich in die Dr.-Oetker-Suchtklinik einlieferst.

I've been dating since I was fifteen. I'm exhausted. Where is he?

Tipp!

Ein schönes Beispiel für das *present perfect continuous.* Die Handlung – das Ausgehen mit Männern – setzt sich bis in die Gegenwart fort. Vorbei und abgeschlossen hingegen ist das 15-Jahre-Sein. Deshalb auch das *simple past: since I was fifteen.* Im Deutschen benutzen wir im selben Fall meist die Gegenwart:

Ich gehe, seit ich 15 bin, [mit Männern] aus. Ich bin erschöpft. Wo ist er [der ideale Mann]?

Miscellaneous

Consider the life of a teenager ... you have parents and teachers telling you what to do. You have movies, magazines, and TV telling you what to do. But you know what you have to do ... your job, your purpose, is to get accepted, get a cute girlfriend, and think up something great to do with the rest of your life. What if you're confused and can't imagine a career? What if you're funny looking and can't get a girlfriend? You see, no one wants to hear it. But, the terrible secret is, that being young is sometimes less fun than being dead. Pump up the Volume

Wer gerade pubertiert, nickt hier eifrig mit dem Kopf. Wer selbiges nicht mehr tut, erinnert sich mit Grausen zurück an die Zeiten, als Pickelgesichter – nicht ganz zu Unrecht – noch *pizza face* genannt wurden.

Betrachte [mal] das Leben eines Teenies ... du hast Eltern und Lehrer, die dir sagen, was du tun sollst. Du hast Filme, Zeitschriften und Fernsehen, die dir sagen, was du tun sollst. Aber du weißt [selbst], was du tun musst ... deine Aufgabe, dein Ziel ist es, akzeptiert zu werden, eine gut aussehende Freundin zu kriegen und sich etwas Tolles auszudenken, was man mit dem Rest seines Lebens machen könnte. Was [aber], wenn du verwirrt bist und dir keinen Beruf vorstellen kannst? Was, wenn du komisch aussiehst und keine Freundin finden kannst? Siehst

du, niemand will das hören. Aber das schreckliche Geheimnis ist, dass jung zu sein manchmal weniger Spaß macht, als tot zu sein.

Love is a fire. But whether it is going to warm your hearth, or burn down your house, you can never tell. The Accidental Tourist

Wer die Zukunft mit *going to* ausdrückt, kann damit nicht nur eine Absicht ausdrücken, sondern auch eine Vorhersage über die Zukunft machen. Besonders häufig trifft man *going to* an, wenn bereits einiges in Richtung Zukunft weist:

- *See how black the sky is. We're going to have some storm.*
- *That's her fifth beer. She's gonna throw up.*

Liebe ist ein Feuer. Doch ob sie deinen Herd wärmt oder dein Haus niederbrennt, kannst du nie wissen.

It's too bad she won't live! But then again, who does?!

Blade Runner

Einen neuen Gedanken mit *then again* anzuschließen ist, auch im Alltagsgespräch, oft zu hören.

- *Good idea. Then again, what is Pat going to say?* Gute Idee. Andererseits: Was wird Pat [dazu] sagen?

Dieses Muster findet sich gerade in witzigen Bemerkungen überdurchschnittlich oft, bietet es doch die schöne Möglichkeit, völlig Unvereinbares aufeinander prallen zu lassen.

Es ist wirklich schade, dass sie nicht leben (durchkommen) wird. Andererseits: Wer tut das schon?

We're all very different people. We're not Watusi, we're not Spartans, we're Americans! ... And you know what that means? Do

you? That means that our forefathers were kicked out of every decent country in the world! Stripes

Wir sind alle ganz unterschiedliche Menschen. Wir sind keine Watussi, wir sind keine Spartaner, wir sind Amerikaner! … Und wisst ihr, was das bedeutet? Wisst ihr's? Das bedeutet, dass unsere Vorfahren aus allen anständigen Ländern dieser Welt rausgeschmissen wurden.

Chicks dig me because I rarely wear underwear and when I do it's usually something interesting. Stripes

Chicks dig me. Wenn Sie diesen Satz ganz ohne Slang-Kenntnisse übersetzen, kommen Sie auf «Küken graben mich». Wenn Sie aber wissen, dass *chick* für «junge Frau» steht und sich von *chiquita* herleitet und *to dig* «toll finden» bedeutet, dann ist plötzlich alles klar.

Die Mädels finden mich gut, weil ich selten Unterhosen trage, und wenn ich mal welche trage, ist es normalerweise was Interessantes.

All things considered, I'd rather be in Philadelphia. W. C. Fields

Nur witzig, wenn man weiß, dass W. C. Fields seinem Geburtsort Philadelphia in einer Art Hassliebe verbunden war – oder war es einfach nur Hass? – und dass dieser Spruch auf seinem Grabstein zu finden ist.

Wenn ich alles recht bedenke, wäre ich [jetzt doch] lieber in Philadelphia.

Go ahead, make my day. Sudden Impact

You just made my day!, sagen Sie immer dann, wenn Ihnen jemand gute Nachrichten überbringt. Wörtlich: «Du hast gerade meinen Tag gemacht!» Weniger wörtlich übersetzt: «Du hast den Tag gerettet, den Tag zu einem guten Tag gemacht.»

Der Spruch, der auch auf diversen Autobapperln zu finden ist, stammt ursprünglich aus einem Film von und mit Clint Eastwood, gedreht 1983 und betitelt mit *Sudden Impact* (wörtlich: Plötzlicher Aufprall), dem denkwürdigsten aller *Dirty-Harry*-Filme. Eastwoods stoisches *Go ahead, make my day*, geäußert im Augenblick höchster Bedrohung, machte den Satz schnell zum geflügelten Wort.

Der Ausdruck *go ahead* ist auch ohne *make my day* durchaus brauchbar:

- *Go ahead.* «Mach weiter. Mach schon. Sprich weiter. Erzähl weiter. Lauf weiter! Nur zu!»

Gerade gestern hat mir eine Autofahrerin ein freundliches *Go ahead!* zugerufen, als ich in einem kleinen Dorf in Wisconsin einsam am Straßenrand stand und nicht wusste, ob es nun besser war, erst einmal das Auto an mir vorbeifahren zu lassen, oder ob ich lieber forsch noch vor dem Auto die Straße überqueren sollte. Die Dame hielt an, rief *Go ahead!*, und ich konnte gefahrlos auf die andere Seite wechseln. Hätte sie aber *Go ahead, make my day!* gerufen, dabei fies gegrinst und dazu noch ihren Sechszylindermotor aufheulen lassen, hätte ich die Ironie be- und die Flucht er-griffen. Denn ein solches *Go ahead* (mit provozierendem Unterton) heißt: «Komm schon, mach doch, probier's doch! – Wenn du dich traust.»

Nur zu, mach mir einen schönen Tag.

In Italy for thirty years under the Borgias they had warfare, terror, murder and bloodshed, but they produced Michelangelo, Leonardo da Vinci and the Renaissance. In Switzerland, they had brotherly love; they had five hundred years of democracy and peace and what did that produce? The cuckoo clock. The Third Man

Unsere Leser aus und in der Schweiz mögen das Zitat verzeihen. Wie würde man sich jetzt in den USA vom Verdacht der Vorurteilsbeladenheit zu befreien versuchen? Vielleicht so:

- *Some of my best friends are (black, gay, Swiss …).* Einige meiner besten Freunde sind (schwarz, schwul, Schweizer …).

Die Nummer mit den *best friends* ist mittlerweile so ausgelutscht, dass kaum noch jemand diesen Satz ohne eine kräftige Portion Ironie einsetzt.

In Italien unter den Borgias hatte man dreißig Jahre lang Krieg, Schrecken, Mord und Blutvergießen, aber man brachte Michelangelo, Leonardo da Vinci und die Renaissance hervor. In der Schweiz hatte man brüderliche Liebe; man hatte 500 Jahre Demokratie und Frieden, und was hat das hervorgebracht? Die Kuckucksuhr.

They'll talk to ya and talk to ya and talk to ya about individual freedom. But [if] they see a free individual, it's gonna scare 'em.

Easy Rider

Die lässige Aussprache steht in einem seltsamen Kontrast zu den hohen Worten von «individueller Freiheit». Aus *you* wird *ya*, aus *going to* ein schnelles *gonna.*

To scare someone (jemanden erschrecken) gilt auch für schlichte Alltagsmomente, etwa dann, wenn unverhofft jemand im Zimmer steht, den man nicht hatte kommen hören:

- *Man, you scared me!* Mann, du hast mich vielleicht erschreckt!

Die reden und reden und reden mit dir über individuelle Freiheit. Aber wenn sie dann ein freies Individuum sehen, macht es ihnen Angst.

There are no TVs too big. Only rooms too small.

Best Buy (Elektronik-Kette)

Wenn ich des Abends zuweilen durch amerikanische Vorstädte streife, fällt mein Blick durch gewaltige Wohnzimmerfenster auf noch gewaltigere Fernseher, so gewaltig, dass ich mir Sorgen mache, ob die Strahlenbelastung beim Spaziergang nicht vielleicht schon jenseits der erlaubten Grenzwerte liegt. Der *large-screen TV* scheint ebenso zur Standardausrüstung des amerikanischen Eigenheims zu zählen wie der Mikrowellenherd, der Wäschetrockner oder das *garbage disposal*, ein – hierzulande streng verbotenes – Gerät, welches, unter der Spüle montiert, dafür sorgt, dass sämtlicher ins Waschbecken geworfener Abfall klitzeklein gemahlen in der Kanalisation verschwindet.

Es gibt keine Fernseher, die zu groß sind. Nur zu kleine Zimmer.

Hey! What kind of party is this? There's no booze and only one hooker. Futurama

Der Roboter Bender aus der Serie *Futurama* hat kein besonders ausgeprägtes Taktgefühl.

Hey, was für eine Party ist [denn] das? Es gibt keinen Alkohol und nur eine Nutte.

Colonel Edwards: **Why is it so important that you want to contact the governments of our Earth?**

Eros: **Because of death. Because all you of Earth are idiots!** Plan 9 from Outer Space

Ed Woods Spielfilm *Plan 9 from Outer Space* ist längst zum Kultklassiker aufgestiegen. Auf Hitlisten mit den schlechtesten Filme aller Zeiten ist *Plan 9* für einen der Spitzenplätze gut. Vielleicht liegt es ja nicht nur daran, dass man bei den Trickaufnahmen die Angelschnüre an den aus Radkappen gebastelten Raumschiffen sehen kann oder dass die Schauspieler noch hölzerner agieren als Keanu Reeves in *The Matrix*, sondern auch an der nachgerade außerirdischen Klarheit der Wood'schen Dialoge:

«Warum ist es so wichtig [für Sie], dass Sie die Regierungen unserer Erde kontaktieren wollen?»
«Wegen des Todes. Weil ihr von der Erde Idioten seid.»

Have you ever had a dream, Neo, that you were so sure was real? What if you were unable to wake from that dream? How would you know the difference between the dream world and the real world? The Matrix

Auch *Matrix* hätte eine Notierung unter den kinematographischen Katastrophen verdient. Doch Pop-Phänomene haben ihre eigene Logik. Und so werden wir weiterhin glauben müssen, dass *Matrix* ein «voll guter Film, ey», ist.

Tipp! *What if?* Was wäre, wenn?

- *What if I don't do my homework? Who's going to make me?* Was, wenn ich meine Hausaufgaben nicht mache? Wer wird mich dazu zwingen?
- *What if we don't get done on time? What will the boss say?* Was, wenn wir nicht rechtzeitig fertig werden? Was wird der Boss [dazu] sagen?

Hast du schon mal einen Traum gehabt, Neo, von dem du ganz sicher warst, er sei echt? Was, wenn du nicht mehr aus diesem Traum hättest aufwachen können? Wie würdest du den Unterschied zwischen Traumwelt und realer Welt erkennen?

I like you. You're funny and you're nicely shaped, and frankly it's ludicrous to have these interlocking bodies and not interlock. Please remove your clothing now. Buffy the Vampire Slayer

Ich mag dich. Du hast Humor und bist gut gebaut, und – mal ehrlich – es ist [doch] lächerlich, diese zusammensteckbaren Körper zu haben und sie nicht zusammenzustecken. Bitte entledige dich jetzt deiner Kleidungsstücke.

Good-bye, you are the weakest link! The Weakest Link

Auch Quizsendungen liefern gelegentlich zitierfähige Sprüche. Aus dem *Wheel of Fortune* (Glücksrad) etwa stammt der Satz: *I would like to buy a vowel* (ich möchte einen Vokal kaufen), der inzwischen auch auf einem T-Shirt zu lesen ist, auf dem sonst nur «F_CK Y__!», steht. Die Spielshow *The Weakest Link* macht sich einen Spaß daraus, durchgefallene Kandidaten mit Spott und Häme aus dem Studio zu scheuchen:

Auf Wiedersehen, Sie sind das schwächste Glied der Kette.

T-shirt talk
Sprüche auf der Brust

America is going down the tube in a T-shirt.

Amerika geht den Bach runter – in einem T-Shirt. Judith Rasband

Das T-Shirt hat einen erstaunlichen Karrieresprung hinter sich: vom schlichten, schweißdurchtränkten und stets vom Umtausch ausgeschlossenen Unterhemd zum gesellschaftsfähigen Oberteil: Sharon Stone sei's gedankt, die 1996 in einem schlichten schwarzen T-Shirt von The Gap zur Oscarverleihung erschien. Einen Oscar sollte sie an diesem Abend zwar nicht erhalten, wohl aber die ungeteilte Aufmerksamkeit der Modewelt.

Begonnen hatte der Aufstieg des T-förmigen Unterhemds in der U. S. Navy, die dafür sorgte, dass *T-shirts* ab Mitte der 40er Jahre als *standard issue* (Grundausstattung) die Leiber aller Soldaten bedeckten. Zur Massenmode konnten die *tees* dann aber erst in den 50ern avancieren, dank der hollywooderfahrenen Oberkörper von Marlon Brando und James Dean.

Die Humor-T-Shirts, wie wir sie heute kennen, tauchten erst in den 80er Jahren auf und sorgten spätestens in den 90ern für echten Ärger: Berühmt geworden sind die T-Shirt-Verbote an amerikanischen Schulen. Unübersehbare *f-words* werden an amerikanischen *high schools* nicht toleriert. Man schickt die Kids nach Hause, um sich umzuziehen, oder bringt sie dazu, das T-Shirt links herum *(inside out)* zu tragen. Doch nicht nur Derbheiten, auch harmlose Späße fallen gelegentlich den Saubermännern an den Schulen zum Opfer. So durfte das Bart-Simpson-Shirt mit dem Aufdruck *Underachiever and proud of it* (Versager und noch stolz darauf) in vielen Schulen nicht mit ins Klassenzimmer – man fürchtete die Unterminierung der Lernmoral. Ebenfalls vom Bannfluch der Pädagogen getroffen wurden Anfang bis Mitte der 90er die heute längst vergessenen *Mighty Morphin Power Rangers*, deren T-Shirts einfach nur deswegen verboten waren, weil sie sich zum Modediktat unter den 6- bis 12-Jährigen entwickelt hatten.

Ob Bart Simpson oder Fuck!, Amerika verrät auf den Oberkörpern seiner Bewohner mehr über sich selbst als in seinen offiziellen Kulturerzeugnissen. T-Shirt-Sprüche sind oft viel cleverer als es ihre prolligknatschbunte Gestaltung vermuten lässt und bieten jede Menge

Möglichkeiten, der amerikanischen Umgangssprache und ihrem Wortwitz auf die Spur zu kommen. Geben wir den anonymen Autoren also eine Chance und stürzen wir uns in die ver(sch)witzte Welt der Ex-Unterhemden.

Hobbies

Hunters will do anything for a buck.

Jagen ist in den USA kein Hobby, dem ausschließlich die Gutbetuchten frönen. Wälder gibt's genug, Gewehre auch, und die *hunting license* ist so problemlos und preiswert zu haben wie hierzulande ein Angelschein. Während der Jagdsaison haben Fleisch verarbeitende Betriebe ordentlich zu tun: Gerne lassen die Hobby-Lederstrümpfe ihr frisch erlegtes Wildbret professionell verwursten. Aus dem Hirsch wird dann beispielsweise eine *summer sausage*, eine Sommerwurst. Ein trauriges Ende für den Sechzehnender.
Die Jagdzeiten sind gestaffelt nach Tierart und Waffengattung. Als besonders kurios empfinden Besucher die *bow hunting season*, während deren nur mit Pfeil und Bogen auf die Pirsch gegangen wird.
Unser Spruch lebt von der Doppelbedeutung des Wortes *buck*, das sowohl Dollar als auch Hirsch bedeutet.

Jäger machen alles, um an einen Dollar / Hirsch zu kommen.

Auch hier, wir haben es schon mehrfach angedeutet, muss Futur stehen, wo wir im Deutschen mit Präsens prima hinkommen.

- *I'll do anything for money.* Für Geld mache ich alles.

Tipp!

Dass hier *anything* und nicht etwa *everything* (ebenfalls «alles») steht, hat seinen Grund. *Anyone* steht für «jedwede mögliche Sache, welche Sache auch immer», bezieht sich dabei aber immer auf eine einzelne Sache; *everything* hingegen kann auf zahlreiche Objekte verweisen, z. B. auf viele Gemälde:

- *Everything he painted is great.* Alles, was er malte, ist großartig.

Die Beschränkung auf eine einzige Sache bringt es mit sich, dass Sie in Fragen ohnehin *anything* verwenden müssen:

- *Anything left?* Noch irgendwas übrig?
- *Is there anything we overlooked?* Gibt es etwas, was wir übersehen haben?

Natürlich kann es auch Fragen mit *everything* geben. Vergleichen Sie einmal:

- *Did he tell you anything?* Hat er dir etwas verraten?
- *Did he tell you everything?* Hat er dir alles verraten?

Fact: No man has ever been shot while doing dishes, mopping floors or taking out the trash.

Auf Jagdunfälle spielt dieser Spruch an – und äußert dabei die Hoffnung, dass Männer weniger jagen und mehr im Haushalt helfen.

Tipp! Grammatisch haben wir es einmal mehr mit *present perfect passive* zu tun:

- *He was shot.* Normale Erzählzeit. Er wurde angeschossen. *(Simple past passive.)*
- *He has been shot.* Mit Neuigkeitswert: Er wurde [vor kurzem] angeschossen.
- *He has never been shot.* Mit Gegenwartsbezug: Er ist [noch] nie angeschossen worden [, bis heute nicht].

Tatsache: Kein Mann wurde je angeschossen, während er Geschirr spülte, den Boden wischte oder den Müll wegbrachte.

Why is it called tourist season if we can't shoot at them?

George Carlin

Dieser Spruch stammt ausnahmsweise nicht von einem T-Shirt, dient aber der Erhellung des US-Jagdphänomens. Die Jagdsaison heißt *hunting season*, die touristische Hochsaison *tourist season.* Sie ahnen, welcher Witz sich jetzt anbietet:

Warum sagt man Touristen-Saison, wenn wir nicht auf sie [die Touristen] schießen dürfen?

Fish fear me, women want me.

Die Katalogwerbung für dieses angenehm hautschmeichelnde T-Shirt aus Baumwoll-Polyester-Gemisch *(Cotton/poly, proudly made in the U.S.A.)* verspricht, dass sowohl Angler als auch Hengste – im Sinne von «Mach mir den Hengst, Herbert!» – ihren Spaß haben werden:

- *Studs and anglers alike will get a kick out of this amusing tee. Perfect whether cruising for chicks or trolling for trouts.* Hengste und Angler gleichermaßen haben ihren Spaß an diesem amüsanten T-Shirt. [Einfach] perfekt, ob sie nun nach Mädchen Ausschau halten oder nach Forellen fischen.

Cruising for chicks (wörtlich: «nach Küken umherkreuzen») bedarf weiterer Worte: In der typischen Kleinstadt schmeißt sich die paarungsfähige männliche Dorfjugend am Samstag ins aufgemotzte Auto und fährt in gemächlichem Schritttempo die Hauptstraße entlang *(cruising)*, um den dort flanierenden Girlies *(chicks)* aus der heruntergelassenen Seitenscheibe handverlesene Anzüglichkeiten zuzurufen. Es darf als eines der großen Wunder menschlichen Zusammenlebens gelten, dass sich trotz solcher Ritualhandlungen zuweilen tatsächlich wunderbare Zweierbeziehungen entwickeln.

Fische fürchten mich, Frauen wollen mich.

Women want me, Martha Stewart fears me.

Martha Stewart ist Amerikas Fernseh-Hausfrau Nummer 1. Martha Stewart kocht, näht, bastelt in Perfektion. In ihren Fernsehshows sieht Amerika, was es alles machen könnte, hätte es nur die Zeit dazu. Doch statt liebevoll nachgekochten Menüs aus der Martha-Stewart-Sendung gibt's dann doch wieder nur Schnellfutter aus der Tiefkühltruhe.

Zu lesen ist dieser Spruch – wie sollte es anders sein – auf einer Küchenschürze:

Frauen begehren mich, Martha Stewart fürchtet mich.

Work is for people who don't know how to fish.

Arbeit ist für Leute, die nicht wissen, wie man angelt.

If at first you don't succeed, skydiving is not for you.

Eine Variante zum althergebrachten Motivationsspruch: *If at first you don't succeed, try, try again.* «Wenn du beim ersten Mal keinen Erfolg hast, versuch es noch einmal.»
Mit *something is not for me* lassen sich sämtliche an einen herangetragene Zumutungen abwenden:

- *I'm sorry, but water-skiing is not for me.* Tut mir Leid, aber Wasserski ist nichts für mich.
- *Sorry, but mountain climbing is not for me.* Sorry, aber Bergsteigen ist nicht mein Ding.

Wenn's beim ersten Mal nicht [gleich] klappt, ist Fallschirmspringen nicht das Richtige für dich.

Gardeners know all the dirt.

Dass *dirt* mehr ist als nur «Dreck» oder «Gartenerde», beweist dieses T-Shirt.

- *Tell me all the dirt about the neighbors.* Erzähl mir den ganzen Tratsch und Klatsch von den Nachbarn.

Gärtner kennen den ganzen Dreck (Klatsch).

Born to golf. Forced to work.

Geboren zum Golfspielen. Gezwungen zum Arbeiten.

Tennis players have fuzzy balls.

Tennisspieler haben haarige Bälle (Eier).

A bad day fishing is still better than a good day at the office.

Ein schlechter Tag beim Angeln ist immer noch besser als ein guter Tag im Büro.

My wife says if I go fishing one more time, she's leaving. I'm sure gonna miss her.

Tipp!

Ein sehr gutes Beispiel für eine *-ing*-Form, die ausnahmsweise einmal nicht ausdrückt, was im Moment gerade stattfindet, sondern das, was fest geplant ist.
Das Futur mit *going to* taucht hier wieder in der saloppen Form *gonna* auf.

Meine Frau sagt, wenn ich noch einmal angeln gehe, verlässt sie mich. Ich werde sie garantiert vermissen.

Getting older

I came into this world fat and bald and intend to go out the same way.

Ich bin fett und kahl auf die Welt gekommen und habe vor, auf die gleiche Weise wieder von ihr zu gehen.

I'd rather be over the hill than under it!

Die deutsche Wendung «überm Berg sein» ist positiv zu verstehen: Das Schlimmste ist vorbei, ab jetzt geht's wieder besser. Das amerikanische *over the hill* (wörtlich: über dem Hügel) muss jedoch konsequent negativ verstanden werden: Die besten Jahre sind vorbei, jetzt marschiert man unaufhaltsam dem Untergang entgegen, es geht bergab.
Mit *would rather* können Sie sagen, was Sie lieber täten:

- *I'd rather be fishing.* Ich wäre lieber beim Angeln.
- *She would rather go shopping.* Sie würde lieber einkaufen gehen.

Unser Spruch nimmt den Hügel aus der Redewendung wörtlich, macht ihn gar zum Grabhügel:

Ich bin lieber über dem Berg als unter ihm. (Ich habe lieber die besten Jahre schon hinter mir, als tot zu sein.)

Over what hill? Where? When? I don't remember any hill.

Wer sich selbst auf die Schippe nehmen will, darf auf seinem T-Shirt vorgeben, bereits völlig senil zu sein:

Über was für einen Hügel? Wo? Wann? Ich kann mich an keinen Hügel erinnern?

Retired: Chief executive officer in charge of diddly squat!

Amerika kennt reichlich Ausdrücke für die Null: *zero, zilch, nada, diddly squat.* Auch für die diversen Stufen auf der Karriereleiter haben die Amerikaner hübsche Namen gefunden. Jeder, der seinen Job schon ein bisschen länger macht als der Durchschnittsangestellte, darf mit einem vorangestellten *senior* glänzen: *senior account manager, senior product manager.* In den oberen Rängen tummeln sich dann zahlreiche *presidents* und noch mehr *vice presidents: John McMullen, Vice President*

Marketing. Ganz oben schließlich der *CEO*, der Manager der Manager: *chief executive officer.*
Das T-Shirt macht sich ein wenig lustig über diese Titelsucht, indem es dem *CEO* einen neuen Tätigkeitsbereich zuweist: das Nichts.

Im Ruhestand: CEO zuständig für null Komma nix.

Retired. No phone. No address. No money.

Wie wahr: Wer als Renter allein auf seinen social security check angewiesen ist, wird keine großen Sprünge machen können, denn der amerikanische Rentenscheck reicht wirklich nur fürs Nötigste.
Schon bemerkt, dass Adresse im Englischen mit Doppel-*d* geschrieben wird?

In Rente. Kein Telefon. Keine Anschrift. Kein Geld.

We're spending our children's inheritance.

Wir geben gerade das Erbe unserer Kinder aus.

Get even. Live long enough to be a problem to your children.

Räche dich. Leb lang genug, um ein Problem für deine Kinder zu werden.

Be nice to your kids. They'll choose your nursing home.

Sei nett zu deinen Kindern. Sie wählen dein Pflegeheim aus.

Die Befehlsform dürfte weitgehend bekannt sein:
- *Go away!* Hau ab, zieh Leine, geh weg!
- *Come in!* Komm rein!
- *Be friendly!* Sei freundlich.

Tipp! *Future tense:* Würde auf dem Sticker das *will* fehlen, wäre der Satz einfach nur falsch, denn *they choose* würde dem Muttersprachler suggerieren, dass die angesprochene Handlung *(to choose)* praktisch jeden Tag stattfindet. Auf das *will* sollten Sie also nicht verzichten, wenn Sie über die Zukunft reden.
Das Reden über Zukünftiges kann allerdings auch in anderen Zeitformen geschehen:

- *What are you wearing?*
- *What are you going to wear?*

I suffer from CRS: Can't remember shit.

Hinter obskuren Abkürzungen verbirgt sich meist eine noch obskurere Krankheit. Diese freilich ist frei erfunden:

Ich leide an KMANE: Kann mich an nichts erinnern.

I intend to live forever – so far, so good.

Ich habe vor, ewig zu leben – so weit, so gut.

I want to live forever or die in the attempt.

Ich will ewig leben oder bei dem Versuch [glorreich] sterben.

Aging graysfully.

Kein Schreibfehler von *graceful* (würdevoll-elegant), sondern ein Wortspiel mit *gray* (grau). Die deutsche Nachdichtung klingt, sprachbedingt, deutlich negativer als das englische Original: «Grauenvoll älter werdend.» Dem tatsächlichen Sachverhalt kommt die wörtliche Übersetzung näher:

Voller Grau (würdevoll-elegant) älter werdend.

Wieder ein Adverb mit *-ly*, das beschreibt, wie ein Vorgang abläuft. Wie altert jemand? *Gracefully.*

Tipp!

Eat well, keep fit, and die anyway.

Wie wird hier gegessen? Gut. Das Adverb «gut» beschreibt, wie etwas geschieht. Im Englischen lautet die Adverbform von *good* nicht *goodly*, sondern *well.* Eine Ausnahme von der *-ly*-Regel also.

Tipp!

Iss gut, halte dich fit und stirb trotzdem.

I'm retired. Don't ask me to do a damn thing.

Ich bin pensioniert. Bitte mich ja nicht, auch nur einen Finger krumm zu machen.

I'm retired. This is as dressed up as I get.

Wer ein ganzes Arbeitsleben lang in Anzug oder Kostüm durch die Büros schleichen musste und nur freitags zum *dress-down Friday* (auch: *casual Friday*) in legerer Freizeitkleidung erscheinen durfte, wird im Ruhestand jede Form von *dress code* (Kleidervorschriften) ablehnen. So behauptet denn auch unser T-Shirt trotzig:

Ich bin im Ruhestand. Besser angezogen als jetzt gibt's bei mir nicht.

I'm really enjoying not talking to you, so let's not talk again real soon, okay?

Amerikanische Höflichkeit besteht – wie anderswo wohl auch – aus einem Fundus stets präsenter Artigkeiten, die immer dann einspringen, wenn einem eigentlich nach genau dem Gegenteil zumute ist. Viele Gespräche unter Amerikanern enden etwa so: *I really enjoyed talking to you. Let's talk again soon.* Eine durchaus freundliche Art, ein Gespräch abzuschließen, auch wenn das *soon* in *Let's talk again soon* oft sehr großzügig auszulegen ist: Oft vergehen Monate bis zum nächsten Plausch.

Derartige Floskeln lassen sich natürlich prima gegen den Strich bürsten. Heraus kommt dabei ein grantiges T-Shirt für Mundfaule:

Es macht mir Spaß, nicht mit dir zu reden; lass uns nicht so bald mal wieder miteinander reden, okay?

Screw the golden years!

Mit dem Ausdruck *the golden years* sollen die gichtigen Greisenjahre zu einer heiteren Zeit des Glücks verklärt werden. Der goldene Herbst des Lebens, so wie ihn die spannkräftigen Omis und Opis des Werbefernsehens tagtäglich vorführen. Wer wirklich alt ist, weiß es meist besser:

Scheiß auf die goldenen Jahre!

Who were the testers for Preparations A through G?

Dass die goldenen Jahre vielleicht gar nicht so golden sind, zeigt sich auch am steigenden Jahresverbrauch des Medikaments *Preparation H.* Hierbei handelt es sich um Amerikas bekannteste Medizin zur Behandlung von Hämorrhoiden. Wie vieles in den USA ist auch *Preparation H* frei erhältlich und in jedem besseren Supermarktregal zu finden.

Die scherzhafte Frage nach den Testpersonen der Vorläuferversionen A bis G deutet an, dass man lieber nicht in deren Haut gesteckt hätte – wobei «Haut» hier sehr eng gefasst ist.

Wer waren die Testpersonen für die Rezeptmischungen A bis G?

Constipated people don't give a crap.

Amerika verblüfft durch die enorme Menge an TV-Werbespots, die sich a) dem Essen widmen und b) den Problemen, die daraus entstehen. Zu jedem Burger und jeder Pizza hat die Pharmaindustrie das passende Gegengift zur Hand. Meist handelt es sich um *antacids*, Präparate, die ungesund hohe Säurewerte normalisieren. Doch auch *laxatives* (Abführmittel) werden intensiv beworben, denn regelmäßiges *fast food* führt oft zur *constipation* (Verstopfung).

Wesentlich vulgärer als *constipation* ist das Wörtchen *crap* (Kacke), das hauptsächlich in drei Satzmustern vorkommt:

- *Can't I take a crap in peace?!* Kann ich nicht mal in Ruhe kacken?!
- *The product is crap.* Das Produkt ist Schrott, taugt nichts.
- *I don't give a crap.* Das interessiert mich nicht die Bohne, das juckt mich nicht.

In unserem Spruch lässt sich *crap* sowohl im Wortsinn als auch redensartlich verstehen:

Verstopfte Menschen stinkt nichts an (kacken nicht).

First I was a good boy. Then I became a nice kid. I was a great guy. Later I grew to be a fine man. Now I'm just an old fart.

Erst war ich ein guter Junge. Dann wurde ich ein netter Jugendlicher. Ich war ein klasse Typ. Später entwickelte ich mich zu einem anständigen Mann. Jetzt bin ich bloß ein alter Furz.

If God wanted me to touch my toes, he would have put them on my knees.

Wenn Gott gewollt hätte, dass ich meine Zehen berühre, hätte er sie auf meine Knie gesetzt.

Few women admit their age. Few men act theirs.

Act your age! lautet ein weit verbreiteter Imperativ: «Benimm dich deinem Alter entsprechend!» Wörtlich: «Handele dein Alter!»

Wenige Frauen geben ihr Alter zu. Wenige Männer benehmen sich ihrem Alter entsprechend.

Gettin' old isn't for sissies.

Altwerden ist nichts für Weicheier.

If it's too loud, you're too old.

Wenn es zu laut ist, bist du zu alt.

If older is better, I'm approaching magnificent.

Wenn älter besser ist, dann nähere ich mich [dem Prädikat] großartig.

At my age I've seen it all, I've heard it all, I've done it all, I just can't remember it all.

Tipp! Grammatisch nicht anders als *been there, done that.* Der Gegenwartsbezug, der das *present perfect* nötig macht, entsteht durch das Nachwirken der beschriebenen Handlungen in die Gegenwart hinein: «Überall bin ich schon gewesen» – eine Tatsache, die bis heute ihre Gültigkeit hat. Entsprechend muss auch die Frage formuliert werden, vor allem dann, wenn das Schüsselwort *ever* ohnehin keine andere Zeitform als das *present perfect* zulässt:

- *Have you ever been to Malta?* Sind Sie schon mal in Malta gewesen?

In meinem Alter habe ich alles schon gesehen, alles gehört, alles gemacht, ich kann mich bloß nicht mehr daran erinnern.

Genuine antique person. Been there, done that, can't remember.

Echt antike Person. Überall schon gewesen, alles schon gemacht, kann mich nicht erinnern.

Kindergarten

Our parents were never our age.

Auch die Kleinen dürfen leicht aufmüpfige Hemdchen tragen:

Unsere Eltern waren nie in unserem Alter.

Die Yuppie scum!

Stirb, [du] Yuppie-Abschaum.

It's not easy being a princess.

Eine *princess* ist ein verwöhntes Töchterchen. *Princess* gilt als abgeschwächte, politisch korrektere Form von *JAP*, was kein Schimpfwort für Japaner ist, sondern ein Kürzel für *Jewish American Princess.* Wer hier üblen Antisemitismus wittert, wittert verkehrt. Der jüdischen Mom, die aus einem kleinen Mädchen erst eine *princess* macht, kommt als Inbegriff einer übermäßig beschützenden, extrem verwöhnenden, überlebensgroßen Muttergestalt dabei eine besondere Bedeutung zu:

eine Mutter, die es einfach zu gut meint. Angesiedelt wird die *JAP* gerne in Brooklyn. Ein gängiger Witz sieht sie allerdings nach Süden entfleuchen:

- *Question: What's a JAP's favorite whine?* Achtung: *Whine* klingt wie *wine.* So entsteht eine doppeldeutige Frage: «Was ist der Lieblingswein (das Lieblingsgejammere) einer *JAP*?»
- *Answer: I wanna go to Florida!* Ich will nach Floridaaa!

Es ist nicht einfach, eine Prinzessin zu sein.

Party. My crib. Two A.M.

Gesehen auf einem Baby-T-Shirt. Nicht witzig, wenn man selbst ein Baby hat und Nacht für Nacht um zwei zur Babyparty gerufen wird.

Party. Meine Wiege. Zwei Uhr morgens.

That's it! I'm calling Grandma!

Mal wieder eine *-ing*-Form, die nicht die gerade stattfindende Handlung beschreibt (so wie wir das gewohnt sind), sondern eine, die eindeutig in die Zukunft weist. Das *-ing* geht dennoch in Ordnung, denn hier wird ein Plan beschrieben. Für feststehende Pläne und vorab getroffene Arrangements darf auch *-ing* eingesetzt werden:

- *I'm visiting my aunt in July.*
- *Paul is arriving tonight.*

Natürlich können Sie auch die Futurform benutzen:

- *I will be visiting my aunt in July.*
- *Paul will be arriving tonight.*

Dass hier die Verlaufsform *(-ing)* des Futurs verwendet wird – *will be visiting* statt *will visit* –, kommt einigen vielleicht seltsam vor, sollte es aber nicht. Dem Muttersprachler erscheint das *-ing* völlig natürlich.

Denn der sieht die Dauer des Besuchs und wählt automatisch die Verlaufsform.
Zu finden ist dieser Spruch auf Kinder-T-Shirts bis Altersstufe 12:

Jetzt reicht's. Ich rufe Oma an!

Shopping

Frequent buyer

Selbst die beim Marketing eher verschnarchte Fluggesellschaft Lufthansa hat schon seit Jahren ein Vielfliegerprogramm, das auf den Namen *Miles and More* hört. Derartige *frequent flier programs* müssen gelegentlich als Vorlage für das eine oder andere Späßchen herhalten. So lässt sich mit einer Anspielung auf die *frequent fliers* (Vielflieger, wörtlich: häufige Flieger) die Obsession der Amerikaner mit dem Geldausgeben auf die Schippe nehmen:

Vielkäufer

I'll shop, I'll buy. In debt I'll die.

Tipp!

Klare Aussagen zur Zukunft, noch dazu in Reimform. Grammatisch korrekt in der *future tense.*
Achten Sie bei der Aussprache von *debt* darauf, dass das *b* stumm bleibt.

Ich werde einkaufen, ich werde kaufen. Mit Schulden werde ich sterben.

Don't let this woman spend any money.
Thank you,
Her spouse

In nahezu perfekter Briefform kommt dieses T-Shirt daher. Nur die Anrede fehlt:

- *Dear Sir or Madam,*

wäre eine mögliche Grußformel. Wenn Sie selbst Briefe oder E-Mails schreiben, vergessen Sie nicht, nach der Anrede ein Komma zu setzen und danach großzuschreiben:

- *Dear Joe,*
  Thanks for …

Das Komma nach dem abschließenden Gruß fehlt im Deutschen:

Lassen Sie diese Frau kein Geld ausgeben.
Danke
Ihr Ehemann

I shop like a bull. I charge everything.

Kreditkarten hören in den USA nicht nur auf den Namen *credit card*, sondern auch auf das griffige *charge card.* An der Kasse genügt es, *Charge it!* zu sagen, was in etwa «Schreib's an!», bedeutet.
Damit sind die Einsatzmöglichkeiten des Wortes *to charge* aber noch lange nicht erschöpft. Im Wilden Western (sch)reitet die Kavallerie erst dann zum Einsatz gegen die mit luftgetrocknetem Pemmikan, Maiskolben und selbst gedrehten Zigaretten nur notdürftig bewaffneten Indianer, wenn der angreifende General lauthals *Charge!* brüllt, was in deutschsprachigen Ländern meist als «Attacke!» zu hören ist.
Da auch Stiere und anderes Hornvieh gerne angreifen, kann unser Spruch in einem Wort den Bogen vom Anschreiben zum Angreifen schlagen:

Ich shoppe wie ein Stier. Ich lasse alles anschreiben (greife alles an).

Thank you for not being perky.

Perky muss man erlebt haben, um es zu verstehen. Jede Übersetzung kann nur ein Schatten dessen sein, was *perky* wirklich ist. *Perkiness* ist ein aufgedrehtes, übertrieben süßliches Auftreten, das von einem unerschütterlichen – jedoch durch nichts zu rechtfertigenden – Selbstvertrauen genährt wird, ein Verhalten, das überwiegend von klebrigem Verkaufspersonal an den Tag gelegt wird und gerade bei uns unterkühlten Nord- bis Zentraleuropäern zu trotziger Ablehnung führt. Bei klügeren Amerikanern freilich auch. Deshalb das T-Shirt, das als Verteidigungsmaßnahme beim Einkaufsbummel in der *shopping mall* zu verstehen ist:

Danke dafür, dass Sie nicht nassforsch-dreist-scheißfreundlich sind.

Help! I've fallen and I can't reach my credit card.

Hilfe! Ich bin hingefallen und komme nicht an meine Kreditkarte.

When the going gets tough, the tough go shopping.

Auch hier muss man die Vorlage kennen: *When the going gets tough, the tough get going.* Unschön, aber relativ wortgenau übersetzt: «Wenn das Gehen zäh wird, kommen die Zähen erst richtig in Fahrt.» Aus dieser üblen Übersetzung lernen wir immerhin, was *tough* bedeutet:

- *This steak is tough.* Dieses Steak ist zäh.

Als Ein-Wort-Satz in Gesprächen kann *tough* ebenfalls vorkommen:

- A, hemmungslos weinend: *I've lost my money.*
- B, mitleidslos: *Tough!* Pech!

Nett ist ein derartiger Kommentar natürlich nicht. Mit *Tough shit!* existiert eine noch derbere Variante.

Wenn es hart auf hart kommt, gehen die harten Kerle einkaufen.

Food

Chocolate is legal tender for all debts public and private.

Schokolade ist legales Zahlungsmittel für alle öffentlichen und privaten Schulden.

Hand over the chocolate and no one will get hurt.

Der typische Bankräuberspruch *Hand over the money and no one will get hurt* hier einmal in einer Fassung für Süßmäuler:

Gib die Schokolade her und niemand wird verletzt werden.

I love defenseless animals, especially in a good gravy.

Ich mag wehrlose Tiere, vor allem in einer guten Soße.

Eat a live toad in the morning and nothing worse will happen to you for the rest of the day.

Iss eine lebende Kröte am Morgen, und für den Rest des Tages wird dir nichts Schlimmeres mehr widerfahren.

It's hard to soar like an eagle when you're surrounded by turkeys.

Der Truthahn, obzwar schon von Benjamin Franklin als amerikanischster aller Vögel gelobt, muss seinen Namen als Schimpfwort missbrauchen lassen, wenn auch als eher mildes:

- *You turkey!* Du Depp, Narr, Trottel, Trampel.

Es ist schwer, sich wie ein Adler in die Lüfte zu erheben, wenn du von Truthähnen (Trampeln) umgeben bist.

If God wanted me to cook, why did he invent restaurants?

Wenn Gott gewollt hätte, dass ich koche, warum hat er dann Restaurants erfunden?

If we aren't supposed to eat animals, why are they made of meat?

Tipp!

Die Fortsetzung der Fleischeslust-Serie, dankenswerterweise mit dem didaktisch wertvollen Ausdruck *to be supposed to do something*, ein Ausdruck, der grausam kompliziert aussieht, dennoch in Amerika dauernd zu hören ist, vor allem in der verneinten Form:

- *You're not supposed to that!* Du sollst das nicht machen!

Warum, fragen einige jetzt ganz richtig, sagt man dann nicht einfach *should* für «sollen»?

- *You shouldn't do that!* Du solltest das nicht machen!

Im Grunde sind es nur Nuancen, die beide Varianten voneinander trennen. Beim *supposed to* schwingt mit, dass etwas grundsätzlich so vorgesehen war und nun entsprechend ausgeführt werden soll. In der Logik unseres T-Shirt-Spruches: *We are supposed to eat animals*, wir sollen Tiere essen – weil es so gewollt und vorgesehen ist.

Beim *should* handelt es sich um einen Ratschlag, nicht, wie bei *supposed to*, um eine Aufforderung oder einen Auftrag.

Deswegen lässt sich *supposed to* auch nicht mit *should* ersetzen, wenn Ihnen damit die Erledigung eines Auftrags angetragen wird. Nehmen wir an, Sie sind die UPS-Frau und sollen bei Mr. Miller ein Paket abliefern. Was sagen Sie?

- *I'm supposed to deliver this package to Mr. Miller.* Ich habe den Auftrag, dieses Paket Herrn Miller zuzustellen. (Ich soll dieses Paket …)

Wenn wir keine Tiere essen sollen, warum sind sie dann aus Fleisch gemacht?

Vegetarian: Indian word for lousy hunter.

In den USA leben zweierlei Arten von *Indians.* Zuerst einmal die, denen das Land abgenommen wurde, das ihre Vorväter einst besiedelten, und die nun in ihren Reservaten gigantische Spielcasinos betreiben und dort auch Zigaretten steuerfrei verkaufen (völlig legal übrigens: Indianerland hat seine eigenen Gesetze und Regeln). Casinos und Zigaretten sind inzwischen die effektivsten Werkzeuge der Indianer, um Rache zu nehmen am weißen Mann.
Dann gibt es die *Indians,* die gerne Curry essen, an Schulen Mathematik unterrichten, weil die Amerikaner dazu weder willens noch fähig sind, und dafür Stundenlöhne bekommen, die so bescheiden ausfallen, dass nicht einmal die Hilfskräfte von *Mickey D.'s* (Spitzname von McDonald's) neidisch werden.
Die erstgenannte Gruppe heißt im offiziellen Sprachgebrauch *Native Americans* (eingeborene Amerikaner), wird zuweilen auch als *(North) American Indians* bezeichnet und von den prolligen *rednecks* als *them Injuns* beschimpft. Die zweite Gruppe sind einfach nur *Indians,* wie etwa Apu Nahasapeemapetilon, der Ladenbesitzer aus den *Simpsons.*

Vegetarier: Indianerwort für miserabler Jäger.

Ham and eggs: A day's work for a chicken; a lifetime commitment for a pig.

Ham and eggs sind ein übliches Gericht für den amerikanischen Frühstückstisch.

Schinken und Eier:ein Tag Arbeit für ein Huhn; eine Lebensaufgabe für ein Schwein.

4 out of 5 cannibals prefer vegetarians.

Eine gängige Werbemethode setzt auf die Macht der Masse:

- *4 out 5 customers prefer Charmin.* Vier von fünf Kunden ziehen Charmin [Amerikas berühmtestes Toilettenpapier] vor.

Vier von fünf Kannibalen ziehen Vegetarier vor.

Is it true that cannibals don't eat clowns because they taste funny? George Carlin

Beschwerden wie *The milk tastes funny* gehen durchweg darauf zurück, dass das entsprechende Lebensmittel verdorben ist. Die Zweifachbedeutung von *funny* findet sich auch in unserem «komisch»:

Stimmt es, dass Kannibalen keine Clowns essen, weil sie komisch schmecken?

Red meat isn't bad for you, green fuzzy meat is!

Immer wieder flammt in den USA die Debatte über den gesundheitlichen Wert der verschiedenen Fleischarten auf. *White meat*, Geflügelfleisch, geht dank seines relativ geringen Fettgehaltes meist als Sieger hervor. Was die Schweinefleischvermarkter mit einem *Pork – the other white meat* kontern lässt: «Schweinefleisch – das andere weiße Fleisch». Die Vertreter der Rinderzüchter lassen natürlich nichts unversucht, ihr *red meat* dennoch an den Kunden zu bringen. Unser T-Shirt parodiert diese Rettungsversuche, indem es eine noch ungesündere Fleischart vorstellt – schimmeliges Fleisch:

Rotes Fleisch ist nicht ungesund, grünes, haariges Fleisch aber schon!

Practice safe eating – always use condiments.

Safety first ist ein gerne propagiertes Motto: Sicherheit an erster Stelle. Auch beim Liebesspiel gilt: *Practice safe sex – always use a condom.* «Praktiziere sicheren Sex – benutze stets ein Kondom.»
Condiments haben wenig mit Kondomen gemein, es handelt sich um Würzmittel oder Geschmacksverbesserer wie Ketchup, Senf oder *pickle relish* (klein gehackte Gewürzgurken).

Praktiziere sicheres Essen – benutze stets Geschmacksverbesserer.

I love cats. They taste just like chicken.

Cat haters, Katzenhasser, finden in den USA eine reiche Auswahl an Sprüchen. Grammatisch sollte alles klar sein. Es steht die *present tense*, denn die geschilderten Sachverhalte sind grundsätzlich und immer so:

Ich mag Katzen. Sie schmecken genau wie Huhn.

So many cats, so few recipes.

Tipp!

Much und *many* führen gelegentlich zur Verwirrung. «Viele Katzen», als überschaubare, weil zählbare Gruppe («eine Katze, zwei Katzen …»), brauchen *many: many cats.* Ginge es um viel Geld oder viel Zeit, müssten Sie *much* bemühen: *So much money, so much time.*
Zum Wort «Rezept» und seinen möglichen Übersetzungen war auf Seite 125 bereits die Rede.

So viele Katzen, so wenige Rezepte.

I like cats, too. Let's exchange recipes.

Ich mag auch Katzen. Lass uns [mal] Rezepte austauschen.

Anyone who doesn't like cats just hasn't had them properly prepared.

Grammatisch anspruchsvoller als der Rest. Dafür sorgen ein Adverb (*properly* bezieht sich auf *prepared*) und die Konstruktion *to have something prepared*:

- *She had her meals delivered.* Sie ließ sich ihre Mahlzeiten [nach Hause] liefern.

Alle, die keine Katzen mögen, haben sie nur noch nicht richtig zubereiten lassen.

It's lonely at the top, but you eat better.

Irgendjemand muss Interesse daran haben, den Mythos fortzuführen, dass die Superreichen gar nicht wirklich glücklich sind: Zwar haben sie alles Geld der Welt, doch ach, es gebricht ihnen an Liebe, Geborgenheit und Gesundheit: *It's lonely at the top.* Unser Shirt nagt an diesem Mythos:

Es ist einsam auf dem Gipfel [der Macht], aber du isst besser.

Psycho

I don't suffer from insanity ... I enjoy every minute of it.

Ich leide nicht an [m]einer Geisteskrankheit ... Ich genieße jede Minute.

El Niño made me do it.

Erst einmal alles leugnen. Geht das nicht mehr, die Schuld abwälzen. Diesen simplen Mechanismus kennt die T-Shirt-Weisheit in tausend Variationen. *My evil twin did it* ist eine davon: «Mein bösartiger Zwilling hat es getan.» Eine andere klassische Ausrede lautet: *The devil made me do it.* «Der Teufel hat mich dazu gezwungen.» Nun muss auch noch das Wetter herhalten:

El Niño hat mich dazu gezwungen.

I'm going nucking futs!

Das Verstärkungswort *fucking* tauscht hier seinen Anfangsbuchstaben mit *nuts* aus der Wendung *to go nuts,* verrückt werden. Der Effekt ist beeindruckend: Zum einen entsteht ein sehr melodischer Satz, zum anderen illustriert der Buchstabendreher, wie hier jemand wirklich langsam verrückt wird:

Ich werde vangsam lerrückt.

Don't annoy the crazy person.

Diese scherzhafte Warnung hat natürlich einen ernsten Hintergrund: Von durchgeknallten Amokläufern haben die Abendnachrichten in den USA noch immer mehr zu berichten als hierzulande. Auch wenn wir gerade in der letzten Zeit auf diesem Gebiet deutlich aufgeholt haben.

Fall der verrückten Person nicht auf den Wecker.

Gone crazy. Be back later.

Dass der Ausdruck «verrückt werden, durchdrehen» auf Englisch mit *to go* gebildet wird, hilft den Amerikanern sehr, wenn es um Wortspielereien geht, denn so klingt *I have gone crazy* (wortwörtlich: «Ich bin verrückt gegangen») nicht wesentlich anders als: «Ich bin weggegangen.» Unser Spruch behandelt *to go crazy* denn auch, als wäre es ein tatsächliches Weggehen, und erklärt, dazu passend, «bald wieder zurück» zu sein.

Beim ersten Lesen machen die fehlenden Hilfsverben Schwierigkeiten: *[I have] gone crazy. [I will] be back later.* Im ersten Satz erkennen Sie mit Schrecken das *present perfect.* Benutzt wird es, weil, so die offizielle grammatische Begründung, hier eine Neuigkeit mitgeteilt wird. **Tipp!**

Praktische Anwendung des Ganzen: Wenn Sie der abwesenden WG, Familie oder Liebschaft mitteilen möchten, dass sie zum Einkaufen aufgebrochen sind, können Sie einen Zettel auf dem Küchentisch zurücklassen, auf dem nur zwei Wörter stehen: *Gone shopping.*

Die zweite Verkürzung – *[I will] be back later* – betrügt uns um das Hilfsverb für das Futur, *will.* **Tipp!**

Verrückt geworden (gegangen). Gleich wieder zurück.

I do whatever the voices in my head tell me to do …

Ich mache das, was mir die Stimmen in meinem Kopf auftragen …

Insanity is hereditary. You get it from your children.

Wahnsinn ist erblich. Man bekommt ihn von seinen Kindern.

When I'm not in my right mind, my left mind gets pretty crowded.

Grundlage des Wortspiels ist der Ausdruck *I'm not in my right mind*, ich bin nicht recht bei Verstand:

- *Are you in your right mind?* Hast du sie noch alle?

Mit der Logik des Wortwörtlichen tritt nun das *right mind* gegen ein *left mind* an:

Wenn ich nicht recht bei Verstand bin, wird's links ziemlich eng.

Of all the things I've lost, I miss my mind the most.

Auch hier ist eine Wendung mit *mind* der Ausgangspunkt.

- *He's lost his mind.* Er hat den Verstand verloren.

Von allen Dingen, die ich [je] verloren habe, vermisse ich meinen Verstand am meisten.

Minds are like parachutes. They work best when open.

To have an open mind heißt: für alles offen sein, keine Scheuklappen tragen. Der Begriff *mind* pendelt in der Bedeutung irgendwo zwischen «Verstand», «Geist», «Intellekt» und «Meinung».

Der menschliche Geist ist wie ein Fallschirm. Er funktioniert am besten, wenn er offen ist.

Out of my mind. Back in five minutes.

Noch ein *Mind*-Ausdruck.

- *I must be out of my mind.* Ich muss verrückt sein [, so was zu machen].
- *She's out of her mind with worry.* Sie ist vor Sorge völlig außer sich.

Die Phrase *out of* hören Sie auch in anderen Zusammenhängen, etwa dann, wenn etwas kaputt *(out of order)* ist oder wenn jemand durch Abwesenheit glänzt:

- *Mr. Manly is out of town today. Would you like to leave a message?* Mr. Manley ist heute nicht im Büro (wörtlich: nicht in der Stadt). Soll ich etwas ausrichten? (Wörtlich: Möchten Sie eine Nachricht hinterlassen?)

Stehe völlig neben mir. In fünf Minuten wieder zurück.

Just because you're not paranoid doesn't mean they're not out to get you.

Kaum einer denkt noch an den Nervenarzt, wenn das Wort *paranoid* fällt. Längst hat man den Verfolgungswahn vergessen, und *paranoid* hat sich für relativ harmlose Ängste eingebürgert, denen man bestenfalls noch ein «neurotisch» attestieren kann:

- *I'm paranoid about spiders.* Ich habe Angst vor Spinnen.

In unserem Spruch klingt *paranoid* allerdings noch recht stark an seine psychopathologische Grundbedeutung an:

Nur weil du dich nicht verfolgt fühlst, heißt das noch lange nicht, dass sie nicht hinter dir her sind.

All those who believe in psychokinesis, raise my hand.

Unser Spruch leitet sich von einem Satz her, der bei öffentlichen Abstimmungen zum Standardrepertoire zählt:

- *All those in favor, raise your hand.* Wer dafür ist, hebe seine Hand.

Alle, die an Telekinese glauben, heben bitte meine Hand.

Why do psychics have to ask you for your name?

Ein *psycho* (*psychopath*) ist kein *psychic* und umgekehrt.

Warum müssen dich Hellseher nach deinem Namen fragen?

I almost had a psychic girlfriend but she left me before we met.

Beinahe hätte ich eine hellseherische Freundin gehabt, aber sie hat mich sitzen lassen, bevor wir uns kennen gelernt haben.

Animals

What part of MEOW don't you understand?

Ein schönes Beispiel für einen Spruch, dessen Bedeutung ohne den zugrunde liegenden Ur-Spruch im Dunkeln bleiben muss, bietet dieses T-Shirt, auf dem eine sehr grantig dreinschauende Katze zu sehen ist. Der Spruch stellt im Original die sarkastische Frage, ob man denn zu doof sei, um das simple Wörtchen «nein» zu verstehen:

- *What part of NO don't you understand?* Welchen Teil von Nein verstehst du [denn] nicht?

Soll heißen: «Habe ich nicht klar und deutlich NEIN gesagt?! Was gibt's da zu diskutieren? War mein Nein denn nicht eindeutig?» Angewendet auf die Katzensprache, wird daraus:

Welchen Teil von MIAU verstehst du [denn] nicht?

My dog can lick anyone.

To lick, man ahnt es schon, heißt mehr als nur «lecken, schlecken». Im Slang steht *to lick someone* für «jemandem eine ordentliche Tracht Prügel verpassen»:

Mein Hund kann jeden abschlecken (vermöbeln).

What has four legs and one arm?
A happy pit bull.

Kampfhund heißt *attack dog*.

Was hat vier Beine und einen Arm?
Ein glücklicher Pitbull.

Cats rule, dogs drool.

Dass auch Katzenliebhaber schlechte Reime verbrechen können, zeigt dieser Spruch. *To rule* bedeutet hier weniger «regieren, herrschen», sondern lediglich, dass Katzen an erster Stelle der Beliebtheitsskala stehen.

Katzen sind die Besten, Hunde sabbern.

When it rains cats and dogs, don't step in a poodle.

Sollte es jetzt, da Sie diese Zeilen lesen, gerade heftig regnen, dürfen Sie idiomatisch korrekt sagen: *It's raining cats and dogs.* Diese Redewendung dürfen Sie nicht wörtlich nehmen; sie entspricht unserem: «Es gießt wie aus Eimern.» Beim Regnen bilden sich Pfützen, auf Englisch: *a puddle.* Von *puddle* ist es nur ein kleiner Sprung zu *poodle*, dem Pudel, der natürlich bestens zur nun wortwörtlich genommenen Redensart passt:

Wenn es Katzen und Hunde regnet, passen Sie auf, dass Sie auf keinen Pudel (in keine Pfütze) treten.

I fear no weevil.

Fürchte dich nicht vor dem Bösen, *fear no evil*, erklären uns zahlreiche Heilslehren. Spaßiger ist unsere Variante, die uns vor kleinen, krabbelnden *weevils* beruhigt:

Ich fürchte keinen Rüsselkäfer.

To err is human, to forgive canine.

Die Hundestaffeln in den USA tragen oft das Kürzel *K-9*. Das klingt auf Deutsch wie «Ka neun», auf Englisch aber wie *canine*, «hunde…». Als Adjektiv bezieht sich *canine* auf alles, was mit Hund zu tun hat: hundemäßig, hundeartig, hundetypisch (nicht jedoch: hündisch!). Das dem obigen Spruch zugrunde liegende Original lautet:

- *To err is human, to forgive divine.* Irren ist menschlich, zu vergeben göttlich.

Irren ist menschlich, zu vergeben hundeartig.

To err is human, to moo bovine.

Irren ist menschlich, zu muhen kuhmäßig.

The more I know about men, the more I love my dog.

Je mehr ich über Männer weiß, desto mehr liebe ich meinen Hund.

The more people I meet, the more I like my dog.

Wem die Beschränkung auf Männer missfällt, der darf dem vorangehenden Spruch durch Ausweitung auf das gesamte Menschengeschlecht eine fast schon Schopenhauer'sche Dimension verleihen:

Je mehr Menschen ich kennen lerne, desto besser gefällt mir mein Hund.

One sick puppy.

Auf dem T-Shirt sieht man ein kränkliches Hündchen. Der Text scheint auf den ersten Blick keine weiteren Bedeutungen zu verbergen, denn ein *puppy* ist nun einmal ein junger Hund. Wir könnten also zum nächsten Spruch übergehen, gäbe es da nicht noch die folgende Wendung:

- *Oh man, you are one sick puppy.* Oh, Mann, du bist ein echt [psychisch] kranker Typ.

Womit wir wieder einmal ein doppeldeutiges Shirt enttarnt hätten:

Ein kranker junger Hund. (Ein echt kranker Typ.)

Eagles may soar, but weasels don't get sucked into jet engines.

To soar: sich in die Lüfte erheben. *Soaring prices:* dramatisch steigende Preise.
To get sucked into something heißt «in etwas hineingesaugt werden», und mit einem *weasel* wird ein Tier bezeichnet, mit dem auch wir die übelsten Charaktereigenschaften verbinden und das ungefähr so aussieht wie der ehemalige UN-Generalsekretär Kurt Waldheim.

Adler erheben sich zwar in höchste Höhen, doch Wiesel werden [wenigstens] nicht in Flugzeugdüsen gesaugt.

Pets welcome. Children must be on a leash.

Haustiere willkommen. Kinder müssen an der Leine sein.

Ein freundlicher Willkommensgruß, gesehen auf einem Fußabtreter.

Anybody who hates children and dogs can't be all bad.

W. C. Fields

Wer Kinder und Hunde hasst, kann gar kein so schlechter Mensch sein.

The early bird gets the worm, but the second mouse gets the cheese.

«Morgenstund' hat Gold im Mund» übersetzt man in Amerika und Großbritannien mit *The early bird catches the worm.* Was bei Vögeln zutreffen mag, stellt sich im Fall zweier Mäuse, die sich mit einer Mausefalle konfrontiert sehen, gänzlich anders dar:

Der frühe Vogel kriegt den Wurm, aber die zweite Maus kriegt den Käse.

I poured Spot remover on my dog. Now he's gone.

Die Großschreibung von *Spot* macht schnell klar, dass wir es hier mit einem Eigennamen zu tun haben. Es geht um ein Hündchen namens Spot.
Achtet man nur auf den Klang, nicht die Schreibweise, geht es auch und vor allem um einen *spot remover*, einen Fleckenentferner.

Ich habe Fleckenentferner (*Spot*-Entferner) auf meinen Hund geschüttet. Jetzt ist er weg.

Sorry, but my karma just ran over your dogma.

Wie gut, dass im Englischen das Karma (Sanskrit: Schicksal) nach *car* klingt und das Dogma nach *dog*. Sonst müssten wir ohne diesen Kalauer auskommen.

Tut mir Leid, aber mein Karma (Auto) hat gerade dein Dogma (deinen Hund) überfahren.

My cow died, so I don't need your BULL anymore.

Bull steht nicht nur für einen Bullen, sondern auch für *bullshit.*

Meine Kuh ist gestorben, also brauche ich deinen Bullen (dein dummes Geschwätz) nicht mehr.

Finally 21, and legally able to do everything I've been doing since I was 15.

Tipp!

Erneut kommt das *present perfect continuous* ins Spiel:

- *I've been doing this since I was 15.* Ich mache das schon, seit ich 15 bin (wörtlich: war).

Gemeint ist hauptsächlich eins: der Genuss von Alkohol. US-Teenies dürfen zwar ab 16 Auto fahren, doch in einer Kneipe oder im Supermarkt gibt es weder Bier noch Wein für sie. *We card* heißt es dann an der Kasse: «Wir überprüfen Ihre *I. D. card* (Identitätskarte).» Erst mit 21 erreichen die Kids dann das *drinking age*, das Alter, ab dem auch sie dem Alkohol zusprechen dürfen.

Endlich 21 und berechtigt, all das zu tun, was ich [ohnehin] schon mache, seit ich 15 bin.

West Virginia: One million people, and 15 last names.

In Australien werden die Inzucht-Scherze auf Kosten der armen Tasmanier gemacht, in den USA kriegen die *hillbillies* aus *Appalachia* (die Appalachen liegen u. a. in West Virginia) ihr Fett ab.

West Virginia: eine Million Menschen und 15 Nachnamen.

Causes

Free Winona.

A just cause. Ein gerechtes Ziel. Oder einfach nur: *He has a cause*, er verfolgt eine gute Sache. Gutmenschen, die aus überbordender Liebe zu ihrem *cause* den Rest der Menschheit mit T-Shirts, Talk-Show-Interviews und Ansteckern belästigen, fallen ihren Mitmenschen sehr schnell auf die Nerven. Auch in Amerika, wo sich für jeden schmerzensreichen *cause* mindestens zwei schöne Verballhornungen finden lassen.

Bei *Free Winona* schwingt *Free Willy!* mit. Doch während mit *Free Willy!* die Befreiung eines Wals aus den gierigen Klauen Hollywoods gemeint war, sollte mit *Free Winona* die Schauspielerin Winona Ryder wieder auf freien Fuß kommen. Letztere war im Dezember 2001 wegen *shoplifting* (Ladendiebstahl) eingebuchtet worden, dann aber auf Kaution wieder freigekommen. Der Popularität des T-Shirts tat der Umstand, dass die gute Sache längst abgehakt war, keinen Abbruch. In diesem Sinne:

Befreit Christoph Daum.

Spear Britney.

Kein Wunder, dass Pop-Sternchen Britney Spears jetzt nur noch *Britney* heißen mag: Mit dem Nachnamen Spears lassen sich zu viele grausame Wortspiele treiben. Betrachten wir einmal die Grundbedeutungen: *a spear*, Speer, Spieß oder Lanze, *to spear*, durchbohren, aufspießen. Das T-Shirt selbst bedeutet:

Spießt Britney auf.

Tree hugger

Amerikanischen Ökologen und Naturschützern werden in Anbetracht ihrer Protestaktionen, die selten auf das Sich-Anketten an zu fällenden Bäumen verzichten, komische Schimpfnamen an den Kopf geworfen. Aus reinem Trotz drucken sie diese dann auf dunkelgrüne T-Shirts:

Baum-Umarmer. Baumknutscher

Support the right to arm bears.

Das Original *Support the right to bear arms* – «Unterstützt das Recht, Waffen zu tragen» – wird hier parodistisch geschickt verdreht:

Unterstützt das Recht, Bären zu bewaffnen.

Wear short sleeves! Support your right to bare arms!

Von *bear arms* (Waffen tragen) zu *bare arms* (nackte Arme) ist es im Englischen nicht weit. Beides klingt völlig gleich.

Tragt kurze Ärmel! Unterstützt das Recht, die Arme nackt zu machen!

Guns cause crime like flies cause garbage.

Die Statistiken lassen einem das Blut in den Adern gefrieren. Unfassbar, wie viele Amerikaner sich mittels Handfeuerwaffen vom Hier ins Jenseits befördern. In einem durchschnittlichen Jahr sterben allein in New York City mehr Menschen an Schussverletzungen als in ganz Deutschland. Dass Gesetzesvorstöße, die den weitgehend freien Waffenverkauf und -besitz verbieten wollen, durchweg scheitern, wird gerne der von Industrieinteressen gesteuerten *NRA (National Rifle Association)* angelastet. Tatsächlich ist der US-Schützenverband ein glühender Verteidiger des konstitutionell verbrieften Rechts, Waffen zu tragen *(the right to bear arms),* und jeder Änderung der Waffengesetze grundsätzlich abhold.

Gewehre verursachen Kriminalität, so wie Fliegen Abfall verursachen.

Guns don't kill. People do.

Eine weitere Weisheit aus den Archiven des US-Schützenverbandes *NRA.*
Gewehre töten nicht. Das tun die Menschen. Ich frage mich allerdings, ob es in einem Amerika, in dem lediglich Kinder-Spritzpistolen *(squirt guns)* erlaubt sind, jemals ein T-Shirt gegeben hätte, auf dem *Squirt guns don't kill. People do* zu lesen gewesen wäre.

Give a hoot. Don't pollute.

Seit 1970 betätigt sich *Woodsy Owl,* das Maskottchen einer staatlichen Kampagne gegen Wald- und Wiesenverschmutzung, aktiv gegen Umweltsünder. Den Schrei einer Eule bezeichnet man auf Englisch als *hoot,* und weil sich das so schön mit *pollute* reimt, war eine Eule als *spokesanimal* natürlich nahe liegend. Die redensartliche Bedeutung von *to give a hoot* spielte dabei ebenfalls eine Rolle:

- *I don't give a shit.* Das kratzt mich nicht, geht mir am Arsch vorbei.
- *I don't give a damn.* Das juckt mich nicht, lässt mich kalt.
- *I don't give a hoot.* Das stört mich nicht, ist mir egal.

Sei nicht gleichgültig. Verschmutze die Umwelt nicht.

Free Tibet – One in every specially marked package!

Lesen sich die ersten zwei Worte noch wie ein Aufruf für ein «freies Tibet», wandelt der Nachsatz – ein typischer Werbespruch, wie er sich auf zahllosen Verpackungen findet – das *free* in «kostenlos»:

(Befreit Tibet) Kostenloses Tibet – [Jeweils] eins in jeder entsprechend markierten Packung.

People are more violently opposed to fur than leather because it's easier to harass rich women than motorcycle gangs.

Menschen lehnen Pelz viel nachdrücklicher ab als Leder, denn es ist leichter, reiche Frauen zu mobben als Motorradbanden.

Auf der langen Liste von populären Wörtern, die man hierzulande für Englisch hält, die tatsächlich aber urdeutsch sind, nimmt «mobben» einen der oberen Ränge ein. In den USA gibt es zwar durchaus *to mob*, doch nur dann, wenn jemand von einer Meute Menschen belästigt wird:

- *Britney was mobbed by autograph hunters.* Britney wurde von Autogrammjägern bedrängt.

Was das Mobben im Büro angeht, so nannte sich das schon immer *harassment.*

- *Sue was harassed by her co-workers.* Sue wurde von ihren Kollegen gemobbt.

Man merkt: Komplizierte Wörter aus dem Englischen lässt die deutsche Sprache links liegen. Bei schlichten Ansammlungen von nicht mehr als fünf Buchstaben *(mob, handy)* schlägt das Deutsche gnadenlos zu und verschusselt dabei die ursprüngliche Bedeutung des Englischen.

Save the spotted cow.

Amerikaner kennen ihre bedrohten Tierarten. Die schwarzweiß gescheckte Kuh gehört noch nicht dazu. Wohl aber die hübsch gefleckte Eulenart *Strix occidentalis*, der Fleckenkauz, in den USA als *spotted owl* bekannt, zu dessen Rettung zahllose Aufkleber und T-Shirts zirkulieren.
Dieser Spruch ist ein wenig auch als Aufruf zu verstehen, weniger Rindfleisch zu verzehren. In der Hauptsache aber handelt es sich um eine parodistische Gegenreaktion auf die vielen Rettungsaufrufe für den Fleckenkauz:

Rettet die gescheckte Kuh.

I love spotted owls fried in Exxon oil!

1989 schaffte es der Supertanker *Exxon Valdez* dank eines angetrunkenen Kapitäns, halb Alaska (und den gesamten Prince William Sound) mit Rohöl zu verseuchen. Für den Ölmulti Exxon, der hierzulande unter dem Markennamen Esso auftritt, nicht eben ein Imagegewinn. Unser Spruch vereint zwei denkwürdige Katastrophen – das Aussterben des Fleckenkauzes und die Ölpest in Alaska – auf einem T-Shirt und wirft damit eigentlich nur eine Frage auf: Ist das noch ernst gemeint oder schon resignative Ironie?

Ich liebe in Esso-Öl gebratene Fleckenkäuzchen.

Save the trees, wipe your butt with an owl.

Dass die Umweltschützer mit den Rettungsaufrufen für ihre Eulchen sehr fleißig gewesen sein müssen, beweist auch dieser Spruch, der wohl von der Papierindustrie lanciert worden sein dürfte. Für das Feinverständnis genügen zwei Wörter: *to wipe* (wischen) und *butt* (Hintern).

Rettet die Bäume, wischt euren Hintern mit einer Eule ab.

What do you do when you see an endangered animal eating an endangered plant? George Carlin

Was macht man, wenn man sieht, wie ein vom Aussterben bedrohtes Tier eine vom Aussterben bedrohte Pflanze frisst?

Eat moose. 40 000 brown bears can't be wrong.

Esst Elch. 40 000 Braunbären können nicht irren.

If trees are a renewable resource, where have all the forests gone?

Wenn Bäume erneuerbare Ressourcen sind, dann sag mir, wo die ganzen Wälder geblieben sind.

Don't cuss the farmer with your mouth full.

Der Spruch spielt an auf die typische Ermahnung der Eltern beim gemeinsamen Essen: *Don't talk with your mouth full.* «Mit vollem Munde spricht man nicht.»

Wer flucht, greift oft zu religiös besetzten Begriffen. Und bekommt dann schnell ein schlechtes Gewissen, vor allem, wenn er Amerikaner und Christ ist. Doch gerade die Amerikaner haben da ihre kleinen Tricks: Statt eines herzhaften *Damn!* (verdammt, verflucht) stößt manche/r lieber ein wütendes *Darn!* aus. Das erfüllt dieselbe Funktion, ist aber, wenn man nur das Wort selbst betrachtet, längst kein Fluch *(curse)* mehr. *To darn a sock* heißt «eine Socke stopfen».

Ähnliche Verharmlosungen gibt es auch für andere Flüche:

- *Shit!* wird zu *Shoot!* Schieß!
- *Holy shit!* wird zu *Holy baloney!* Heilige Fleischwurst!
- *Jesus!* wird zu *Geez!*

Selbst das Wort *to curse* (fluchen) wird nach diesem Verfahren verharmlost.

- *To curse* wird zu *to cuss.*

Das T-Shirt fordert Kritiklosigkeit gegenüber den meist nicht sonderlich ökologischen Anbaumethoden amerikanischer Farmer. Schließlich sei der Tisch reichlich gedeckt, der Mund voll, was wolle man sich da beschweren:

Fluch nicht über den Farmer, wenn du den Mund voll hast.

Support beef – run over a chicken.

Unterstützt Rindfleisch – überfahrt ein Huhn.

Support America – run over Bush.

Ich weiß nicht, ich weiß nicht. Aber ich kann mir nicht so richtig vorstellen, dass sich ähnliche Sprüche mit unseren Kanzlern und Präsidenten klopfen lassen: «Helft und unterstützt Deutschland / die Schweiz / Österreich – überfahrt Präsident / Kanzler Soundso.» Machen Sie die Probe aufs Exempel und testen Sie Ihr Recht auf freie Meinungsäußerung: ausschneiden und aufs Auto kleben oder ans T-Shirt nähen. Mal sehen, wie lange es dauert, bis Sie Ärger kriegen.

Unterstützt Amerika – überfahrt Bush.

Hungry and out of work? Eat an environmentalist.

Bettler in amerikanischen Großstädten stellen gern Pappschilder neben sich auf, die nahezu alle denselben Wortlaut haben: *Hungry and out of work.*
Unser T-Shirt-Träger will jedoch nicht betteln, er will der Ökologiebewegung die Schuld an der wirtschaftlichen Misere geben:

Hungrig und arbeitslos? Iss einen Umweltschützer.

Jelly donuts, not Nazis.

Freiheit statt Sozialismus. Gefüllte Berliner Pfannkuchen statt Nazis. Sie sehen, wie sehr sie sich gleichen, der politische Slogan aus grauer Vorzeit und der T-Shirt-Spruch aus Amerika. Da passt einfach nichts zusammen, die Gegenüberstellung entbehrt jeglicher Vernunft. Nur: Die deutsche Polit-Parole war ernst gemeint, der T-Shirt-Spruch sollte lediglich die Leute verwirren:

Gefüllte Berliner (Krapfen) statt Nazis.

We are helping STOP routine circumcision.

In der Tat: Amerikanische Babys männlichen Geschlechts werden routinemäßig um ihre Vorhaut gebracht. Vereinzelt wird dagegen angegangen, etwa auf unserem T-Shirt:

Wir helfen, die routinemäßige Beschneidung zu stoppen.

Mr. Bush, Bomb the bastards now.

Kein T-Shirt, sondern ein handgeschriebenes Schild nach der Zerstörung des World Trade Center in New York am 11. September 2001.
In den USA wird das Datum mit dem Monat zuerst geschrieben. *9–11* oder *9/11* steht für den elften September, den Tag, an dem die USA ihr Hiroshima erlebten. *911* (gesprochen *nine one one*) ist aber auch die Nummer, die in ganz Amerika für den Notruf steht. Wer 911 wählt, spricht mit der Notrufzentrale.
Das Schild, das Bush in deutlichen Worten dazu auffordert, Vergeltung zu üben, beachtet alle Regeln der Rechtschreibung. Nach dem Komma schreibt man groß, allerdings nur nach der Anrede in einem Brief oder einer E-Mail. *Dear John, How are you?* ist damit völlig korrekt, auch wenn es für uns komisch ausschaut. Falsch hingegen wäre es, wie im Deutschen nach diesem ersten Komma klein weiterzuschreiben.

Mr. Bush, bombardiere die Bastarde jetzt!

No nukes is (!) good nukes.

Der Spruch, der hier als Vorlage dient, heißt *No news is good news.* «Keine Nachrichten sind gute Nachrichten.» *News* ist, trotz des Plural-s, ein Wort in der Einzahl, deshalb steht *is* und nicht etwa *are.*
Nukes (Atombomben, zuweilen auch Atommeiler) ist natürlich kein Wort aus dieser Gruppe, deshalb ist der Spruch grammatisch falsch: Die Anspielung verlangt aber, dass es bei *is* bleibt.

Keine Atomwaffen / Atomkraftwerke sind gute Atomwaffen / Atomkraftwerke.

One nuclear bomb can ruin your whole day.

Das Gegenstück zu *Make my day!* Der Satz *You ruined my day* (du hast mir den Tag verdorben) kommt meistens dann vor, wenn einem Unerquickliches widerfährt. Etwa der Abwurf einer Atombombe über dem frisch gejäteten Schrebergarten.

Eine Atombombe kann einem den ganzen Tag verderben.

Nuke the unborn baby whales.

Ein Anti-Shirt gegen die Flut der «Rettet-die-Wale»-Aufkleber aus den 70er und 80er Jahren. Auch wenn sich heute niemand mehr daran erinnert, damals hatte die Rockband *Yes* einen Hit mit *Save the Whale*, ein süßlich-klebriges Etwas von einem Song, das mir, wäre ich Japaner oder Norweger, nicht wegen seines Textes, wohl aber wegen des schauerlichen Gesangs tatsächlich auf immer den Appetit auf Walsteak verdorben hätte. Als zweite Stoßrichtung von *Nuke the unborn baby whales* lässt sich unschwer *Save the baby fur seals* ausmachen. «Rettet die Baby-Pelzrobben.» Eine dritte Gruppe von Aufklebern wird gleich mit abgeschossen. Nämlich die der Abtreibungsgegner – in den USA *pro lifers* genannt. Die *Pro-life*-Bewegung zum Schutz des ungeborenen Lebens, heftig attackiert von der *Pro-choice*-Fraktion («Für eine Wahl»), hatte und hat noch immer mehr Aufkleber, Schilder und Plakatwände in Beschlag als die Konkurrenz.
Unser T-Shirt-Träger zeigt sich von allen Gutmensch-Gruppen gleichermaßen genervt und fordert deshalb:

Atombombardiert die ungeborenen Baby-Wale.

Pick-up lines
Sprüche zum Anpirschen

Lame pick-up lines really tick me off. «Wow, I've never seen an Asian person sweat before.» Someone actually said that to me.

Lahme Anbaggersprüche machen mich echt stinksauer. «Wow, ich habe noch nie eine Asiatin schwitzen sehen.» Das hat wirklich mal jemand zu mir gesagt.

Anna Wong

Es ist erstaunlich, was wir alles tun, nur um unseren Schleimhäuten ein paar nette Kontakte zu verschaffen. Die Nervenenden wollen eben gekitzelt sein. Doch bis es dazu kommt, müssen gewaltige Hürden genommen werden, von denen die erste *pick-up lines* heißt.

Wenn Ihnen zum Stichwort *pick-up* auch nach heftigstem Nachdenken nur ein Kleintransporter einfällt, haben Sie damit zwar nur eine Teilbedeutung entdeckt, dafür aber ein nicht unwichtiges Ingredienz fürs Liebesglück gefunden, denn große Autos kommen fast immer gut an, gehen doch viele davon aus, dass diese mit dicken Geldbeuteln gleichzusetzen sind und nicht – wie in Wirklichkeit – mit großen Schulden und erpresserischen Leasingverträgen.

Auch wer meint, der Satz *Let's go and pick up some chicks* stamme von einem Farmer, der mit seinem Knecht Hühner verladen möchte, liegt daneben. Der Slang-Kundige weiß: *Chicks* sind «Frauen», und *to pick up* steht für «aufreißen».

Womit der Ausdruck *pick-up line* verständlich werden dürfte: Es geht um Sprüche zum Anmachen. Meist handelt es sich bei einer *pick-up line* wirklich nur um einen einzigen einstudierten Satz, einen kleinen Eisbrecher, so wie wir ihn alle kennen: «Haben wir uns nicht schon mal gesehen?» *Haven't we met before?*

Nur wenige sind gewandt genug, in einer typischen Flirtsituation sowohl originell als auch schlagfertig zu erscheinen; vorgefertigte Sprüche beruhigen dabei das Gemüt und stellen sich immer dann ein, wenn einem gerade nichts Besseres einfällt – jedoch nicht immer zum Vorteil für das eigene Liebesglück. Denn ist der Anbaggerspruch zu abgeschmackt oder zu dreist, kassiert man schnell eine Abfuhr. Als Faustregel zum Einsatz von *pick-up lines* halten wir deshalb fest: Wer blendend aussieht, einen Sack voll Geld hat und an keinerlei ansteckenden Krankheiten leidet, wird auch mit hochgradig bescheuerten Anmachsprüchen noch Erfolg haben. Wer hingegen hässlich, arm und krank ist, der ist gut beraten, sich mit ein paar verdammt cleveren Sprüchen zu wappnen.

Anna Wong, von der das einleitende Zitat stammt, ist eine ganz normale Amerikanerin: Geboren in Südchina, als Kind mit den Eltern in die USA ausgewandert, Studium in Boston, erster Job in New York. Was sie von vielen anderen unterscheidet, ist ihre Liebe zur Sturheit: Wenn sie etwas übel findet, dann findet sie es lange, lange, lange übel. Etwa Leute, die besockte Füße in ihre Birkenstock-Sandalen stecken. So was gehört sich nicht in Amerika. *Hello! Big fashion no-no.* Sandalen bitte immer sockenlos. Anna mag auch keine *pick-up lines.* Für sie und alle anderen, die ebenfalls keine *pick-up lines* mögen, haben wir dieses Kapitel geschrieben. Einmal als Bestandsaufnahme des ganz normalen Anmach-Wahnsinns, dann aber zur Aufklärung all derer, die nicht einmal den Hauch einer Ahnung haben, was in Kneipe oder Disco auf sie zukommen könnte. Und schließlich für all die Verrückten, die die Dinger tatsächlich auswendig lernen und an den Mann oder die Frau bringen wollen. Aufgeteilt haben wir dieses Kapitel deshalb in zwei große Abschnitte, deren Titel uns das Leben selbst einfüsterte: *The attack*, der Angriff, und *The defeat*, die Niederlage.

The attack

Want to see my stamp collection?

Die Mutter aller Anbaggersprüche:

Möchtest du meine Briefmarkensammlung sehen?

Your place or mine?

Der klassische Abschlepp-Spruch schlechthin. Mit *place* ist die Wohnung oder das Haus gemeint:

- *You've got a nice place.* Sie haben eine schöne Wohnung.

Deine Bude oder meine? Gehen wir zu dir oder zu mir?

My pet peeve: Men's pick-up lines. Ami Meddaugh

Bevor wir die ersten *pick-up lines* vorstellen, ein Wort der Warnung: Viele finden sie einfach nur doof. Die oben zitierte Ms. Meddaugh erklärt sie gar zu ihrem *pet peeve*, ihrem bevorzugten Ärgernis. (Wörtlich ist *pet* ein Haus- und Streicheltier, ein *pet peeve* damit ein Ärgernis, das man hätschelt, über das man sich immer wieder gerne und mit Lust aufregt.)
Für *pick-up lines* gilt: Was im nüchternen Zustand eine doofe Anmache ist, kann im berauschten Zustand das Eis brechen. Hier wie anderswo gilt: Timing ist alles.

Mein Lieblingsärgernis: die Anbaggersprüche von Männern.

Statistic: Men who were successful when they used the pick-up line «Hi»: 71 %. Women who were successful when they used the pick-up line «Hi»: 100 %.

Ein wenig objektive Wissenschaft vorab. Wie erfolgreich – und wie notwendig – sind *pick-up lines?*

Statistik: Männer, die erfolgreich waren, als sie den Anmachspruch «Hi» einsetzten: 71 %. Frauen, die erfolgreich waren, als sie den Anmachspruch «Hi» einsetzten: 100 %.

Say, didn't we go to different schools together?

Anknüpfungspunkt gemeinsamer Schulbesuch: *Didn't we go to the same school together?* Weil da die Antwort meist Nein lauten muss, gibt's eine Scherzversion, die überwiegend mit Ja und einem Lachen beantwortet wird:

Sag mal, sind wir nicht zusammen auf zwei verschiedene Schulen gegangen?

He: **I'm a really good cook!** She: **What do you cook best?** He: **Breakfast in bed!** (Grins.)

Er: Ich bin ein echt guter Koch! Sie: Was kochst du am besten? Er: Frühstück im Bett! (Grinst.)

Let's do breakfast tomorrow. Should I call you or nudge you?

Wer zu etwas einlädt, tut das häufig mit einer schlichten *Do*-Konstruktion:

- *Let's do coffee tomorrow.*
- *Let's do lunch tomorrow.*
- *Let's do the museum tomorrow.*

Mit einem lässigen *Sounds good to me!* – «Hört sich gut an!» – akzeptieren Sie die Einladung und vermeiden es zugleich, das doppeldeutige *Let's do it* zu wiederholen. *Let's do it* kann nämlich auch «Lass es uns miteinander treiben» heißen, vor allem dann, wenn kein anderer Bezug zu erkennen ist.

Lass uns morgen [zusammen] frühstücken. Soll ich dich anrufen oder anstupsen?

I would die happy if I saw you naked just once.

Ich würde glücklich sterben, wenn ich dich nur einmal nackt sähe.

I'm not cheap, but I am on special this week.

Aus dem Kaufmännischen stammt die Wendung *to be on special*, «im Sonderangebot sein». Auch *cheap* kann mit Geld zu tun haben, muss es aber nicht:

- *Boy, that's cheap!* Mann, das ist aber preiswert!
- *A cheap plastic imitation.* Eine billige Plastikimitation.
- *He's so cheap. I always have to pay.* Er ist so geizig. Ich muss immer zahlen.
- *She looks so cheap.* Sie sieht billig aus (wie ein Flittchen).

Ich bin nicht billig, aber ich bin diese Woche im Sonderangebot.

I need someone really bad. Are you really bad?

Dass *bad* nicht einfach nur «schlecht» heißt, wird hier bewiesen. Im ersten Satz steht *bad* für «dringend». *Really* verstärkt dabei das *bad*: **Ich brauche wirklich dringend jemanden.** Möglich ist aber auch eine zweite Lesart, bei der *bad* wieder mal «schlecht» heißt: **Ich brauche jemanden, der wirklich [moralisch, sittlich] schlecht ist.** Auf diese Doppelbedeutung kommt man spätestens durch den zweiten Satz: **Bist du wirklich schlecht?**

Have you shagged someone today?

Ein ganz lieber Spruch wird hier zur Vorlage für etwas Derbes: *Have you hugged someone today?* «Hast du heute schon jemanden gedrückt?» Wörtlich heißt *to shag* «zottig machen, aufrauen, verwuseln», im Slang steht es fürs Vögeln.

Heute schon jemanden gebürstet (gevögelt)?

Nobody's ugly after 2 a.m.

Dafür sorgt das 1:1-Mischungsverhältnis von Sexualhormonen und Bier im Blutstrom.

Nach zwei Uhr nachts ist niemand hässlich.

How can I love you if you won't lie down?

Seelische und körperliche Liebe sind zweierlei. In der ersten Satzhälfte – *How can I love you* – denkt man unwillkürlich an die reine Liebe. Doch dann kippt der Satz ins prosaisch Körperliche.

Wie kann ich dich lieben, wenn du dich nicht hinlegst?

Your face or mine?

Verballhornung von *Your place or mine?* Als Einladung zum Oralverkehr zu verstehen. Mit *to sit on someone's face* – «auf jemandes Gesicht sitzen» – wird meist ein Cunnilingus umschrieben.

Dein Gesicht oder meins?

As long as I have a face, you'll have a place to sit.

Ein weiterer Beleg dafür, dass männliche Amerikaner glauben, Frauen vor allem mit der Aussicht auf klitoriale Stimulation herumkriegen zu können.

Solange ich ein Gesicht habe, wirst du immer einen Platz zum Sitzen haben.

My face is leaving in 15 minutes. Be on it.

Eine weitere Variation. Hier steht *face*, obwohl laut Satzbauplan hier eigentlich andere – man entschuldige das unvermeidliche Wortspiel – Verkehrsmittel stehen müssten:

- *The bus (train, ferry) is leaving in 10 minutes.*

Weil es sich bei dem in 10 Minuten abfahrenden Bus um etwas Geplantes handelt, darf die *-ing*-Form stehen. **Tipp!**

Als Präposition – im Bus oder Zug, auf der Fähre – passt im Englischen meist *on*: **Tipp!**

- *Is there a bathroom on the Greyhound bus?* Gibt es im Greyhound-Bus eine Toilette?
- *I have to get on here.* Ich muss hier einsteigen.

Entsprechend steht beim Aussteigen *off*:

- *I have to get off here.* Ich muss hier aussteigen.

Die Konstruktion unseres Spruches macht das Gesicht zum auslaufenden Dampfer, auf dem man sich rechtzeitig einzufinden hat.

Mein Gesicht fährt in 15 Minuten ab. Sei pünktlich darauf (an Bord).

Excuse me, but would you like an orally stimulated orgasm?

Entschuldigung, aber möchten Sie einen oral hervorgerufenen Orgasmus?

I wanna floss with your pubic hair.

Die Obsession mit dem Oralverkehr kann sich auch anders Ausdruck verschaffen. Zahnseide nennt sich in Amerika *dental floss.* Als passendes Verb gibt es *to floss*, «Zahnseide benutzen»:

Ich will dein Schamhaar als Zahnseide benutzen.

Hey babe, do you realize that my mouth can generate over 750 psi?

Hey, Süße, ist dir klar, dass mein Mund mehr als 50 Atmosphären Überdruck erzeugen kann?

I think I could fall madly in bed with you.

Als Ausgangspunkt dient hier *to fall madly in love with someone.* Wörtlich: «mit jemandem in Liebe fallen», besser: «sich in jemanden total verlieben». Der Spruch nimmt *to fall* wortwörtlich, lässt den Sprecher jedoch nicht ins Liebesglück verfallen, sondern in ein Bett plumpsen:

Ich glaube, ich könnte wie verrückt mit dir ins Bett fallen.

The word today is «legs» ... Spread the word.

Spread the word lässt sich idiomatisch mit «Sag's weiter» übersetzen. Wörtlich allerdings heißt es: «Verbreitet (spreizt) das Wort» – eine Vorlage, die sich der Sprücheklopfer nicht entgehen lässt. Hinzu kommt, dass es im Slang den Ausdruck *to spread the legs for someone* gibt:

- *She's such a slut. She spreads the legs for everyone.* Sie ist solch eine Schlampe. Sie macht die Beine für jeden breit.

Das Wort des Tages ist «Beine» ... Spreizt (verbreitet) das Wort.

Tickle this Elmo.

Eines der erfolgreichsten Spielzeugpüppchen der letzten Jahre war ein rotes Sesamstraßen-Monster namens Elmo. Leichte Kitzelbewegungen am Bauch von Elmo ließen diesen in unbändiges Gelächter ausbrechen – so lange, bis die Batterie leer war. Dieser *Tickle-me Elmo* (Kitzel-mich-Elmo, so der Markenname) war ein Renner und ist auch heute noch im Angebot.
Der oben zitierte Spruch begegnete uns auf einem T-Shirt. Direkt unter dem Text weist ein Pfeil in Richtung Hosenlatz.

Kitzel [mal] diesen Elmo.

Wink, I'll do the rest!

To wink ist «zwinkern», *to blink* «blinzeln».

Zwinkere, ich übernehme den Rest.

I gave up smoking, drinking and sex. It was the worst five minutes of my life.

Gutes Beispiel für die *past tense*: Hier wird berichtet, was vorbei und abgeschlossen ist. Völlig unmöglich wäre *present perfect* – genau die Zeitform, zu der der Deutschsprecher tendiert hätte: *I've given up smoking*. Da würde jeder Muttersprachler denken, Sie hätten das Rauchen gerade erst aufgegeben und wären noch immer Nichtraucher.

Ich hatte das Rauchen, Trinken und Sex aufgegeben. Das waren die schlimmsten fünf Minuten meines Lebens.

If I could rewrite the alphabet, I would put U and I together.

Geht leider nicht auf Deutsch. Auf Englisch aber klingen «du» und «ich» tatsächlich wie Buchstaben aus dem Alphabet: *u and i, you and I.*

Grammatisch ist unser Spruch nicht ganz auf der Höhe. Statt *you and I* müsste es *you and me* heißen – doch dann wäre der Gag futsch.

Wenn ich das Alphabet neu schreiben könnte, würde ich (d)U und I(ch) zusammenstecken.

Your eyes are as blue as window cleaner.

Deine Augen sind so blau wie Fensterreiniger.

Your eyes are as blue as my toilet water at home.

Deine Augen sind so blau wie mein Toilettenwasser zu Hause.

That dress would look awfully nice on my bedroom floor.

Dieses Kleid würde sich unglaublich gut auf meinem Schlafzimmerboden machen.

I think that shirt would look great on the carpet beside my bed.

Ich glaube, dieses Hemd würde auf dem Teppich neben meinem Bett unglaublich gut aussehen.

Why don't you come on over here, sit on my lap, and we'll talk about the first thing that pops up?

Wenn sich etwas ergibt, etwas plötzlich auftaucht, dann lässt sich das mit *to pop up* ausdrücken:

- *We talked about the first thing that popped up.* Wir haben über das Erstbeste geredet, das uns in den Sinn kam.

In unserem Spruch wird *to pop up* eher im buchstäblichen Sinn verstanden: «etwas platzt hervor, springt hoch, stellt sich plötzlich in den Weg». Dass dieses Etwas das männliche Geschlechtsteil ist, dürfte nicht überraschen.

Warum kommst du nicht rüber [zu mir], setzt dich auf meinen Schoß, und wir reden über das Erstbeste, was auftaucht (hochkommt).

Sit on my lap and we'll get things straight between us.

Dass *straight* «gerade» heißt, ist für die Redewendung *to get something straight* unerheblich.

- *Let me get this straight: You want more money.* Lassen Sie mich das mal im Klartext sagen: Sie wollen mehr Geld.

Auch die Wendung *to get things straight between us* lässt eher vergessen, was *straight* ursprünglich bedeutet:

- *Let's get things straight between us.* Sprechen wir uns mal aus, lass uns die Dinge zwischen uns mal klären.

Doch dann, weil die Dame auf den Schoß kommen soll, bleibt für *straight* doch nur die eine, wörtliche Bedeutung übrig:

Setz dich bei mir auf den Schoß, und wir werden die Dinge zwischen uns kerzengerade machen.

Hi, my name's Ron, how do you like me so far?

Hi, ich heiße Ron, wie gefalle ich dir bis jetzt?

What is your favorite position on extramarital sex?

Ein ganz normale Frage – *What's your position on extramarital sex?* «Was ist Ihre Einstellung zu Sex außerhalb der Ehe?» – wird durch *favorite* zur schlüpfrigen Anmache. Dass es sich bei der doppeldeutigen *position* diesmal nicht um die «innere Einstellung», sondern die «körperliche Stellung» handelt, lässt sich an *favorite* (Lieblings...) ablesen. Eine innere Lieblingseinstellung gibt es nicht, wohl aber eine Lieblingsstellung beim Sex.

Was ist Ihre liebste (Ein-)Stellung beim Sex außerhalb der Ehe?

If I follow you home, will you keep me?

Tiere können einem zulaufen:

- *This stray dog followed me home. I kept him.* Dieser streunende Hund ist mir bis nach Hause gefolgt. Ich habe ihn behalten.

Die Rolle des Hundes wird hier vom potenziellen Liebhaber übernommen:

Wenn ich dir bis nach Hause nachgehe, behältst du mich dann?

This is your lucky day, because I just happen to be single.

Mit *happen to be* wird Beiläufigkeit ausgedrückt:

- *I happen to be available today.* Heute bin ich zufällig frei (zu haben).
- *I happened to notice that you are drinking Bailey's.* Ich habe zufällig bemerkt, dass Sie Bailey's trinken.

Heute ist dein Glückstag, denn ich bin zufällig gerade ledig.

Hey babe, wanna get lucky!?

Zwei Bedeutungen kennt das Englische für *to get lucky*:

- *Someday I'll get lucky and meet the right woman.* Eines Tages werde ich Glück haben und die Richtige finden.

- *Tonight I'm gonna get lucky even if it's with an ugly guy.* Heute werde ich's machen, und wenn's mit einem hässlichen Typen ist.

Hey, Püppchen, willst du mal richtig Glück haben?

Gosh, you're pretty / handsome!

Schlicht, aber wirkungsvoll. Außerdem zeigt der Spruch, dass schöne Männer nicht *pretty* genannt werden dürfen, sondern als *handsome* bezeichnet werden.

Gott, du siehst toll aus.

Take a chance on me.

Riskier's mal mit mir.

If I told you that you have a nice body, would you hold it against me?

Die Redewendung *to hold it against someone*, etwas jemandem nachtragen, findet sich auch im nonerotischen Alltag häufig:

- *I once told him that he needs to lose weight. He is still holding it against me.* Ich habe ihm mal gesagt, dass er abnehmen muss. Das trägt er mir noch immer nach.

Doch da sich Wendungen immer auch dem Wortsinn nach gebrauchen lassen, kann unser Spruch mit einer weiteren, wortwörtlichen Bedeutung aufwarten: *Hold against me* heißt damit einfach nur «gegen mich halten / drücken», und das *it* bezieht sich nun auf den *body*:

Wenn ich dir sagen würde, dass du einen schönen Körper hast, würdest du ihn gegen mich drücken (würdest du mir das nachtragen)?

I love you. I want to marry you. Now fuck my brains out.

Ich liebe dich. Ich will dich heiraten. Und jetzt fick mich bis zum Wahnsinn (wörtlich: mir das Hirn raus).

I'd look good on you.

Komplimente zu Kleidern sind schnell gemacht:

- *This shirt looks good on you.* Dieses Hemd steht dir gut. Wörtlich: Dieses Hemd sieht gut auf dir aus.

Aus der wörtlichen Bedeutung lässt sich leicht eine anzügliche Bemerkung formulieren:

Ich würde gut auf dir aussehen. (Ich würde dir gut stehen.)

Fancy a fuck?

Hier kollidieren die Sprachebenen. Auch das kann komisch wirken. Auf ein britisch-aristokratisches, altertümlich wirkendes *to fancy* (gerne mögen) prallt ein derb-sinnliches *fuck.*

Wünschen Madam einen Fick?

I had a wet dream about you last night. Would you like to make it a reality?

Träume sexuellen Inhalts hinterlassen bei Jungen gerne eine Spur in Pyjama oder Bettwäsche. Deshalb der Name *wet dream.*

Ich hatte letzte Nacht einen erotischen Traum von dir. Würdest du ihn gerne Wirklichkeit werden lassen?

It's always good for you to see me again.

Die Verdrehung der höflichen Floskel *It's always good to see you again*, «immer gut, dich mal wieder zu sehen».

Es ist immer gut für dich, mich mal wieder zu sehen.

So, do you wanna see something really swell?

Swell ist die etwas altmodische Variante von *cool* oder *awesome*, drei Wörter, die alle «toll» bedeuten.
Die Satzstruktur macht es aber auch möglich, *swell* als das Verb *to swell* (anschwellen) zu betrachten. Und dann wird's natürlich wieder ferkelig.

Na, willst du [mal] etwas wirklich Tolles sehen?
Na, willst du [mal] etwas echt anschwellen sehen?

Pardon me miss, but I couldn't help noticing that you have cum in your hair.

Ein sehr unfeines Wort für den Samenerguss ist *cum*. Abgeleitet ist es wohl von *to come*, (zum Orgasmus) kommen, mit dem es sich eine gemeinsame Aussprache teilt.
Der Spruch entstammt dem geistigen Umfeld der Krach-Bumm-Teenie-Komödien vom Typ *American Pie* oder *Something about Mary*, wo tatsächlich ein Sperma-im-Haar-Scherz vorkommt.

Entschuldigen Sie bitte, Miss, aber ich konnte nicht umhin zu bemerken, dass Sie Sperma im Haar haben.

Can I buy you a drink or do you just want the money?

Kann ich dir etwas zu trinken kaufen, oder willst du einfach nur das Geld?

You look more beautiful than Nurse Chapel.

Nicht alle werden sich an *Nurse Chapel* erinnern. Als Gehilfin von *Bones*, dem Bordarzt des Raumschiffs Enterprise, durchkreuzte sie samt *beehive hairdo* (Bienenstock-Frisur) Ende der 60er die fernsten Galaxien.

Du bist noch schöner als Krankenschwester Chapel.

I think we must make love on the front lawn like crazed weasels NOW!

Ich glaube, wir müssen uns jetzt SOFORT wie durchgeknallte Wiesel auf dem Vorgartenrasen lieben.

If this bar is a meat market, you must be the prime rib.

Discos und Kneipen, die vorzugsweise von paarungswilligen Singles aufgesucht werden, kennt der US-Slang als «Fleischmarkt», *meat market*. Vom echten Fleischmarkt stammt das auch gut zum Grillen geeignete *prime rib*, ein eher teures Stück Fleisch.

Wenn diese Kneipe ein Fleischmarkt ist, dann musst du das Lendenstück sein.

Want to come see my hard drive? I promise it isn't 3.5 inches and it ain't floppy.

Eine Festplatte zum Sexsymbol zu machen geht nur im Englischen. Da hilft der *drive*, der vage an *sexual drive* (sexuelle Energie) erinnert, und *hard* gemahnt an des Mannes bestes Stück. Die Floppydisk, mit dreieinhalb Zoll nicht eben üppig dimensioniert, bietet das perfekte Gegenstück zum *hard drive*: Das Adjektiv *floppy* bedeutet «schlaff, hängend».

Möchtest du meine Festplatte sehen? Ich verspreche, sie ist nicht [bloß] 3,5 Zoll und auch nicht schlaff.

Actually, ma'am, ah'm not as tall as you think. Ah'm from Taixus, and ah'm sittin' on mah wallet.

Die seltsame Schreibweise soll den texanischen Akzent wiedergeben: *Actually, ma'am, I'm not as tall as you think. I'm from Texas, and I'm sitting on my wallet.*

Ich bin eigentlich nicht so groß, wie Sie denken, *ma'am*. Ich komme aus Texas und sitze auf meinem Geldbeutel.

Hey! Ya wanna try out my new «Home Artificial Insemination Kit»?

Als Vorlage dient der real existierende *Home Pregnancy Test*, der Schwangerschaftstest für zu Hause.

Hey! Willste mal mein neues «Starterkit für die künstliche Befruchtung zu Hause» ausprobieren?

Hey, somebody farted. Let's get out of here.

Hey, jemand hat gefurzt. Lass uns hier abhauen.

Excuse me, Miss, do you give head to strangers? No. Well, then, allow me to introduce myself.

Klingt eigentlich ganz harmlos: *to give head*, «Kopf geben». Aber ach, es bezeichnet die Fellatio.

Entschuldigung, Frollein, blasen Sie auch Fremden einen? Nein. Nun, dann erlauben Sie, dass ich mich vorstelle.

Do you sleep on your stomach? No. Can I?

Schläfst du auf dem Bauch? Nein. Darf ich's?

You're the spitting image of my dead girlfriend.

Du bist meiner toten Freundin wie aus dem Gesicht geschnitten.

Hi, my name's Dave. Remember it, you'll be screaming it later tonight!

Hi, mein Name ist Dave. Vergiss ihn nicht, du wirst ihn im Laufe des Abends [noch lustvoll] herausschreien.

You are so beautiful that I would crawl ten miles on my hands and knees through broken glass, just to jerk off in your shadow.

Du bist so schön, dass ich zehn Meilen auf allen vieren durch Glasscherben kriechen würde, nur um mir in deinem Schatten einen runterzuholen.

Are you free tonight or will it cost me?

Zwei Bedeutungen stecken, ach, in diesem Satz:

- *Are you free?* Hast du Zeit?
- *Are you free?* Bist du kostenlos?

Hinweisen müssen wir erneut auf das futurische *will*, das wir im Deutschen nicht brauchen. Tipp!

Hast du Zeit heute Abend (bist du kostenlos), oder kostet es mich was?

I'm new in town. Could you give me directions to your apartment?

Wer irgendwohin möchte, braucht eine Wegbeschreibung *(directions)*. Die Frage nach dem Weg stellt man am besten so:

- *How do I get to downtown from here?*
- *Could you give me directions to downtown?*

Ich bin neu in der Stadt. Könntest du mir sagen, wie man zu deiner Wohnung kommt?

How about a pizza and a fuck? Hey! Don't you like pizza?

Wie wär's mit einer Pizza und 'nem Fick? Was! Du magst keine Pizza?

Is your dad a baker? No. If not, where did you get those buns?

Ein *hamburger bun* wird in deutschsprachigen Presseberichten immer als «pappiges» oder «schlabbriges» Hamburgerbrötchen bezeichnet. Es gibt garantiert niemanden mehr, der einfach nur «Hamburgerbrötchen» schreibt. Das Klischee ist so verbreitet, dass sich, wenn man nur lange genug suchen würde, im Sprachzentrum von Journalisten ein separates Areal allein für «Schlabberbrötchen» finden ließe.

Zugegeben: Ein Hamburgerbrötchen ist weich. Aber: *Consider the alternatives*, bedenke die anderen Möglichkeiten. Sollen wir uns den Hamburger aus einem hyperkross gebackenen Brötchen deutscher Produktion basteln und uns dann bei jedem Biss die Mundwinkel aufschneiden? An Hamburgern sind weniger die Brötchen zu kritisieren, sondern die Fast-Food-Ketten mit ihren unappetitlichen Produktions- und Vertriebsmethoden.
Im Slang bezeichnet *buns* den Po.

Ist dein Papa Bäcker? Nein. Wenn nicht, woher hast du dann deine Brötchen (hübsch runden Gesäßhälften)?

Oh no, I'm choking! I need mouth to mouth, quick!

Medizinisch korrekt müsste es *mouth-to-mouth resuscitation* heißen. Wörtlich: Mund-zu-Mund-Wiederbelebung. Deutsch: Mund-zu-Mund-Beatmung. Weil *resuscitation* aber ein recht kompliziertes Wort ist, fällt es oft einfach weg:

Oh, nein, ich ersticke! Ich brauche Mund-zu-Mund-Beatmung.

What's a slut like you doing in a classy joint like this?

Hier wird ein altbekannter Spruch quer gebürstet: *What is a nice girl like you doing in a joint like this?* «Was macht ein nettes Mädchen wie du in solch einer Absteige?»
Statt «Schlampe» oder «Luder» schreiben wir wieder «Flittchen» und hoffen so, zu einer Renaissance dieses fast in Vergessenheit geratenen Wortes beizutragen.

Was macht ein Flittchen wie du in solch einem Edelschuppen?

Perhaps you recognize me from one of the popular adult movies I was in.

Natürlich verfügt das Englische auch über Wörter für «Pornostreifen», etwa *porn flick.* Gerne aber wird auf vornehmere Varianten ausgewichen, etwa *XXX-rated movie* (nicht jugendfreier Film ab 18) oder *adult movie* (Erwachsenen-Film).

Vielleicht kennst du mich aus einem der beliebten Sexstreifen, in denen ich eine Rolle hatte.

Is it hot in here, or is it just you?

Ist es heiß hier drinnen, oder bist du das?

I've been noticing you not noticing me.

Tipp!

In der ungekürzten Version für Grammatikfreaks lautet dieser Spruch *I've been noticing that you have not been noticing me.* Hier bezeichnet das *present perfect continuous* eine Handlung, die in der Vergangenheit begann und bis zur Sprechzeit noch andauert.

Ich habe bemerkt, dass du mich nicht bemerkst.

I like the look of your crotch.

Das kleine Dreieck zwischen den Beinen heißt *crotch*, und man muss schon Langenscheidt-Wörterbuch heißen, um *crotch* als «Gabelung, Abzweigung» zu übersetzen. Nein, *crotch* ist jener heiß dampfende Teil der menschlichen Anatomie, in dem sich – bei Mann und Weib – die Geschlechtsorgane angesiedelt haben. Mit dem deutschen «Schoß» kommt man nicht ganz hin, umfasst der doch mehr als die eigentliche Kernzone. Dafür würde man im Englischen *lap* sagen. Aber weil mir keine bessere Übersetzung für *crotch* einfällt, muss ich beim «Schoß» bleiben:

Mir gefällt, wie dein Schoß aussieht.

I'd like to name a multiple orgasm after you.

Ich würde gerne einen Mehrfachorgasmus nach dir benennen.

I've got a condom with your name on it.

Ich habe [da] ein Kondom mit deinem Namen darauf.

Hi, I'm a tawdry slut looking for a good time.

Hi, ich bin ein aufgedonnertes Flittchen auf der Suche nach etwas Spaß.

Can you believe it? It's been more than fifteen minutes since I've had sex.

Tipp! Das *present perfect* in Bestform: Vor 15 Minuten ist etwas passiert, entsprechend hoch ist der *news value* (Neuigkeitswert). Die logische Wahl: *Present perfect* benutzen: *It has been …*

Ist es denn zu fassen? Es ist schon über 15 Minuten her, dass ich Sex gehabt habe.

My friend and I made a bet and I need to check if those are implants.

Mein Freund und ich haben gewettet und müssen jetzt überprüfen, ob das (Silikon-)Implantate sind.

I know a charming little motel with a cheap hourly rate.

Ich kenne [da] ein charmantes kleines Motel mit einem günstigen Stundenpreis.

I'd love to swap bodily fluids with you.

Ich würde gerne Körperflüssigkeiten mit dir austauschen.

Erections like these don't grow on trees, you know.

Die Wendung mit Geld, das nicht auf Bäumen wächst, kennen Sie von Seite 183. Nun muss sie – in Abwandlung – als Machospruch herhalten.

Erektionen wie diese hier wachsen nicht auf Bäumen, weißt du.

You know, doggystyle isn't passé anymore.

Weißt du, Hundestil (von hinten, a tergo) ist nicht mehr passé.

Sex between 2 people is a beautiful thing; between 5 it's fantastic … Woody Allen

Sex mit zwei Menschen ist etwas Wunderbares; zu fünft ist er fantastisch.

I believe that sex is one of the most beautiful, natural, wholesome things that money can buy. Steve Martin

Ich glaube, dass Sex eine der schönsten, natürlichsten und gesündesten Sachen ist, die man für Geld kaufen kann.

Kinky is using a chicken. Perverted is using the whole chicken.

Wörtlich heißt *kinky* «kraus», so wie in *kinky hair*. Doch meist dominiert die Slang-Bedeutung «abartig, leicht pervers».

- *I like kinky sex.* Ich mag abartigen Sex.

Keine Sorge, wer im Gespräch *kinky sex* erwähnt, ist noch auf der sozial sicheren Seite: ein bisschen Reizwäsche vielleicht, Handschellen, leichte Schläge aufs Gesäß – alles noch innerhalb der Zone geistig-seelischer Gesundheit. Die Grenzen sind zwar auch hier fließend, und was für den einen nur *kinky* ist, ist für die andere vielleicht schon *perverted*, doch insgesamt steckt hinter *kinky* nichts Schlimmes.

Abartig ist, wenn man ein Huhn benutzt. Pervers ist, wenn man das ganze Huhn benutzt.

The Defeat

He: **How do you like your eggs in the morning?**
She: **Unfertilized, fuck off!**

Gutes Beispiel für einen *snappy return*, eine schlagfertige Abfuhr:

Er: **Wie möchtest du deine Eier am Morgen?**
Sie: **Unbefruchtet, verpiss dich!**

Pity the poor egg: it only gets laid once.

Der Doppelsinn von *to get laid* ist schnell erklärt: «gelegt werden» und «flachgelegt werden». Eine geschlechtsspezifische Eingrenzung bei *to get laid* gibt es nicht. Auch Männer dürfen sagen:

- *I know I'll get laid tonight.*

Bedauert das arme Ei: Es wird nur einmal (flach-)gelegt.

How can I tell you I love you when you're sitting on my face?

Die Aufforderung *Sit on my face!* darf durchweg als Einladung zum Oralverkehr verstanden werden, meist zum Cunnilingus. Unser Spruch stammt von einem Sexualpartner, der im Augenblick keinerlei Interesse daran hat, irgendwelche Liebesschwüre abzulegen. Eine gute Ausrede hat er ja.

Wie kann ich dir sagen, dass ich dich liebe, wenn du auf meinem Gesicht sitzt?

Eat your heart out. I'm married.

Ein sehr plastisches Sprachbild ist *Eat your heart out*, wörtlich: «Iss dir dein Herz aus dem Leib.» Es kommt immer dann zum Einsatz, wenn der Neid der anderen mal so richtig geschürt werden soll.

Verzehre dich vor Neid [, dass du mich nicht haben kannst]. Ich bin [schon] verheiratet.

I'm not playing hard to get. I am hard to get.

Ein klassischer Weg zum Herzen eines Menschen führt über das Spielchen «Mich kriegst du nie rum» – auch wenn man sich innerlich längst schon entschlossen hat, von einem bestimmten Zeitpunkt an jeglichen Widerstand einzustellen. Amis nennen das *playing hard to get.*

Ich tu nicht nur, als wäre ich schwer zu erobern. Ich bin schwer zu erobern.

If I could rewrite the alphabet, I would put you (U) between F and CK, as in Fuck off!

Ein U zwischen F und CK ergibt *fuck*. Mit *Fuck off!* verscheucht man diejenigen, die einen zuvor mit *If I could rewrite the alphabet, I would put U and I together* angebaggert haben.

Wenn ich das Alphabet neu schreiben könnte, würde ich U zwischen F und CK stecken, so wie in *fuck off*, verpiss dich!

You know, I'd really love to fuck your brains out, but it appears someone beat me to it.

Weißt du, ich würde dir gerne das Hirn rausvögeln, aber es sieht so aus, als ob mir jemand zuvorgekommen wäre.

Is that a TicTac in your pocket or are you just glad to see me?

Dazu gibt es eine Vorlage von Mae West, die ganz oben auf Seite 253 auftauchte. Doch diesmal ist aus der dicken Knarre ein mickriges TicTac geworden.

Ist das ein TicTac in deiner Tasche, oder bist du einfach nur froh, mich zu sehen?

9 very unsuccessful pick-up lines

Als Fachblatt für angehende Casanovas war *MAD* nie bekannt. Aber was hoffnungslose Angbaggersprüche anging, konnte *MAD Magazine* schon 1986 mit neun ultrakrassen Frühlingsflops aufwarten:

Neun äußerst erfolglose Anmachsprüche.

1. *Would you like to see my boa constrictor?*	Möchtest du mal meine Boa sehen?
2. *Is that a false nose?*	Ist das eine falsche Nase?

3. *You look like a hooker I knew in Fresno.*	Du siehst wie eine Nutte aus, die ich in Fresno kannte.
4. *I'm drunk.*	Ich bin besoffen.
5. *Hi, my friends call me Creepy.*	Hi, meine Freunde nennen mich Gruslig.
6. *Would you like to come to a party in my tool shed?*	Möchtest du zu einer Party in meinem Werkzeugschuppen kommen?
7. *I just threw up.*	Ich hab gerade gekotzt.
8. *You're ugly but you intrigue me.*	Du bist hässlich, aber du faszinierst mich.
9. *I had to find out what kind of woman would go out dressed like that.*	Ich musste einfach rauskriegen, was für eine Frau in solch einem Aufzug ausgehen würde.

I'm too shy to express my sexual needs except over the phone to people I don't know. Garry Shandling

Ich bin zu schüchtern, um meine sexuellen Bedürfnisse auszudrücken – ausgenommen am Telefon und gegenüber Leuten, die ich nicht kenne.

Wham, bam, thank you ma'am.

Statt Anbaggerspruch mal ein Spruch, der mahnend in die Zukunft weist. Bevor man als Frau auf irgendwelche dummen Sprüche hereinfällt, lohnt es sich, diesem Reim ein paar Gedanken zu widmen. Er beschreibt aufs eindringlichste, wie das Liebesspiel abläuft, wenn es allein männlicher Triebbefriedigung dient:

Rumms, bumms, danke schön, Madam.

Talk about D. D. F.!

Abkürzungen sind beliebt in den Staaten, schließlich ist das ganze Land eine einzige Abkürzung: *U.S.A.* (Die Punkte bitte nicht vergessen, die gehören, der sprachlichen Korrektheit wegen, immer dazu.)
Die Sache mit dem «Entfernungsverzerrungsfaktor» *(distance distortion factor, D.D.F.)* kommt dann gelegen, wenn ein Knabe von fern ein attraktives Mädchen erblickt, das sich dann aber, aus nächster Nähe betrachtet, als wenig attraktive *scud* herausstellt. Pech gehabt. (Umgekehrt geht's natürlich auch: Frau sieht Mann, Mann ist unattraktiv, ergo ein *scud.*) Der Begriff *scud* entstammt nahöstlichen Kriegsschauplätzen: Gemeint sind die *SS-1 scud missiles* russischer Bauart, deren Treffsicherheit extrem schlecht ist.

Jetzt guck dir mal diesen Distanzverzerrungsfaktor an!

Awop bop aloobop

Musik

Tippilippidingdang. Wopbobba loo-bop awopbamboom.

Tippilippidingdäng. Wopbobba lu-bop awopbämbuum.

Little Richard, *Tutti Frutti*

Aus Popsongs Englisch lernen zu wollen ist ein vertracktes Unterfangen, das man ohne professionellen Beistand nicht angehen sollte. Hinter jeder Wegkreuzung (und vor jedem Schlussakkord) lauern drei schreckliche Gefahren:

Gefahr 1. Man wertet stinknormale Alltagsfloskeln fälschlicherweise als originelle Sprachschöpfung des Textdichters – und benutzt sie deshalb nie. Wem die Vergleichsmaßstäbe fehlen – erworben etwa durch einen Auslandsaufenthalt –, dem muss es schwer fallen zu unterscheiden, was dichterische Kunstsprache ist und was banale Umgangssprache.

Gefahr 2. Poetisches oder obsoletes Wortgut wird als Standardsprache missverstanden, aphoristisch Zugespitztes fälschlicherweise als hippe Jugendsprache angesehen – und eifrig in die eigenen Satzkonstruktionen eingestreut. Nach Art unseres französischen Sommergastes, der sich abends stets mit den Worten «Ich werde mich jetzt entkleiden» in die oberen Gemächer verabschiedete. So genau wollten wir das gar nicht wissen. Doch nicht nur veraltete Konstruktionen säuseln uns die Popsongs ins Hirn, auch jede Menge Slang und Vulgärsprache, die mit Vorsicht behandelt sein wollen.

Gefahr 3. Grammatik. Nicht alles, was gesungen wird, entspricht den Regeln der englischen Grammatik. Das wäre nicht weiter schlimm, wenn man's jedes Mal wüsste. So aber besteht die Gefahr, dass man sich auf eine minimalistische Slang-Grammatik einhört: *I don't, you don't, she don't* ... Andererseits: Es gibt genug Muttersprachler, die tatsächlich so sprechen und von allen prima verstanden werden. Wie sagt der Linguist: Die Grammatik einer Sprache ist ihre Verwendung. Oder anders: Wenn alle denselben Fehler machen, ist es kein Fehler mehr.

Einen Lernwert kann man den Popsongs natürlich nicht völlig abstreiten. Bewusstes Hinhören, am besten unterm Kopfhörer, kommt dem Hörverstehen sehr entgegen. Wenn der Kopfhörer nicht weiter hilft: Die *lyrics* lassen sich immer auch im Internet finden.

Ignorieren sollten Sie alles, was deutsche Radio-DJs Ihnen vorsprechen: In einem privat veranstalteten Test hatte ich einer Gruppe von Englisch-Muttersprachlern die Ansagen deutscher Radiomoderatoren vorgespielt. Aufgabe der Amerikaner war es, den Titel des jeweiligen Songs nebst Interpreten – vorgelesen auf Englisch von einem deutschen DJ – zu verstehen und aufzuschreiben. Eine Aufgabe, die sich in vielen Fällen als unmöglich herausstellen sollte. Was sich für Deutsche wie Englisch anhört, ist es für Muttersprachler noch lange nicht. Auf den Punkt brachte es ein kleiner vierjähriger Amerikaner, den ich abschließend fragte, welche Sprache er da eben gehört habe, Englisch oder Deutsch. Knappe Antwort: «Gar keine!»

Miscellaneous

Cause any man who would jump in front of a minivan / for twenty grand and a bottle of pain pills and a MiniThin / is fuckin' crazy – you hear me? Ha? / is fuckin' crazy – hello, hi! Eminem, *Any Man*

Eine in Apotheken erhältliche Asthmamedizin hört in den USA auf den Markennamen MiniThin und enthält lecker-ungesundes Ephedrin. MiniThin gilt als *legal speed*, denn vor dem Doc den Asthmatiker zu mimen fällt einem Junkie nicht sonderlich schwer. Der Nachschub ist damit gesichert.

Der zweite zu erklärende Ausdruck stammt aus der informellen Alltagssprache: Ein *grand* sind 1000 Dollar.

- *I paid 25 grand for my new car.* Ich habe 25 Riesen für mein neues Auto gezahlt.

Denn jeder, der vor einen Minivan springen würde / für zwanzig Riesen und eine Flasche Schmerztabletten und ein MiniThin / ist voll bekloppt – hast du's gehört? Häh? / ist voll bekloppt – hallo, hi!

Last night I O.D.'d on rush, mushrooms and dust / and got rushed to the hospital to get my system flushed. Eminem, *Any Man*

Abkürzungen müssen nicht immer Hauptwörter sein. Auch Verben sind möglich. Beliebt ist etwa *to O.D., to overdose.* Kein Mensch sagt mehr *I overdosed on something*, jetzt heißt es *I O.D.'d on something.*

- *Rush:* so ziemlich alles, was berauscht, etwa Kokain. In der Drogenszene ein sehr offener Begriff.
- *Mushrooms:* berauschende Pilzart, *Mexican mushrooms, magic mushrooms (Psilocybin/psilocin).*
- *Dust:* mit diversen Chemikalien angereichertes Marihuana; auch:

PCP (Phencyclidin, eher bekannt als *angel dust, wack* oder *rocket fuel*).

Gestern Nacht habe ich eine Überdosis *rush*, Pilze und *dust* genommen / und wurde ins Krankenhaus gebracht, um mein System mal durchzuspülen.

I don't like the drugs but the drugs like me.

Marylin Manson, *Drugs*

Ich mag keine Drogen, aber die Drogen mögen mich.

Well, let me ask you this, do you want to spend eternity in a place filled with assholes? Marilyn Manson

Dann lass mich mal das fragen: Möchtest du die Ewigkeit an einem Ort voller Arschlöcher verbringen?

Monkey see, monkey do. I don't know why I'd rather be dead than cool. Nirvana, *Stay Away*

Ein Uralt-Sprichwort ist *Monkey see, monkey do,* das immer dann gerne zitiert wird, wenn jemand etwas nachäfft, ohne viel zu überlegen.

Was der eine sieht, äfft der andere nach. Ich weiß nicht, warum ich lieber tot sein möchte als cool.

It's just your luck / you really suck / That's all – I'm sick of you.

GWAR, *Sick of You*

Hast du ein Glück / du bist echt das Letzte / Das war's – ich hab euch satt.

I keep on falling / in and out of love with you.

Alicia Keyes, *I Keep On Falling In And Out Of Love*

Es ist schön, wie man im Englischen aus der Liebe rein- und rausfallen kann: *falling in love, falling out of love* – man ver- und entliebt sich. So, wie's gesungen wird, klingt die erste Zeile nach einem Tollpatsch, der immer wieder auf die Nase fällt – *I keep on falling* –, doch dann geht's mit *in love* unerwartet romantisch weiter.

Ich falle immer wieder / in und aus dem Verliebt-Sein in dich.

He told me all romantics meet the same fate someday / cynical and drunk and boring someone in some dark café.

Joni Mitchell, *The Last Time I Saw Richard*

Er hat mir gesagt, dass alle Romantiker das gleiche Schicksal erleiden / [sie werden] zynisch und besoffen und langweilen jemanden in irgendeinem dunklen Café [zu Tode].

Beauty parlor blondes with credit card eyes.

Joni Mitchell, *Harry's House*

Kosmetiksalon-Blondinen mit Kreditkartenaugen.

I can keep my cool at poker / But I'm a fool when love's at stake.

Joni Mitchell, *Song for Sharon*

Ich kann beim Pokern unglaublich gelassen bleiben / Aber wenn es um die Liebe geht, bin ich eine Närrin.

Lawyers haven't been so popular since Robespierre slaughtered half of France. Joni Mitchell, *Sex Kills*

Der Bezug zur Gegenwart bedingt das *present perfect.*

Seit Robespierre halb Frankreich abgeschlachtet hat, waren Anwälte nicht mehr so populär [wie jetzt].

Happiness is the best face lift. Joni Mitchell, *Face Lift*

Glück ist der beste Facelift.

Tell her she can kiss my ass, then laugh and say that you were only kidding. That way she'll know that it's really me.

R.E.M., *The Sidewinder Sleeps Tonite*

Unbedingt merken:

- *Just kidding.* War nur ein Spaß. Ich scherze nur.

Mit *Just kidding!* lässt sich vieles wieder in die richtigen Bahnen lenken. «War nur 'n Witz.»

Sag ihr, sie kann mir den Buckel runterrutschen, dann lache und sage, dass du nur Spaß gemacht hast. So weiß sie, dass ich es wirklich bin.

I'm glad I'm living in the land of the free / Where the rich just get richer / And the poor you don't ever have to see.

Randy Newman, *The World Isn't Fair*

Die Phrase *land of the free* sitzt tief im Herzen der Amerikaner. Gleich neben *home of the brave*, «Heimat der Tapferen». Schließlich stammen beide Ausdrücke aus der Nationalhymne, der *national anthem*, die vor jedem *football* oder *baseball game* gemeinsam abgesungen wird.

Ich bin so froh, im Land der Freien zu leben / Wo die Reichen reicher werden / Und man die Armen niemals sehen muss.

Let's leave Chicago to the Eskimos. Randy Newman, *I Love L.A.*

Wer in L. A. lebt, findet Chicago, das im Winter sehr eisig sein kann, saukalt.

Überlasst Chicago den Eskimos.

Sister Sue, she's short and stout / She didn't grew up – she grew out. Randy Newman, *My Old Kentucky Home*

Short and stout gehört im Englischen so zusammen wie *Mickey* und *Mouse.* Dafür sorgt der alte Kinderreim aus der *Mother-Goose*-Sammlung – *I'm a little teapot, short and stout …* «Ich bin ein kleines Teekännchen, klein und dick …» –, den jedes Kind vorsingen kann.

Schwester Sue, sie ist klein und dick / Sie ist nicht groß geworden – sondern breit.

Let's drop the big one and see what happens.
Randy Newman, *Political Science*

Der Song heißt «Politikwissenschaft» und bietet folgende wissenschaftliche Versuchsanordnung an:

Lasst uns die große Bombe abwerfen und schauen, was passiert.

You all must be crazy to put your faith in me / That's why I love mankind. Randy Newman, *God's Song*

Gottes Lied: Ihr müsst alle verückt sein, an mich zu glauben / Deswegen liebe ich die Menschheit.

They say that money / Can't buy you love in this world / But it'll get you a half pound of cocaine / And a sixteen-year-old girl / And a great big long limousine / In a hot September night / That may not be love / But it's all right. Randy Newman, *It's Money That I Love*

Man sagt, dass Geld / In dieser Welt keine Liebe kaufen kann / Aber du kriegst ein halbes Pfund Kokain dafür / Und eine Sechzehnjährige / Und einen tollen großen, langen Luxusschlitten / In einer heißen Septembernacht / Das ist vielleicht nicht Liebe / Aber schon ganz ordentlich.

It's better to burn out than it is to rust. Neil Young, *My My Hey Hey*

Es ist besser, auszubrennen als zu verrosten.

Is a tree as a rocking horse an ambition fulfilled and is the sawdust jealous? Godley / Creme, *I Pity Inanimate Objects*

Wörtlich bedeutet *ambition* «Ehrgeiz».

Ist ein Baum als Schaukelpferd ein in Erfüllung gegangener Wunschtraum, und ist das Sägemehl eifersüchtig?

Knock on wood we all stay good / 'Cause we all live in Hollywood.
Red Hot Chili Peppers, *Purple Stain*

Klopf auf Holz, dass wir alle brav bleiben / Denn wir leben alle in Hollywood.

Home is where the hatred is.

Gil Scott-Heron, *Home Is Where The Hatred Is*

Ubi bene, ibi patria, sagten die alten Römer. Wo es gut [auszuhalten] ist, dort ist [mein] Vaterland. Die Amis machen daraus *Home is where the heart is.* «Wo das Herz ist, liegt die Heimat.» Das lässt sich aber auch anders sehen:

Heimat und Zuhause ist dort, wo der Hass ist.

When I add the sum of you and me / I get confused and I keep coming up with three. Bill Withers, *Who Is He And What Is He To You*

Wenn ich dich und mich zusammenrechne / Werde ich verwirrt und erhalte immer wieder drei [als Ergebnis].

You can do anything / But don't step on my blue suede shoes.

Carl Perkins, *Blue Suede Shoes*

Du kannst alles machen / Aber tritt nicht auf meine blauen Wildlederschuhe.

Okay, so you're a rocket scientist? That don't impress me much.

Shania Twain, *That Don't (!) Impress Me Much*

Ein hübsch-schnippisches Liedlein, das da den Spruch vom raketenbauenden Weltraumforscher aufgreift. Wenn die Amerikaner sagen wollen, dass einer nicht gerade der Hellste ist, lächeln sie und sagen: *He's no rocket scientist, either.* «Der ist auch nicht gerade Raketenwissenschaftler.»

In Twains Song ist das Gegenüber aber tatsächlich *rocket scientist.* Die Dame bleibt dennoch unbeeindruckt und gibt uns so die Möglichkeit, das grammatisch falsche – aber dennoch äußerst häufig auftretende – *don't* in der dritten Person zu hören. Richtig wäre: *That doesn't impress me much.*

So, so, du bist also ein Raketenwissenschaftler? Das beeindruckt mich nicht besonders.

And if you thought you had me fooled / I'm tellin' you now: objection overruled ... Now the case is open wide. / You'll try to pray but the jury will decide. Blue, *All Rise*

Der Song *All Rise* wird kein Jurastudium ersetzen können, liefert aber einen hübschen Querschnitt durch die wichtigsten Wendungen, wie sie an amerikanischen Gerichten zu hören sind. Das beginnt schon mit dem Titel: *All rise!* ist die Aufforderung des Gerichtsdieners, sich zu erheben, da der Richter nun den Saal betritt.

Und wenn du geglaubt hast, du hättest mich reingelegt, / dann sag ich dir jetzt: Einspruch abgelehnt ... Jetzt ist der Fall [wieder] weit offen. / Du wirst versuchen zu beten, doch die Geschworenen werden entscheiden.

You and me, baby, ain't nothing but mammals / So let's do it like they do on the Discovery Channel.

Bloodhound Gang, *The Bad Touch*

Der *Discovery Channel* des amerikanischen Kabelfernsehens zeigt überwiegend Berichte aus Natur und Technik. Die Tierreportagen haben es der *Bloodhound Gang* offensichtlich ganz besonders angetan, denn schließlich ist dort auch schon mal zu sehen, wie es Löwen, Tiger und Schildkröten miteinander treiben.
Dass *Let's do it!* eindeutig sexuell konnotiert sein kann, hatten wir zuvor schon beschrieben.

Zur Slang-Minimalgrammatik gehört *ain't.* Anstatt alles mit verschiedenen Formen von *to be* mühsam durchzukonjugieren – *I am, you are, he is …* –, muss man beim Ersatzhilfsverb nur noch eine einzige Form kennen. Allerdings funktioniert die nur in der Verneinung:

- *I am not stupid* wird zu *I ain't stupid.*
- *You are not dumb* wird zu *You ain't dumb.*
- *She is not alone* wird zu *She ain't alone.*
- *We are nothing but animals* wird zu *We ain't nothing but animals.*

Du und ich, Püppchen, sind nichts [weiter] als Säugetiere / Also lass es uns treiben, so wie sie's treiben im *Discovery Channel*.

Highbrow
Paradies der Eierköpfe

Mastermind, genius, sage, wise man, ... walking encyclopedia, expert, authority, scholar, ... academic ... intellectual, highbrow, egghead ...

Überhirn, Genie, Weiser, weiser Mann ... wandelndes Lexikon, Experte, Autorität, Gelehrter ... Akademiker, Intellektueller, Durchgeistigter, Eierkopf ...

Bloomsbury Thesaurus

Die Sprüche aus den vorangegangenen Abschnitten stehen im gleichen Wechselverhältnis wie Original-Prinzenrolle aus dem Süßwarenladen und generischer Schokoladen-Doppelkeks vom Discounter: Die No-Name-Kekse schmecken auch lecker, aber man weiß leider nicht immer, von wem sie stammen.

In diesem Kapitel ist das anders. Autor oder Autorin steht durchweg dabei, und damit erheben wir uns über schlichte Kaffeetassen-Sprüche und Autoaufkleber und dringen ein ins Reich des Geistes, werden richtig *highbrow*: «hochgeistig, belesen, gebildet» oder alles zusammen. Doch keine Angst: *Highbrow* kann auch sein, wer nur schlau tut. *Highbrow* erstarrt oft in der Haltung, ist mehr Klugscheißerei und Anmaßung denn wahre Bildung. Wer aber ist heutzutage noch schlau genug, um diesen Unterschied zu bemerken?

Thematisch sind unsere Zitate auf all den Feldern angesiedelt, die wir auch zuvor schon bestellt haben. Ein Sammelsurium von Sprüchen also, quer durch alle Dimensionen der menschlichen Existenz. Vorhang auf für *highbrow.*

Miscellaneous

But if I find I cannot terrify, I will try to horrify, and if I find that I cannot horrify, I'll go for the gross-out. Stephen King

Shop talk (wörtlich: Werkstattgespräch; Fachsimpelei) von einem, der es wissen muss.

Zwei ungemein verbreitete Ausdrücke verdienen dabei nähere Beachtung.

Der erste lautet *to go for something*: «probieren (sich bemühen), etwas zu erreichen».

- *Go for the gold!* Holt euch das Gold! Bemüht euch um die Goldmedaille.
- *Go for it!* Los, mach schon. Streng dich an!

Der zweite ist *gross out.* Vor allem junge Amerikaner finden so ziemlich alles, was ihnen missfällt, einfach *gross* (widerlich, ekelhaft, zum Kotzen). Das Hauptwort *gross-out* wird gerne auf Menschen bezogen:

- *He's a gross-out.* Er ist ein Widerling.
- *That is so gross!* Das ist ja so eklig!

Die Verbform *to gross out* (anwidern, anekeln) ist ebenfalls gebräuchlich:

- *He blew his nose at the dinner table. It grossed me out.* Er hat am Esstisch geschnäuzt. Das hat mich angeekelt.

Wenn ich aber merke, dass ich niemanden schockieren kann, versuche ich zu erschrecken, und wenn ich merke, dass ich nicht erschrecken kann, versuche ich's mit dem Widerwärtigen.

Question with boldness even the existence of God; because if there be one, He must approve the homage of reason rather than that of blindfolded fear. Thomas Jefferson

Stelle mit Kühnheit selbst die Existenz Gottes infrage; denn gäbe es

einen, müsste ER der Verehrung der Vernunft zustimmen, weit mehr denn der Huldigung blinder Angst.

Omit useless words. William Strunk, E. B. White

Die gerade genannten Herren sind die Autoren von *The Elements of Style*, der bekanntesten Stilfibel Amerikas. Eine geistige Querverbindung besteht zwischen diesem Zitat und einem weiteren Lehrsatz der amerikanischen Stilistik: *If in doubt, leave it out.* «Wenn Zweifel bestehen, lass es weg.» Dieser Spruch reimt sich sogar, auch wenn es vom Schriftbild her kaum den Eindruck macht. *Out* und *doubt* sind Gleichklänge, denn das *b* in *doubt* ist stumm.

Lasse nutzlose Wörter weg.

Politics are so corrupt, even the dishonest people get fucked.
George Carlin

Die Politik ist so korrupt, dass selbst die unehrlichen Leute noch beschissen werden.

If you make yourselves sheep, the wolves will eat you.
Benjamin Franklin

Wenn ihr euch zu Schafen macht, werden euch die Wölfe fressen.

Atheism is a non-prophet organization. George Carlin

Weiß man, dass gemeinnützige Organisationen in den USA als *nonprofit organizations* (Ohne-Gewinn-Organisationen) firmieren, kapiert man Carlins Bonmot sofort. Die deutsche Übersetzung hingegen bringt, weil die Anspielung verloren geht, weder Lust- noch Lachgewinn:

Atheismus ist eine Null-Prophet-(Profit-)Organisation.

I went to a bookstore and asked the saleswoman, «Where's the self-help section?» She said if she told me, it would defeat the purpose. George Carlin

Self-help books sind in den USA Verkaufsschlager. Auf vielen geduldigen Seiten wird das Verhältnis Mann–Frau ausgelotet, das psychologisch richtige Verhalten im Büro beschrieben oder der Umgang mit dem eigenen Nachwuchs thematisiert. Nicht zu verwechseln sind diese Titel mit den *Do-it-yourself*-Titeln für Heimwerker. *Self help* ist immer psychologisierend und meist in Richtung *Don't worry, be happy* ausgelegt. Der Millionenbestseller von Dale Carnegie entspricht dieser Vorgabe perfekt: *«How to stop worrying and start living.»*

Tipp!

Wieder auffrischen müssen wir den Konjunktiv bei *If*-Sätzen.

- *Even if she knew, she wouldn't tell me.* Selbst wenn sie's wüsste, würde sie es mir nicht sagen. Klassischer *If*-Satz. Der *If*-Teil steht im Konjunktiv (entspricht exakt der *simple past*: *said, walked, knew*), der Rest mit *would.* Muss man beherrschen, um auch im Alltag über Hypothetisches sprechen zu können.
- *If I had a Mercedes, I would sell it.* Wenn ich einen Benz hätte, würde ich ihn verkaufen.

Ich bin in einen Buchladen gegangen und habe die Verkäuferin gefragt: «Wo ist die Hilf-dir-selbst-Abteilung?» Sie hat geantwortet, wenn sie mir das sagen würde, liefe dies dem eigentlichen Sinn und Zweck zuwider (wäre dies nicht im Sinne des Erfinders).

What if there were no hypothetical questions? George Carlin

Was [wäre], wenn es keine hypothetischen Fragen gäbe?

Isn't it a bit unnerving that doctors call what they do «practice»?
George Carlin

Das Wort *to practice* ist im Englischen *besonders* praktisch, da es mindestens drei Bedeutungen hat:

- *He is practicing somewhere in Vermont.* Er praktiziert [als Arzt oder Anwalt] irgendwo in Vermont.
- *Practice what you preach!* Lebe vor, was du anderen predigst. Halt dich selbst an das, was du predigst.
- *It's too difficult. I have to practice first.* Das ist zu schwer. Ich muss erst üben.

Carlins Scherz spielt mit den beiden Bedeutungen «üben» und «praktizieren»:

Ist es nicht ein bisschen beängstigend, dass Ärzte das, was sie tun, «Praktizieren» (Üben) nennen?

What was the best thing before sliced bread? George Carlin

Bereits die Original-Redewendung war als Scherz gedacht:

- *That's the best thing since sliced bread!* Das ist das Beste seit der Erfindung von geschnittenem Brot!

So verleiht man seiner Begeisterung über eine praktische Verbesserung Worte: Was, ein Toaster, bei dem das Brot immer den richtigen Bräunungsgrad hat?! Das ist ja das Beste seit … *That's the best thing since …*

Was war das Beste vor [der Erfindung von] geschnittenem Brot?

One nice thing about egotists: they don't talk about other people.
George Carlin

Etwas Gutes bei Egoisten: Sie tratschen nicht über andere.

Do infants enjoy infancy as much as adults enjoy adultery?

George Carlin

Analog konstruierte Wörter haben nicht immer analog angeordnete Bedeutungen. Hier der Beweis:

- *Infants, infancy:* Kleinkinder, Kleinkindalter.
- *Adult, adultery:* Erwachsene, Ehebruch.

Auf Deutsch geht der Witz leider flöten:

Genießen Kleinkinder das Kleinkindalter ebenso sehr wie Erwachsene den Ehebruch?

How is it possible to have a civil war? George Carlin

Das Wörtchen *civil* steht unter anderem für «anständig, kultiviert, höflich» und alle positiven Eigenschaften, die einen kultivierten Menschen umschwirren.

- *Stop shouting. Please behave like civil human beings.* Hört auf mit der Schreierei. Bitte benehmt euch wie anständige Menschen.

Doch auch im «Bürgerkrieg» steckt *civil*: *civil war.*
Deshalb fragt sich George Carlin, wie ein Bürgerkrieg *civil* sein kann. Übersetzen lässt sich das nicht.

Wie ist es möglich, einen (anständigen) (Bürger-)Krieg zu haben?

If the «black box» flight recorder is never damaged during a plane crash, why isn't the whole damn airplane made out of that stuff?

George Carlin

Wenn der *Black-box*-Flugschreiber bei einem Absturz nie beschädigt wird, warum wird denn dann nicht das ganze verdammte Flugzeug aus dem Zeug gemacht?

Last night I played a blank tape at full blast. The mime next door went nuts. George Carlin

Vokabeltipp: *to go nuts*, verrückt werden.

Gestern Nacht habe ich eine leere Kassette in voller Lautstärke abgespielt. Der Pantomime nebenan ist verrückt geworden.

Just think how much deeper the ocean would be if sponges didn't live there. George Carlin

Stell dir mal vor, um wie viel tiefer der Ozean wäre, wenn da keine Schwämme leben würden.

If a cow laughed, would milk come out her nose? George Carlin

Ich weiß nicht, wer der erste Komiker war, der das vorgeführt hat. Doch inzwischen gehört es zu allen Slapstick-Routinen, dass immer der, der sich gerade kaputtlacht, noch Sekunden zuvor an einem Glas Milch genippt hat. Und diese Milch prustet er nun wieder heraus, vorzugsweise durch die Nasenlöcher. Zur Kunstform hat diese Art des Lachens die Komik-Show *Saturday Night Live* erhoben. Zur Medien-Grundausbildung des Amerikaners gehört es folglich auch, zu wissen, dass beim TV-Lachen stets Milch aus der Nase läuft – anders wäre unser Spruch nicht zu verstehen.

Wenn eine Kuh lachen würde, käme [dann] Milch aus ihrer Nase?

If olive oil comes from olives, where does baby oil come from? George Carlin

Die Kurzgeschichte *Oil of dog* von Ambrose Bierce beantwortet diese

Frage zwar hinreichend, dennoch sei sie ein zweites Mal gestellt, diesmal auf Deutsch:

Wenn Olivenöl von Oliven stammt, woher kommt dann das Babyöl?

I went for a walk last night and my kids asked me how long I'd be gone. I said, «The whole time.» George Carlin

Ich bin gestern Nacht spazieren gegangen, und meine Kinder haben gefragt, wie lange ich weg sein würde. Ich habe gesagt: «Die ganze Zeit.»

After eating, do amphibians need to wait an hour before getting OUT of the water? George Carlin

Müssen Amphibien nach dem Essen eine Stunde lang warten, bis sie aus dem Wasser raus dürfen?

Why don't they just make mouse-flavored cat food? George Carlin

Amerikaner sind allerhand Zumutungen gewöhnt, wenn es um künstliche Geschmacksrichtungen geht: *coffee-flavored ice-cream, bubble gum-flavored tooth paste, strawberry-flavored cereal.* Nur nach Maus schmeckt noch nichts, nicht einmal das Katzenfutter.

Warum macht man nicht einfach Katzenfutter mit Mäusegeschmack?

If you're sending someone some Styrofoam, what do you pack it in? George Carlin

Wenn man jemandem etwas Styropor schickt, worin packt man es dann ein?

Why do they sterilize needles for lethal injections? George Carlin

Warum sterilisiert man die Nadeln für Todesspritzen?

Do they have reserved parking for non-handicapped people at the Special Olympics? George Carlin

Gibt es bei der Behinderten-Olympiade reservierte Parkplätze für Nicht-Behinderte?

Since light travels faster than sound, isn't that why some people appear bright until you hear them speak? George Carlin

«Hell» als Synonym für «klug» kennt auch das Deutsche: ein heller Kopf. Im Englischen steht dafür *bright*.

Da Licht [ja] schneller ist als der Schall, ist das nicht [auch] der Grund dafür, dass manche Leute einem hell vorkommen, bis man sie dann sprechen hört?

Why do you press harder on a remote-control when you know the battery is dead? George Carlin

Warum drückt man fester auf die Fernbedienung, wenn man [doch] weiß, dass die Batterie leer ist?

Why are they called buildings, when they're already finished? Shouldn't they be called builts? George Carlin

Auch über grammatische Formen kann man sich lustig machen, etwa über die *-ing*-Form, die aktuell Stattfindendes bezeichnet. Scherzhaft wird sich hier darüber mokiert, dass das englische Wort für «Gebäude» mit einem *-ing* am Ende daherkommt. Das sähe ja aus wie die Verbform *building*, gerade am Bauen sein. Besser wäre, so der Vorschlag, die Vergangenheitsform *built* zur Grundlage des Wortes «Gebäude» zu machen:

Warum werden sie *buildings* (Gebäude / gerade am Bauen) genannt, wenn sie schon fertig sind? Sollten sie nicht *builts* (Gebaute) heißen?

For over half a century the automobile has brought death, injury, and the most inestimable sorrow and deprivation to millions of people. Ralph Nader

Dem Verbraucheranwalt Ralph Nader verdanken die Amerikaner die relativ frühe Einführung von Sicherheitsgurten. Nachdem er in seinem Buch *Unsafe at any speed* (Unsicher bei jeder Geschwindigkeit) 1965 energisch gegen heckgetriebene Todesschleudern wie den Chevrolet Corvair (und später den VW-Käfer) protestiert hatte, lenkte die Industrie bald darauf ein.

Das obige Zitat gilt noch heute, nur *half* müssen Sie aus Aktualitätsgründen streichen. Auch die Zahl der Todesopfer gilt es zu aktualisieren: In den USA liegt sie bei durchschnittlich 40 000 pro Jahr – eine gigantische Zahl.

Ein wenig wunder nimmt es da schon, dass 41 821 Verkehrstote (2000) von der offiziellen Politik nicht oder nur ganz am Rande beklagt werden. Auch dass die Schuldigen stets die Fahrer sein sollen und nie die Autos, sollte ein wenig verwundern. Ketzer, die fragen, ob es denn denkbar wäre, dass bei so viel tödlichen Unfällen am Produkt und System Auto vielleicht etwas nicht ganz stimmt, gibt es eher wenige. Doch halt, wir haben ja – ein paar Seiten später – noch Karl Benz, dem schon damals etwas dämmerte.

Seit einem halben Jahrhundert hat das Automobil Millionen von Menschen Tod, Verletzung, unermessliches Leid und unermesslichen Verlust gebracht.

The reason there is so little crime in Germany is that it's against the law. Alex Levin

Der Grund für die geringe Kriminalität in Deutschland liegt darin, dass sie gegen das Gesetz verstößt.

I married a German. Every night I dress up as Poland and he invades me. Bette Midler

Ich habe einen Deutschen geheiratet. Jede Nacht verkleide ich mich als [das Land] Polen, und er marschiert in mich ein.

Cats are smarter than dogs. You can't get eight cats to pull a sled through snow. Jeff Valdez

Katzen sind klüger als Hunde. Man kann acht Katzen nicht dazu bringen, einen Schlitten durch den Schnee zu ziehen.

It's too bad that whole families have to be torn apart by something as simple as wild dogs. Jack Handey

Eine regelmäßige Einblendung der Satiresendung *Saturday Night Live* waren die Schrifttafeln mit den *Deep thoughts by Jack Handey*, die tiefen Gedanken eines gewissen Jack Handey, den es natürlich nie gab. Die Sprüche basierten auf einem einfachen Prinzip: Sie waren von einer derart grotesken Doofheit, dass es schon wieder lustig war.
Wir nehmen uns in der Übersetzung die Freiheit, aus *wild dogs* (wilde Hunde) *attack dogs* (Kampfhunde) zu machen.

Es ist schade, dass [manchmal] ganze Familien von etwas so Schlichtem auseinander gerissen werden müssen wie Kampfhunden.

There is no statute of limitations on stupidity. Markov3

Markov3 ist ein Computerprogramm, das willkürlich Sätze produziert. Einer der klügsten Aussprüche Markovs ist dieser:

Es gibt keine Verjährungsfrist bei Dummheit.

Man is the best computer we can put aboard a spacecraft … and the only one that can be mass produced with unskilled labor.
Wernher von Braun

Der Mensch ist der beste Computer, den wir an Bord eines Raumschiffs bringen können … und der einzige, der von ungelernten Arbeitern in Massenproduktion hergestellt werden kann.

Drawing on my fine command of the English language, I said nothing. Robert Benchley

Auf meine vorzügliche Beherrschung der englischen Sprache zurückgreifend, sagte ich nichts.

In Paris they simply stared when I spoke to them in French; I never did succeed in making those idiots understand their language. Mark Twain

In Paris starrten sie mich einfach an, als ich mit ihnen Französisch sprach; ich hatte nie Erfolg dabei, diesen Idioten ihre eigene Sprache beizubringen.

Man invented language to satisfy his deep need to complain.

Lily Tomlin

Der Mensch erfand die Sprache, um ein tief gefühltes Bedürfnis zu befriedigen: sich zu beschweren.

England and America are two countries separated by the same language. George Bernard Shaw

Ausnahmsweise spricht hier mal kein Amerikaner, dafür aber einer, der es wissen muss:

England und Amerika sind zwei Länder, getrennt durch dieselbe Sprache.

If I ever get around to writing that language depompisifier, it will change almost all occurrences of the word «paradigm» into «example» or «model.» Herbie Blashtfalt

Falls ich jemals die Zeit finde, einen Sprach-Entpompösifizierer zu programmieren, wird dieser bei nahezu jedem Auftreten das Wort «Paradigma» durch «Beispiel» oder «Modell» ersetzen.

MISS, n. The title with which we brand unmarried women to indicate that they are in the market. Miss, Missis (Mrs.) and Mister (Mr.) are the three most distinctly disagreeable words in the language, in sound and sense. Two are corruptions of Mistress, the other of Master. In the general abolition of social titles in this our country they miraculously escaped to plague us. If we must have them let us be consistent and give one to the unmarried man. I venture to suggest Mush, abbreviated to Mh. Ambrose Bierce

Der Vorschlag, unverheiratete Männer mit einer ähnlich aussagekräftigen Anredeform wie ledige Frauen auszustatten, mündet bei Ambrose Bierce in der Anrede *Mush.* Damit hätten wir dann *Miss Miller* und *Mush Miller.* Nur dumm – oder lag das gar in Bierce' Absicht? –, dass *mush* ein «matschiger Brei aus Maismehl» ist, zudem aber auch «Gefühlsduselei» bedeutet.

- *That movie was mush.* Dieser Film war übertrieben sentimental.

Das moderne Amerika kennt noch immer keine Anrede für die Herrlein, lehnt die Form *Miss* aber weitgehend ab. Allein kleine Mädchen heißen zuweilen scherzhaft noch *Miss*, ansonsten werden ledige und verheiratete Frauen gerne mit *Ms.* angeredet, auch in Geschäftsbriefen: *Dear Ms. Miller, ...*

Die Aussprache des Kunstwortes *Ms.* klingt wie *miz* und hat am Ende ein stimmhaftes, gesummtes *-s* (wie auf Deutsch «reisen»); wohingegen *Miss* stimmlos ist: Am Ende steht ein scharfes *-s* (wie auf Deutsch «reißen»).

Im praktischen Leben ist es üblich, völlig Fremde mit *Miss, ma'am* und *sir* anzureden. Hat der- oder diejenige beispielsweise einen 10-Dollar-Schein fallen lassen, rennt man nicht einfach mit dem Geld weg, sondern sagt:

- *Excuse me, sir, you dropped something.*
- *Excuse me, Miss, you dropped something.* (Die Frau ist jünger als der Sprecher.)
- *Excuse me, ma'am, you dropped something.* (Die Frau ist älter als der Sprecher.)

MISS, n. Der Titel, mit dem wir ledige Frauen brandmarken, um anzuzeigen, dass sie auf dem (Heirats-)Markt sind. *Miss, Missis (Mrs.)* und *Mister (Mr.)* sind die drei am deutlichsten abzulehnenden Wörter der Sprache, sowohl was Klang als auch Bedeutung betrifft. Zwei sind Korrumpierungen von *Mistress,* das andere von *Master.* Der allgemeinen Verbannung sozialer Titel in diesem unserem Land entkamen sie wie durch ein Wunder, um uns nun heimzusuchen. Wenn wir sie schon be-

nutzen müssen, lasst uns einheitlich vorgehen und auch dem ledigen Mann einen Titel geben. Ich wage mich vor mit dem Vorschlag *Mush*, abgekürzt *Mh*.

INFIDEL, n. In New York, one who does not believe in the Christian religion; in Constantinople, one who does. Ambrose Bierce

Ungläubiger, m. In New York jemand, der nicht an die christliche Religion glaubt; in Konstantinopel jemand, der dies tut.

I was in the grocery store. I saw a sign that said «pet supplies». So I did. Then I went outside and saw a sign that said «compact cars».
Steven Wright

Für den Alltag unentbehrlich ist das Wort *grocery store*. Der *grocery store* ersetzt in den USA den Bäcker, Metzger, die Imbissbude, den Getränkemarkt, die Drogerie, den Zooladen und die öffentliche Bedürfnisanstalt. Dieser Laden hat alles und kann alles, und ihn mit dem deutschen «Supermarkt» zu beleidigen tut ihm bitter Unrecht. Eher ist er mit dem französischen *hypermarché* vergleichbar.
Wenn im US-Supermarkt *pet supplies* angeboten werden, handelt es sich dabei um «Haustierbedarf». Nur ganz gewiefte Wortspieler machen daraus den Imperativ: *Pet supplies!* – «Streichelt die Waren!» Steven Wright tut aber genau das, er streichelt. Offen bleibt, ob er auch der im zweiten Schild verborgenen Aufforderung nachkommt. *Compact cars* sind im Normalfall «Kleinwagen», in unserem besonderen Fall lässt sich aber auch der Aufruf «Presst die Autos zusammen!» erkennen: *Compact cars!*

Ich war im Supermarkt. Ich habe ein Schild gesehen, auf dem «Haustierbedarf / Streichelt die Waren» stand. Das habe ich gemacht. Dann ging ich hinaus und sah ein Schild, auf dem stand «Kleinwagen / Quetscht die Autos zusammen».

Quit worrying about your health. It'll go away. Robert Orben

Hör auf, dir wegen deiner Gesundheit Sorgen zu machen. Sie verschwindet von selbst.

Since the bicycle makes little demand on material or energy resources, contributes little to pollution, makes a positive contribution to health and causes little death or injury, it can be regarded as the most benevolent of machines. S. S. Wilson

Since heißt sowohl «seit» als auch «weil, da». Tipp!

Da das Fahrrad wenig Material- oder Energieressourcen beansprucht, wenig zur Umweltverschmutzung beiträgt und wenig Todesfälle oder Verletzungen verursacht, darf es als die wohltätigste aller Maschinen betrachtet werden.

My first customer was a lunatic. My second had a death wish.

Karl Benz

Eigentlich sollten in diesem Buch nur amerikanische Stimmen zu Wort kommen, doch da wir obiges Benz-Zitat zum einen in der US-Autozeitschrift *Car and Driver* gefunden haben und zum anderen davon überzeugt sind, dass es sich hier nur um eine dreiste amerikanische Erfindung handeln kann, hat dieser Spruch den Weg ins gedruckte Werk gefunden.

Mein erster Kunde war ein Irrer. Mein zweiter hatte einen Todeswunsch.

Our health always seems much more valuable after we lose it.

Anonymus

Unsere Gesundheit scheint immer viel wertvoller, nachdem wir sie verloren haben.

I moved to New York City for my health. I'm paranoid and New York was the only place where my fears were justified.

Anita Weiss

Wer an Paranoia leidet, ist *paranoid;* leider stimmt diese Gleichung nur scheinbar. *Paranoid,* so wie es im Alltag verwendet wird, beruht auf einem inflationär aufgebauschten Gebrauch. Im Grunde heißt *paranoid* in der Alltagssprache nicht mehr und nicht weniger als «übertrieben ängstlich» – von psychotischem Verfolgungswahn also keine Spur.

- *I'm paranoid about salmonella in chicken.* Ich habe Angst vor Salmonellen im Hühnerfleisch.

Ich bin aus Gesundheitsgründen nach New York gezogen. Ich bin sehr ängstlich, und New York war die einzige Stadt, in der meine Ängste berechtigt waren.

Learning to dislike children at an early age saves a lot of expense and aggravation later in life. Robert Byrne

It aggravates me. Englischsprachige Wortwächter zeigen sich stets verstimmt, wenn sie diesen Satz hören. Wenn *to aggravate* «verschlimmern» heißt, muss – auch im Englischen – ein Objekt hinzukommen: *It aggravates my anger.* «Das verschlimmert meinen Zorn.» Die Alltagssprache kümmert das nicht: *To aggravate* heißt inzwischen einfach nur «wütend machen».

Wenn man schon in jungen Jahren lernt, Kinder nicht zu mögen, erspart dies später im Leben jede Menge Kosten und Ärger.

The reason grandparents and grandchildren get along so well is that they have a common enemy. Sam Levenson

Der Grund, dass Großeltern und Enkel so gut miteinander auskommen, liegt darin, dass sie einen gemeinsamen Feind haben.

Never raise your hand to your children; it leaves your midsection unprotected. Robert Orben

Erhebe nie die Hand gegen deine Kinder; das lässt den Bauch ungeschützt.

The direct use of force is such a poor solution to any problem, it is generally employed only by small children and large nations.

David Friedman

Tipp!

Das Verb *to employ* steht hier im Passiv: *is employed.* Beachten Sie auch, dass es für *to employ* noch andere Bedeutungen gibt:

- *I'm employed by a large corporation.* Ich bin bei einer großen Firma angestellt.
- *We shouldn't employ brute force.* Wir sollten keine rohe Gewalt anwenden.

Die direkte Anwendung von Gewalt ist eine solch armselige Lösung für jegliches Problem, dass sie gemeinhin nur von kleinen Kindern und großen Ländern benutzt wird.

The first half of our lives is ruined by our parents, and the second half by our children. Clarence Darrow

Die erste Hälfte unseres Lebens wird von unseren Eltern ruiniert und die zweite Hälfte von unseren Kindern.

Laundry increases exponentially in the number of children.

Miriam Robbins

Schmutzwäsche steigt exponentiell zur Zahl der Kinder.

I married the first man I ever kissed. When I tell my children that they just about throw up. Barbara Bush

Barbara Bush ist Gattin von George Bush und Mutter von George W. Bush, sollte sich also auskennen mit dem Sich-Übergeben.

Ich habe den ersten Mann, den ich je geküsst habe, geheiratet. Wenn ich das meinen Kindern erzähle, sind sie kurz davor, sich zu übergeben.

Experts say you should never hit your children in anger. When is a good time? When you're feeling festive? Roseanne Barr

Experten sagen, man solle seine Kinder nie im Zorn schlagen. Wann ist denn eine gute Zeit dafür? Wenn man in festlicher Stimmung ist?

I love children – especially when they cry, for then someone takes them away. Nancy Mitford

Ich mag Kinder – vor allem, wenn sie schreien, denn dann bringt sie jemand weg.

The best way to keep children at home is to make the home atmosphere pleasant – and let the air out of their tires.

Dorothy Parker

Die beste Methode, die Kinder im Haus zu halten, ist, die Atmosphäre zu Hause angenehm zu machen – und die Luft aus ihren Reifen zu lassen.

If Beethoven had been killed in a plane crash at the age of 22, it would have changed the history of music ... and of aviation.

Tom Stoppard

Wenn Beethoven mit 22 Jahren bei einem Flugzeugabsturz ums Leben gekommen wäre, hätte das die Geschichte der Musik geändert ... und die des Luftverkehrs.

An idealist is one who, on noticing that roses smell better than a cabbage, concludes that it will also make better soup.

H. L. Mencken

Ein Idealist ist jemand, der, nachdem er festgestellt hat, dass Rosen besser als Kohl riechen, daraus folgert, dass sie auch eine bessere Suppe abgeben.

Middle age is when you've met so many people that every new person you meet reminds you of someone else. Ogden Nash

Mittleres Lebensalter ist, wenn man so viele Menschen kennen gelernt hat, dass einen jede neu kennen gelernte Person an irgendjemanden erinnert.

Unquestionably, there is progress. The average American now pays out twice as much in taxes as he formerly got in wages.

H. L. Mencken

Gar keine Frage, es gibt Fortschritt. Der Durchschnittsamerikaner zahlt mittlerweile doppelt so viel Steuern, wie er früher als Lohn bekommen hat.

The scientific theory I like best is that the rings of Saturn are composed entirely of lost airline luggage. Mark Russell

Zwei Standardwitze kennen die Amerikaner, wenn es um Fluggesellschaften geht: 1. Alle Mahlzeiten an Bord eines Airliners bestehen ausschließlich aus Erdnüssen, die in mickrig kleinen Tütchen aus Alufolie serviert werden. 2. Aufgegebenes Gepäck kommt nie am Zielort an: *They always lose your luggage.*

Die wissenschaftliche Theorie, die mir am besten gefällt, ist die, dass die Ringe des Saturn vollständig aus verloren gegangenem Fluggepäck bestehen.

Chess is as elaborate a waste of human intelligence as you can find outside an advertising agency. Raymond Chandler

Schach ist die elaborierteste Zeitverschwendung, die sich außerhalb einer Werbeagentur finden lässt.

We live in an age when pizza gets to your home before the police. Jeff Marder

Wir leben in einem Zeitalter, in dem die Pizza schneller ins Haus kommt als die Polizei.

And so, my fellow Americans: ask not what your country can do for you – ask what you can do for your country. John F. Kennedy

Und deshalb, meine amerikanischen Landsleute: Fragt nicht, was euer Land für euch tun kann – fragt, was ihr für euer Land tun könnt.

No one ever went broke underestimating the taste of the American public. H. L. Mencken

Noch nie hat jemand Pleite gemacht, der den Geschmack der amerikanischen Öffentlichkeit unterschätzt hätte.

Walden is the report of a man torn by two powerful and opposing drives – the desire to enjoy the world […] and the urge to set the world straight. One cannot join these two successfully […]

E. B. White

Walden ist der Bericht eines Mannes, zerrissen von zwei starken und gegenläufigen Antriebsmomenten – dem Wunsch, die Welt zu genießen […], und dem Drang, die Welt in Ordnung zu bringen. Diese beiden [Bedürfnisse] lassen sich nicht erfolgreich vereinen […].

Will this matter a year from now? Anonymus

Ist das in einem Jahr auch noch wichtig?